Frederick Mayer

VERGEUDUNG ODER VERWIRKLICHUNG

D1729986

FREDERICK MAYER

Vergeudung oder Verwirklichung

Können wir kreativer sein?

BÖHLAU VERLAG WIEN · KÖLN · WEIMAR

Umschlagbild: Andreas Burghardt

Die Deutsche Bibliothek —CIP-Einheitsaufnahme

Mayer, Frederick:
Vergeudung oder Verwirklichung : können wir kreativer sein? /
Frederick Mayer. - Wien ; Köln ; Weimar : Böhlau, 1993
ISBN 3-205-98074-4

ISBN 3-205-98074-3

Das Werk ist urheberrechtlich geschützt.
Die dadurch begründeten Rechte, insbesondere die der Übersetzung, des Nachdruckes, der Entnahme von Abbildungen, der Funksendung, der Wiedergabe auf photomechanischem oder ähnlichem Wege und der Speicherung in Datenverarbeitungsanlagen, bleiben, auch bei nur auszugsweiser Verwertung, vorbehalten.

© 1993 by Böhlau Verlag Gesellschaft m.b.H. und Co.KG.,
Wien · Köln · Weimar

Druck: Plöchl Druck Ges.m.b.H.. & Co.KG., 4240 Freistadt

Für
Marilyn Wilhelm,
eine der bedeutendsten
Persönlichkeiten
unserer Zeit

Inhalt

Einleitung 9

I.

1. Wege und Irrwege 13
2. Einengung oder Expansion 17
3. Erziehung, die permanente Krise 26
4. Macht, die Bedrohung der Menschheit 38

II.

5. Der Vertreter 47
6. Klima der Gewalt 53
7. Kontraste 60
8. Zwei Gesichter einer Stadt 72
9. Gott im Bild 80
10. Ein Mensch unserer Zeit 92
11. Illusionen 100
12. Mitgefühl nicht erwünscht 115
13. Ein Nigger weniger 121
14. Die heilende Kraft 132

III.

15. Die Opportunisten 149
16. Lebensgestaltung 165
17. Klaudas Einfluß 186

IV.

18. Kinder als Herausforderung 203
19. Die notwendige Aufklärung 214
20. Wege zur Expansionstherapie 227

Literaturauswahl 247

Einleitung

Im Westen haben wir zum Teil immer mehr Wohlstand; doch gleichzeitig immer mehr Unzufriedenheit. Alle sozialen Schichten sind davon betroffen; junge und alte Menschen sind so oft verwirrt und unglücklich.

Gewisse Fragen sind in diesem Zusammenhang besonders wichtig:

Wie kann Psychologie als Therapie effektiver werden? Wie kann Lebensweisheit angewendet werden? Wie können wir gegen die Verführungen der Macht ankämpfen? Wie kann Erziehung humanisiert werden? Ist ein neuer Lebensstil durch Expansionstherapie möglich?

Bei meinen Antworten verwende ich viele Beispiele. Ganz bewußt sind sie oft unsystematisch gehalten. Ich glaube, daß es in dieser Zeit der universalen Krise nicht genügt, lediglich Analysen zu erstellen, vielmehr müssen positive Gefühle geweckt werden, damit unser Engagement gestärkt wird und in die Tat umgesetzt werden kann. Vergessen wir nicht, was Elisabeth Kübler-Ross schreibt: „In den Wartezimmern sitzen mehr Menschen mit seelischen Problemen als je zuvor." Neue Wege müssen gefunden werden, um zu helfen, und das bedeutet: neue Formen der Erziehung und der Gesellschaft.

Unsere Existenz bewußter zu erleben, ist eine große und dauernde Herausforderung. Albert Camus betont mit Recht: „Mit dem Bewußtsein fängt alles an, und nur durch das Bewußtsein hat etwas Wert."

ABSCHNITT I

1. Wege und Irrwege

Wir alle brauchen eine schöpferische Lebensstrategie; aber wie können wir sie entwickeln? Theorie allein genügt nicht. Wissen allein schützt nicht vor Verzweiflung, die so viele erleben, gegen das Gefühl des Sinndefizits. Je länger wir leben, um so mehr begreifen wir, daß ein großer Unterschied zwischen Erwartung und Wirklichkeit besteht, und immer weniger befriedigen uns die konventionellen Antworten der Philosophie.

In Kalifornien schrieb ich eine Geschichte der Philosophie, die an vielen Universitäten der USA als Lehrbuch benützt wurde. Wenn ich mir heute die zwei Bände ansehe, lächle ich: Meine Haltung zur Philosophie hat sich grundlegend geändert. Ich bin nicht mehr so stark beeindruckt von den Theorien der prominenten Denker; mich beschäftigt viel mehr, wie wir unser tägliches Leben bewältigen können, wie wir unsere Neurosen abbauen, damit die Gesellschaft einen aktiven Fortschritt erlebt und die Theorie durch Praxis verifiziert werden kann.

Schon Epiktet, einer der großen Stoiker der Antike, schrieb: „Es besteht heute kein Mangel an philosophischen Erörterungen. Die Bücher der Stoiker sind voll davon. Woran aber fehlt es uns? An einem, der sie gebraucht, der diese Betrachtungen in Taten umwandelt."

Aus dieser Sicht interessiere ich mich heute mehr für Psychologie als für Philosophie. Auch hier beschäftigt mich weniger die Theorie als die Anwendung. Bei den wirklich schwierigen Krankheiten wie Depression, Alkoholismus und Suchtabhängigkeiten in jeder Form sind die Erfolge der Psychologie begrenzt.

In Kalifornien, besonders im südlichen Teil, gibt es prozentuell viel mehr Psychiater als in Österreich oder in

Deutschland, das heißt aber nicht, daß die Menschen in Kalifornien deshalb ihre seelischen Krankheiten überwinden können. Diese Tatsache ist sicher nicht Schuld der Therapeuten, sondern erklärt sich aus einem krankmachenden Lebensstil, der auf Konsum und Konkurrenzdenken aufgebaut ist; der einzelne wird, wenn er wirtschaftlich nicht erfolgreich ist, wie eine Nummer behandelt und erlebt eine Demütigung nach der anderen.

Nie werde ich die Ereignisse in einem großen Krankenhaus von Los Angeles vergessen. Dort hielt ich ein Fortbildungsseminar für Ärzte und Psychiater. Technisch waren sie sicher effizient, aber die Atmosphäre des Spitals war unpersönlich und lieblos, ein Klima für Depressionen. Die Ärzte waren dermaßen überlastet, daß die Patienten in den Ambulatorien oft stundenlang warten mußten, bevor sie behandelt wurden. Besonders die Schwarzen aus den Slums litten unter dieser Atmosphäre. Viele Pfleger und Krankenschwestern kamen aus dem Süden der USA und hatten ihre rassistischen Vorurteile mitgebracht.

Ein besonders engagierter Arzt gestand mir: „Ich kann Tag und Nacht arbeiten, um die körperlichen Leiden meiner Patienten, besonders der Farbigen, zu lindern. Aber ihre Umgebung kann ich nicht ändern. Und das ist so frustrierend, denn die Umgebung ist schuld an so vielen Miseren. Sie ist oft so hoffnungslos, daß jede Form der Lebensbejahung erstickt."

Wie wenige Therapeuten arbeiten in Slumvierteln von Watts oder im Osten von Los Angeles! Wie viele dagegen in Beverly Hills, jener Vorstadt von Los Angeles, in der besonders viele Reiche wohnen und psychiatrische Behandlungen fast eine Mode sind.

Ich sprach mit einem bekannten Psychiater darüber und fragte ihn, ob er denn zufrieden damit sei, in dieser luxuriösen Umgebung zu wirken. Er gab zur Antwort: „Ich bin ein Wissenschaftler, kein Reformer. Ich kann die sozialen Gegebenheiten nicht ändern. Das müssen andere tun. Ich genieße meine schöne Villa – sie ist wie eine Oase. Ich helfe, wo ich kann und ohne die Illusion, daß durch mein Wirken an relativ wenigen Patienten eine neue Gesellschaftsordnung entstehen kann."

Die Kontraste zwischen dem Viertel der Reichen und dem der Armen sind – im Sinne des Wortes – unbeschreiblich. Auf der einen Seite: maßloser Reichtum, prächtige Villen mit allem Luxus. Auf der anderen: Viertel, die fast wie das Deutschland von 1945 aussehen und warnend Verwahrlosung und Vernachlässigung signalisieren. Dort sieht man kleine Buben, die mit Heroin handeln, und kleine Mädchen, die als Prostituierte arbeiten.

In mancher Hinsicht zeigt sich in Kalifornien die Zukunft. Das soziale Chaos, die hohe Arbeitslosenrate, die Slums, der Kontrast zwischen Reich und Arm, zwischen Wissenschaft und Wirklichkeit, die zahllosen Therapieformen, die vielen Sekten, die Hektik des Lebens, der Verfall der Familie, der Alkoholismus, die organisierten Verbrechen, die frühreife Jugend und das trostlose Alter, die Dominanz des Autos, die Vernachlässigung der sozialen Institutionen und das, was die Soziologen den *culture lag* nennen, die Diskrepanz zwischen Technik und Moral: Alle diese Symptome werden in der Zukunft auch andere Länder vor immer größere Probleme stellen.

Alexander Mitscherlich betont mit Recht: „Ein Vorgang des Erkaltens zwischen den Individuen ist unübersehbar". Es ist ein Zustand, der oft durch Gleichgültigkeit gekennzeichnet ist. Der andere wird als Objekt behandelt, seine Bedürfnisse werden ignoriert.

Es ist klar, daß die Familie unglaublich wichtig ist, denn sie ist meistens Fundament für unsere Wertsysteme. Doch die Krise der Familie ist überall bemerkbar – im

Osten und im Westen. Sicher können wir nicht zu einem patriarchalischen Stil zurückkehren, doch kreative Formen des Zusammenlebens sind kaum verbreitet. Sehr oft besteht fast ein Kriegszustand zwischen Mann und Frau, ein Zustand, der die Neurosen der Kinder fördert.

Können wir mehr Dankbarkeit zeigen? Ich denke hier an die Tochter eines Freundes von mir; die Tochter ist blind, und sie bewältigt ihre Behinderung in einer großartigen Weise. Kürzlich habe ich versucht, so zu existieren wie sie. Ich habe ein Tuch vor meine Augen gebunden; ich dachte, daß ich es zwei Stunden so aushalten würde. Überall bin ich angestoßen; überall waren Hindernisse. Ich war verzweifelt; nach zehn Minuten habe ich aufgegeben und die Binde abgenommen.

Danach habe ich alles mehr geschätzt und anders gesehen. Ich habe auch begriffen, wie abhängig wir sind und wie sehr wir andere brauchen.

John Donne erklärte schon, daß kein Mensch eine Insel ist. Theoretisch verstehen wir diese Aussage, doch wir fühlen sie kaum. Das Resultat ist, daß wir sehr oft in einer Atmosphäre der Isolation leben, daß wir immer egozentrischer werden — ein Zustand, der sicher keine Erfüllung bringen wird.

Brauchen wir nicht dringend eine andere Lebenshaltung — nicht übermorgen, sondern heute? Wie wichtig ist in dieser Hinsicht die Feststellung von Schiller: „Es wächst der Mensch mit seinen größern Zwecken."

Eine Hauptforderung ist die Entwicklung eines neuen Berufes, der des Lebensstrategen — einer Mischung aus Philosoph, Psychologe, Lehrer und Sozialarbeiter. Er soll konkret helfen, das Leben der Gesunden und der Kranken zu verbessern, und soll auch als Therapeut tätig sein. Er wirkt als Katalysator für eine kreative Expansion, die auf Menschlichkeit beruht . . .

2. Einengung oder Expansion

Bei meinen Kontakten mit älteren Menschen beobachte ich immer wieder, wie Routine ihr Leben beherrscht. Die Fragen stellen sich: Warum haben sich die meisten so wenig entwickelt? Warum resignieren sie? Warum ist ihr Leben ein einziger Rückzug gewesen? Warum besteht ein so tiefer Kontrast zwischen Kindheit und Alter?

Wenn wir Kinder beobachten, überkommt uns dagegen Hoffnung: Kinder warten auf die Zukunft; sie haben die Fähigkeit zur Identifikation; sie verfügen über eine lebhafte Phantasie; sie stellen tausend Fragen und haben einen explosiven Wissensdurst; oft sind sie fähig, altruistisch zu fühlen und zu handeln. Sie sind bestimmt durch einen intensiven Bewegungs- und Explorationsdrang.

Aber viele Kinder werden systematisch entmutigt. Die Eltern haben keine Zeit, die Ehe ist chaotisch, die Mutter neurotisch, der Vater leidet unter Erfolgszwang. Vielleicht waren die Kinder nicht erwünscht. Was auch immer der Grund sein mag, das Kind wird ängstlich und übernimmt — bewußt oder unbewußt — eine defensive Lebensstrategie. Verwöhnung der Kinder kann dieselben Resultate hervorbringen. Zu viel wird für sie getan. Sie bekommen zu viele Geschenke und zu viel Aufmerksamkeit. Immer müssen sie im Mittelpunkt stehen. Sie glauben bald, daß sie privilegiert sind und andere sie immer bedienen müssen. Ein haltloser Egoismus entwickelt sich; andere Menschen werden nur noch als Objekte wahrgenommen.

Wie sieht das Resultat aus? Als Erwachsene können sie nicht wirklich lieben; statt dessen müssen sie dauernd erobern, sich immer wieder bestätigen. Oft sind sie publicitysüchtig und verhalten sich tatsächlich wie Schauspieler, die kaum zwischen Phantasie und Wirklichkeit unterscheiden können.

Reife bedeutet die Fähigkeit, objektiv zu sein, eine großzügige Perspektive zu entwickeln. Wie es zum Beispiel Spinoza mit dem Vorschlag versuchte, die Welt unter dem Aspekt der Ewigkeit zu sehen — ein Unterfangen, das zu schwierig für die meisten von uns ist. Doch wir können wenigstens versuchen, Aspekte der Egozentrik und Trivialität zu überwinden.

Reife bedeutet auch, daß wir die Fähigkeit haben, zu meditieren und einen kreativen Rhythmus zwischen Aktion und Reflexion zu entwickeln. Kurz gesagt, wir sehen dann das erweiterte Selbst und erkennen die Brücken, die uns mit anderen verbinden.Reife hängt von der Lebensphilosophie ab. Wo aber können wir eine kreative Lebensphilosophie erlangen? Die meisten Philosophen vertreten Systeme, die theoretisch ausgezeichnet sind, aber wenig Relevanz für die Praxis besitzen. Sie ähneln Schopenhauers Ideen, dessen Theorien und Aktionen nicht vereinbar waren und der glaubte, daß Erklärung wichtiger sei als die Tat.

Anders viele Denker der Antike; wie Epikur und Epiktet lebten sie ihre Ideen. Ihre Schulen waren Werkstätten der Weisheit, und sie vermittelten ihren Jüngern nicht nur Ideen über das Leben, sondern auch, wie man die Konzepte im Alltag anwenden kann.

Erziehung in dieser Phase der Geschichte betonte die Wichtigkeit der Frage. Heute dagegen betonen wir eher die Antwort. Wir kennen so viele Details, daß wir kaum Zeit haben, eine allgemeine Perspektive zu entwickeln. Wir häufen Informationen und erhalten immer mehr Anreize, aber es fehlt das Zentrum, das Fundament für Orientierung und Bewertung.

Einige Psychologen werden einwenden, daß eine Lebensphilosophie unwichtig sei. Ist der Mensch nicht bestimmt durch Gefühle? Ist nicht Philosophie eine Rationalisierung bewußter und unbewußter Wünsche? Ist nicht die Idee, daß der Mensch ein rationales Wesen sei unhaltbar?

Die Frage nach dem Lebenssinn steht mehr denn je im Mittelpunkt. Wir können sie nicht allgemein beantworten. Sicher sind viele unserer Erlebnisse — kollektiv und individuell — sinnlos. Es ist sinnlos, so viel zu vergeuden. Es ist sinnlos, das Opfer ausbeuterischer Kriege zu sein. Es ist sinnlos, an der Oberfläche zu leben wie die meisten von uns. Es ist sinnlos, auf dem Mond zu landen, während auf der Erde Millionen Menschen an Hunger sterben.

Albert Camus hat oft von der Absurdität der Kontraste gesprochen, so zwischen Erwartung und Wirklichkeit, zwischen Möglichkeit und Erfüllung. Der Titelheld in *Der Fremde* ist die Symbolfigur eines ungelebten Lebens. Alles erlebt er als Beobachter — selbst seine eigene Verurteilung. Niemals hat er sich wirklich engagiert, weder für seine Mutter, noch für seine Freundin oder für seine Bekannte. Alle sind sie Objekte seiner Vergnügungen, die er nicht einmal wirklich genießt.

Nur der Mensch, der sich engagiert, kann kreativ existieren. Er wird immer stärker in der Zukunft als in der Vergangenheit leben. Engagement kann in den verschiedensten Bereichen wirken, in Politik, sozialer Wohlfahrt, Kunst, Religion, Wissenschaft, Philosophie, Erziehung, Psychologie oder Therapie. Wichtig ist nicht das Gebiet, sondern die Qualität des Einsatzes. Albert Schweitzer betonte, wie wichtig es sei, daß wir das Gefühl der Verantwortung hätten „für die Menschen und für die Wahrheit und für das Gute".

Mit diesem Gefühl verliert das Alter seine Schrecken; es wird zu einer Phase der Vertiefung. Leider machen relativ wenige Menschen diese Erfahrung. Sie sind früh entmutigt worden, sind in einer lieblosen Familie aufgewachsen, in lieblosen Schulen unterrichtet worden. Sie haben kaum Erfüllung in ihrem Beruf gefunden; meistens war der Beruf falsch gewählt. Echte Intimität haben sie kaum erlebt, statt dessen mehr und mehr Indifferenz in ihren persönlichen Beziehungen. Sie haben nie bewußt gelebt. So sind sie die Opfer einer Leere geworden, die sich wie eine Wüste ausgebreitet hat.

Ich denke an ein Ehepaar in Los Angeles, das sehr vermögend war. Der Mann äußerte: „Wir haben einander nichts zu sagen. Meistens sitzen wir am Abend zusammen vor dem Fernsehgerät. Was ist mit uns geschehen? Zuerst, als wir heirateten, war alles anders. Wir haben viel diskutiert, haben uns amüsiert und einander sehr geliebt. Jetzt besitzen wir fast keinen Gesprächsstoff mehr. Wenn meine Frau spricht, höre ich kaum zu. Ihre Meinungen sind sowieso von Trivialität beherrscht: was sie im Haushalt tut, was sie sich kaufen will und was ihre Freundinnen sagen. Sie beschuldigt mich, daß ich so verschlossen sei. Ich habe einfach keine Lust mehr, mit ihr zu sprechen. Ich weiß ja, was sie sagen wird."

Sein Zustand erinnert mich an Stendhal, der erklärte: „Die Liebe ist wie ein Fieber, das zwei Menschen gleichzeitig befällt. Wer von beiden zuerst gesundet, den langweilt der andere gräßlich."

Vor kurzem bekam ich einen Brief aus den USA, der mich sehr nachdenklich stimmte. Er war von einer Bekannten, die ich schon von meinem Universitätsstudium her kenne — ein äußerst sensibler Mensch. Sie ist Künstlerin, ihr Mann hatte sie eines jungen Mädchens wegen verlassen. Sie blieb mit zwei kleinen Kindern allein. Sie schrieb: „Ich fühle mich als Außenseiter in unserer Gesellschaft. Was wird geschätzt? Sicher nicht Gefühl und Herz.

Statt dessen Besitz und Rücksichtslosigkeit. Alles wird immer mehr automatisiert. Der Mensch wird zu einer Nummer. Mein Leben wird immer enger, denn ich kann mich in dieser dingorientierten Welt nicht zurechtfinden. Andere versuchen sich zu betäuben durch Fernsehen, Auto, Alkohol, Drogen, damit sie sich ihrer Lage nicht bewußt werden. Ich habe keine Illusion über mein eigenes Leben. Ich werde älter werden und noch einsamer und noch stärker an der Unempfindlichkeit meiner Umwelt leiden. Das Gefühl der Beziehungslosigkeit wächst, als ob ich eine Schauspielerin in einem absurden Bühnenstück wäre."

Ihre Situation ist keinesfalls außergewöhnlich. Was kann sie tun? Sie besitzt wenig Geld und muß auf die Kinder aufpassen. Sie hat ihr Äußeres vernachlässigt und ist nicht mehr begehrenswert. Man könnte sagen, daß ihre ganze Existenz an einem Sinndefizit leidet. Das mag richtig sein, aber wie kann ein sensibler Mensch, der fast überall Abgestumpftheit, Manipulation und Ausbeutung sieht und erlebt, einen Sinn finden?

Ich denke an eine ältere Frau in Wien, die ich zufällig traf. Sie sagte: „Als ich jung war, hatte ich viele Verehrer, ich war sehr beliebt. Jetzt bin ich oft allein. Ich habe meinen Mann verloren, meine Tochter lebt in der Schweiz. Ich habe keine Freunde. Jeder Tag ist geprägt von Monotonie. Niemand besucht mich. Mein Telefon läutet fast nie. Wenn ich sterbe, wird mich niemand vermissen, auch meine Tochter nicht, denn wir hatten einander nie wirklich verstanden, und sie denkt nur an sich selbst. Ich weiß nicht, warum ich lebe. Alles ist sinnlos."

Zu wählen ist zwischen Einengung und Expansion. Einengung bedeutet emotionalen Verfall, Resignation. Wir sind dann wie diese ältere Frau, die sich gänzlich isoliert fühlt und in einer Atmosphäre der Verzweiflung lebt. Es ist nicht ihre Schuld, denn sie ist nicht genügend gefordert worden und wurde auch nicht angeregt, ihr existentielles Potential zu erfüllen. Sie hat ein unreflektiertes Leben geführt und sich selbst kaum gekannt. Sie ist das Opfer einer indifferenten Welt geworden, die Güte verachtet und Härte betont.

Einengung hat viele Auswirkungen — sozial, philosophisch, psychologisch. Einengung heißt: immer weniger Kontakte und die Unfähigkeit, Kontakte zu schließen. Immer schmerzlicher wird das Leben als Last empfunden. Die anderen werden als gefühllose Wesen erlebt, deren Motivation unter dem Aspekt eines grenzenlosen Egoismus gesehen wird. Psychologisch bedeutet dieser Zustand, daß man Gedanken nachgeht, die meistens monoton um dieselben Themen kreisen. Wiederholung bestimmt den Lebensstil. Immer schwieriger wird es, selbst einfache Pflichten zu erfüllen. „Selbstmord" droht als ständige Gefahr.

Wie viele Menschen sind von dieser Einengung bedroht! Sie braucht nicht spektakulär zum Selbstmord führen. Es kann einfach ein Gefühl vorherrschen, daß keine reellen Chancen für Verwirklichung mehr bestehen, daß in der Vergangenheit alles besser war. Man hat „alle Fähigkeiten zu hoffen verloren" (Stern). Ein „Selbstmord" der Möglichkeiten tritt ein und zeigt, wie wenig effektiv Kultur, Erziehung und Familienstruktur sind.

Oft kommt es zu einer Pseudo-Expansion. Man ist frustriert und enttäuscht vom Leben, sucht und findet Sündenböcke. Minderheiten werden gehaßt; dadurch bekommt das eigene Leben einen neuen Sinn. In Wien zum Beispiel führte Hitler ein restriktives Leben. Er war Außenseiter. Durch seinen Haß, besonders gegen die Juden, fand er einen neuen „Lebenssinn". Sein Charakter war eine einzigartige Mischung von Haß, Hysterie, Zerstörungslust und der Fähigkeit, das alles als „Idealismus" zu betrachten.

Sehr viele Bürger der USA, die dem Ku-Klux-Klan angehören, sind von fanatischem Haß gegen Schwarze erfüllt. Dieser Haß wird Zentrum ihres Lebens; Zerstörungslust — wie bei Hitler — bestimmt ihren Lebensstil. Sadismus ist eine Form der Pseudo-Expansion. Die Einengung ist nicht wirklich überwunden. Sie wird nur auf eine neue Ebene projiziert. Unbewußt sagt man sich: Ich bin frustriert worden, jetzt werde ich andere verletzen und mich dieser Aufgabe uneingeschränkt hingeben.

Ein Beispiel für richtige Expansion ist das Wanderseminar von Dr. Othmar Hill. Er glaubt, daß Angst in allen Formen echte Erweiterung verhindert und daß Wandern in kleinen Gruppen mit psychologischer Betreuung neue Horizonte eröffnen kann:

> Bei der ersten Serie von Wanderungen ging es darum, eine bestimmte Wegstrecke zurückzulegen und in den Wanderpausen sowie morgens und abends an psychologischen Übungen teilzunehmen. Über Ausschreibung der Volkshochschule Margareten-Meidling meldete sich eine alters- und schichtspezifisch recht heterogene Teilnehmergruppe. Zunächst fand eine sportärztliche und eine testpsychologische Untersuchung statt. An vier Wochenenden wurde von Samstag früh bis Sonntag abends eine Wegstrecke von je 40 bis 60 km bewältigt. Es zeigte sich rasch, daß durch die langen Wanderungen sowohl eine angenehme körperliche Entspannung eintrat, als auch der Wechsel von Kommunikationspartnern während des Marsches die Teilnehmer bald zueinander führte. Weiters wurden leichte Yogaübungen (Asanas) und Entspannungsmethoden (Jacobsen) trainiert. Die Dreieinigkeit von Körper — Verstand — Gemüt bewirkt, daß adäquate körperliche Reize nicht nur für den Organismus günstig wirken, sondern auch psychisch wohltuend sind: nach zwei Stunden Gehen spricht es sich leichter und lockerer. Auch der Verstand profitiert durch bestimmte Lernprozesse. Neues Verhalten, Problemlösungen und die Erkenntnis natürlicher Lebensbewältigung werden gelernt.

Wenigstens ebenso wertvoll wie das Physische waren aber die Übungen für das Gemüt. Es waren dies begegnungspsychologische, der humanistischen Psychologie entnommene Gruppenspiele zur Selbstdarstellung und Gefühlsäußerung. Besonders diese Aktionen brachten die Teilnehmer einander näher — unter Beibehaltung eines gewissen menschlichen Niveaus. Dieser Programmteil war in allen Seminaren von den Teilnehmern als überaus wohltuend empfunden worden. Obwohl diese Übungen rationale und physische Elemente beiseite lassen, haben sie doch Auswirkungen auf den Körper: Bewußtere Selbsterfassung löst maskenhafte, verkrustete oder verkrampfte Verhaltensschemata. Außerdem können dadurch auch Lernprozesse eingeleitet werden.

Als dritter Trainingsaspekt wurde versucht, durch Gespräche über den Tod und die durch ihn ausgelöste Angst auch die verstandesmäßige Ebene zu berühren. Bei der zweiten Serie von Veranstaltungen (drei Wochenenden) besuchte man bestimmte Objekte, in denen sich Existenzangst greifbar manifestiert . . . Als Kontrast dazu fand das dritte Seminar in einem Zen-Kloster in Scheibbs statt. Der dritte Turnus der Kursreihe führte unter dem Titel „Todesangst/Lebensgier“ in Form einer Stadtwanderung zu eher gemiedenen Menschen und Orten Wiens. Besucht wurden ein Mütterheim, die Einwohner einer Stadtkommune (Arena), eine Stehweinhalle beim Praterstern, eine Gruppe von anonymen Alkoholikern, eine Obdachlosenanstalt, ein Altersheim, eine Bleibe für Haftentlassene und ein Behindertenclub. Der physiologische Aspekt der Wanderung und auch die begegnungspsychologischen Übungen traten hier in den Hintergrund. Es wurde mehr über aktuelle Probleme der Betroffenen gesprochen. Die überbrückende Basis zwischen den „Außenseitern“ und den Teilnehmern sollte das Thema des Todes sein. Eine weitere Stufe der Unternehmungen wird eine gemeinsame soziale Aktion und Wanderung mit von der Gesellschaft gemiedenen Menschen sein. Bei allen Bemühungen geht es nicht darum, durch ein Maximum an Erfolgen diese Idee zu perpetuieren, sondern es stellt diese Veranstaltungsreihe nur einen bescheidenen Versuch dar, Menschen zusammenzuführen und sie durch körperliches, emotionelles und rationales Training human zu fördern.

Echte Expansion kann nicht von ethischem Verhalten getrennt werden, sonst entsteht der Machtmensch, der eine permanente Gefahr für die Gesellschaft darstellt und seit eh und je für Greueltaten verantwortlich ist. Sie macht uns liebesfähiger. Mißtrauen und Argwohn verlieren sich, wir riskieren mehr, und selbst wenn wir enttäuscht werden, bleiben wir Optimisten in allem, was unsere eigenen Möglichkeiten und die der anderen betrifft. Sie bedeutet ein Sich-Öffnen, etwa so, wie Kinder zuerst spontan alle Erwachsenen als Teil ihrer Familie ansehen.

Diese Liebesfähigkeit ist eine Form der Kreativität. Wo die meisten Begrenzungen sehen, sieht der Kreative Möglichkeiten. Er ist so von seiner Aufgabe beseelt, daß immer neue Erlebnisse und Einsichten auf ihn zukommen.

Expansives Leben als Ausdruck der Kreativität gewinnt dadurch ständig neue Höhepunkte. Es kennt weder Zäune noch Mauern. Aus dieser Sicht beschreibt Baudelaire in *Curiosités esthétiques* das Ende der Karriere Goyas, als der alte Künstler kaum noch sehen konnte und andere seine Stifte anspitzen mußten: „Dabei hat er selbst zu dieser Zeit sehr wichtige und große Lithographien und wunderbare Stiche geschaffen sowie große Gemälde in kleinem Format angefertigt — ein neuer Beweis, der jenes einzigartige Gesetz stützt, welches das Schicksal genialer Künstler beherrscht und verlangt, daß sie, während das Leben einen ganz anderen Weg nimmt als die Intelligenz, auf der einen Seite das dazugewinnen, was sie auf der anderen Seite verlieren, und daß sie so, indem sie den Weg einer fortschreitenden Jugend einschlagen, sich stärken, neue Kraft schöpfen und mit wachsendem Mut bis zur Schwelle des Grabes schreiten."

3. Erziehung, die permanente Krise

Um erfolgreich zu leben, brauchen wir eine dynamische Erziehung; doch fast überall ist Erziehung ein *passives* Erlebnis. Sie führt nicht zu einem kreativen Lebensstil. Sie realisiert nicht unsere Möglichkeiten, weckt nicht unsere Begeisterung. Kurz, sie ist für viele eine Tragödie.

Wenn wir *Die Buddenbrooks* von Thomas Mann lesen, dann erleben wir Hanno Buddenbrook in der Schule und sehen, wie er jeden Tag terrorisiert wird. Der Direktor Wulicke ist ein typischer Pedant, der kein Gefühl für die Schüler hat, im Gegenteil, das meiste Vergnügen bereitet es ihm, wenn er sie terrorisieren kann. Er hat die „Schrecklichkeit des alttestamentlichen Gottes, entsetzlich im Lächeln wie im Zorn".

Äußerlich ist Hannos Schule viel schöner als andere Schulen früher, hat mehr Arbeitsräume und Lernmöglichkeiten anzubieten, doch ihr Geist wird wachsend von Rigidität und Phantasielosigkeit bestimmt, so daß Lernen immer weniger Freude bereitet. Für Hanno ist die Schule ein Gefängnis. Zwar ist er alles andere als unintelligent, nur, was ihn interessiert, wird nicht von der Schule geschätzt. Er liebt die Musik. Sie repräsentiert für ihn eine andere Sphäre, in der berauschendes Gefühl, nicht kühle Analyse herrscht. Er ist sensibel und hat Mitgefühl für seine Schulkameraden. Aber gerade seine Sensibilität ist das Hindernis; denn die Schule verlangt Härte. Am besten haben es diejenigen, die sich unterwerfen und keine Fragen stellen: die Streber.

Von Anfang an fürchtet sich Hanno vor der Schule. Er wäre viel lieber daheim geblieben, und er muß weinen, als er zur Schule gebracht wird. Zuhause ist eine Welt der

Geborgenheit, eine Welt, in der Ästhetik, besonders durch seine Mutter, eine große Rolle spielt; in der Schule dagegen herrschen Roheit und Brutalität. Jeder Tag ist ein demoralisierendes Erlebnis. Immer wieder diese Angst, die korrekte Antwort nicht zu wissen, immer wieder glaubt er sich von seinen Lehrern und dem Direktor gedemütigt. Wenn er nicht in der Schule ist, fühlt er sich frei und ungebunden; wenn er ein Konzert besucht, gerät er fast in Ekstase. In der Schule dagegen ist er ein Gefangener, der immer das Schlimmste befürchtet. Wie er jeden Montag haßt! Da beginnt der Drill, und immer wieder erlebt er eine neue Niederlage.

Hanno Buddenbrook ist ein besonders talentiertes Kind — sicher nicht im konventionellen Sinn. Doch er hat alles, was eine kreative Anlage bewirken kann, gehabt: Phantasie und Sensibilität. Stundenlang kann er sich für die Kunst begeistern, stundenlang einer Idee nachhängen. Er braucht Wärme und Verständnis — das bekommt er jedoch nicht, weder von seinem Vater und noch weniger von der Schule. Er ist der Typ des Kindes, das behutsam gefördert werden muß — und statt dessen getreten wird.

Millionen Kinder waren und sind wie Hanno. Daß sie nicht verstanden werden, daß man sie einfach unterschätzt, ist nicht nur eine Tragödie für sie, sondern für die ganze Zivilisation, die Phantasie braucht, nicht seelenlose Disziplin.

Was Thomas Mann über Hanno schreibt, spiegelt seine eigenen Erfahrungen. Auch er hat die Schule gehaßt. Auch er ist ihr entfremdet worden durch die abstoßende Atmosphäre. Nur ist er robuster gewesen als Hanno, der zu zartfühlend geraten ist fürs Überleben.

Man könnte entgegnen, daß die Schulen heute humaner geworden sind, als sie es um 1900 waren, dem Erscheinungsjahr der *Buddenbrooks*. Aber ist das wirklich wahr? Sind die Wulickes verschwunden? Hat sich der Streß vermindert? Werden sensible Kinder mehr geschätzt? Wird eine kooperative Atmosphäre mehr gefördert?

Viele tragische Fälle von Schulangst erleben wir noch heute. Die Gründe:

— Die Schulen sind zu unpersönlich. Das Tempo des Lernens ist viel zu schnell und verhindert die angemessene Reflexion.

— Es besteht wenig Möglichkeit zu improvisieren, so daß der Schüler nicht wirklich initiativ werden kann.

— Auswendiglernen und Frontalunterricht sind die Regel. Nur die korrekte Antwort bringt Erfolg. Kein Wunder, daß das formale Wissen überbewertet, das soziale Handeln unterbewertet wird.

— Die Klassen sind viel zu groß, so daß der Lehrer zu wenig Zeit für den einzelnen Schüler hat. Die Klassen könnten kleiner sein mit Projektunterricht, aber dafür hat der Staat kein Geld. Noch schlimmer ist die Tatsache, daß viele Lehrer arbeitslos sind, obwohl so viele Stunden wegen „Lehrermangel" ausfallen.

— Schulangst verursacht viele Krankheiten, so Magenbeschwerden, Durchfall, Migräne, Herzbeschwerden, Fettsucht, Magerkeit. Die Schule neurotisiert, sie produziert immer mehr Opfer.

— Immer häufiger lesen wir Berichte über Schülerselbstmorde. Schüler nehmen eine Überdosis Schlaftabletten oder springen vom Dach eines Hochhauses, hängen sich auf oder erschießen sich oder springen vor einen Zug. Noch mehr Schüler, die einen Selbstmord versuchen, werden in letzter Minute gerettet. Die Situation ist besonders akut, wenn Zeugnisse ausgegeben werden. Selbst sogenannte gute Schüler sind deprimiert, wenn sie eine schlechte Note bekommen.

Johannes Meinhardt, ein bekannter Arzt, der sich mit Pädagogik befaßt, schreibt: „Eine Überfütterung mit Stoffen, der seelenlose Zwang zur Erfüllung eines Stoffplanes oder Stoffsolls, die ständigen Zensuren, wieweit der Stoff beherrscht wird, führt zur Krise der Menschenwerdung und Menschlichkeit in der Pädagogik."

Die Ursachen für die permanente Misere der Erziehung sind auch ideologisch komplex. Zum Teil werden sie schon bei Plato demonstriert. Plato war argwöhnisch gegenüber der Literatur. Er wollte einen Staat, in dem Disziplin herrscht. Poesie führt zu Rebellion; so glaubte er zum Beispiel an einen fast subversiven Einfluß Homers. Tatsächlich ist laut Plato in der idealen Gesellschaft kein Platz für kritische Literaten. Plato hielt sich, wie viele Erzieher heute, an die Zensur, die das Emotionale unterdrückt und das Rationale fördert. Dementsprechend zollte er der Mathematik höchste Bewunderung. Mathematik sei ein Symbol für Harmonie. Je intensiver man diese studiere, desto klarer könne man denken. Hier zeige sich eine Welt, in der alles bestimmt und logisch eingerichtet sei. In der Literatur und Kunst dagegen herrscht nach Plato nahezu ein Geist der Anarchie.

Diese platonische Haltung kennzeichnet eine falsche Wertschätzung. Wenn wir nämlich das Emotionale nicht fördern, entwickeln wir Roboter und töten jede „fröhliche Wissenschaft". Was wir am meisten brauchen, ist permanente Sensibilisierung — Selbsterkenntnis und Verständnis für den anderen wird eher durch Literatur als durch Mathematik gefördert. Es ist tragisch, wenn der Schüler viel zuviel Mathematik lernen muß, statt die Attraktionen der Literatur zu erleben. Wieviel ihm dadurch entgeht! Wie sehr dadurch seine Menschlichkeit unterentwickelt bleibt!

Nicht nur ein faktisches Wissen über Literatur wird benötigt; das ist nur der Anfang. Literatur muß lebendig werden, damit wir praktisch denken und leben lernen, damit mehr Mitgefühl entsteht und wir permanente Interessen für das Ästhetische entwickeln und selbst schöpferisch werden, denn engagiertes Lesen führt oft zu schöpferischem Schreiben. Die Lektüre großer Schriftsteller wie Tolstoi oder Thomas Mann kann eine Erfahrung sein, die unser ganzes Leben ändert. Mathematik kann uns niemals in einer solchen Weise beeinflussen und provozieren, unsere Werte und unseren Lebensstil zu überprüfen.

Die Schule des Epikur war in vieler Hinsicht wichtiger als die des Plato. Epikur wird oft mißverstanden; seine Ideen werden als oberflächlich beurteilt. Doch hat er nicht recht gehabt, wenn er betonte, wie wichtig Freude sei? Die Schule des Epikur war nicht für die Elite da. Jeder war willkommen. Hier gab es keine Barrieren, denn alle brauchten eine konkrete Lebensphilosophie, alle mußten aufgeklärt werden, um besser und kreativer leben zu können. Herzstück der Schule war der Dialog. Er bedeutete Leben in einem Garten, in dem die Natur den Geist unterstützte. Die Motivation für den Schüler war gänzlich positiv. Er brauchte nie Angst vor Prüfungen zu haben. Es bestand kein Streß in der Schule des Epikur, der wußte, daß Lernen nur wirkt, wenn es vorgelebt wird.

Man wird vielleicht sagen, das alles sei utopisch. Brauchen wir nicht mehr Drill und Disziplin? Ist nicht die Schule eine Vorbereitung auf die Härte des Lebens? Wird nicht der Tüchtige belohnt und der Faule durch Mißerfolg bestraft?

Diese Haltung hat tatsächlich bis heute die Erziehung beherrscht — mit katastrophalen Konsequenzen. Denn Lernen muß *Freude bereiten*, muß unsere positiven Gefühle stärken, muß ein Privileg sein, das wir wirklich schätzen, das uns immer wieder herausfordert, so daß wir jede Art von Selbstzufriedenheit und Arroganz ausschalten. Wenn Lernen nur Last ist, kann es uns nicht positiv beeinflussen; das Leben wird auf einer niedrigeren Ebene gestaltet, unser Potential verkümmert.

Fordert all das anti-autoritäre Erziehung? Bedeutet es eine Empfehlung für Neills Summerhill als Ideal-Schule? Sicher ist die anti-autoritäre Erziehung besser als die Schule der Wulickes, und gewiß entwickelt das Kind durch Freiheit einen anderen Charakter als durch Unterdrückung. Die meisten Schulen der Welt betonen noch immer zu sehr die Unterwerfung und fördern so die Heuchelei. Wenn wir aber den Lebenslauf vieler Schüler Neills betrachten, sehen wir, daß sie zwar weniger Komplexe als ihre Kollegen in konventionellen Schulen haben, doch findet man kein starkes Engagement. Das war ein Teil von Neills Lebensphilosophie, der das glückliche Leben der Kinder betonte, die sich ihren eigenen Bedürfnissen primär widmen sollten. Ist das nicht zu wenig?

Wenn Neill über sein Leben und über Summerhill erzählt, ist der Leser beeindruckt von Summerhill als Oase der Freiheit. Dagegen schildert er, wie sadistisch die Schulen in seiner Jugend waren, wie der Lehrer die Schüler fast als Feinde betrachtete und alles auf das Bestehen der Prüfungen ausgerichtet war. Neill meint, daß Kinder nicht frustriert werden sollten; ihre Entwicklung müsse von spontanen Impulsen beseelt sein; Tabus und Zwang sollte es nicht geben. Wenn das Kind am Unterricht teilnehmen wolle, werde es ermutigt, wenn nicht, sei das kein Grund zur Aufregung.

Es ist interessant, daß Neill Bücher nicht sonderlich schätzte. Hatten sie nicht viele verführt, in einer abstrakten Welt zu leben und das Konkrete zu vernachlässigen?

Überhaupt war der Einfluß Rousseaus auf Neill sehr stark — ein Einfluß, der zu seiner anti-intellektuellen Haltung beitrug.

Aber gerade Bücher können Kindern eine neue Welt eröffnen. Wenn sie nicht genug lesen, fehlt ihnen viel, und oft stellt sich kognitive und emotionale Armut ein. Um expansiv zu leben, brauchen wir Anregung. Je mehr qualitative Reize, um so besser für uns; wir werden nicht stagnieren.

Kreative Entwicklung ist überhaupt wichtig für unsere emotionale Gesundheit. Ich habe in Pflegeheimen gesehen, wie nur jene Insassen wirklich mit ihrem Leben fertig wurden, die sich ästhetisch und geistig weiterentwickelten. Wie wichtig ist zum Beispiel eine Bibliothek in den Krankenhäusern! Mein Freund Dr. Franz Gruber benützt Bücher als positive Katalysatoren, um die Rehabilitation der Patienten zu beschleunigen.

Wenn jemand sagt, er liebe die Kunst oder die Wissenschaft oder das Theater oder den Film, dann besitzt er Fundamente für ein schöpferisches Leben. Eine solche Haltung ist eine wunderbare Sache inmitten einer interesselosen Welt!

Oft finden wir, daß auch Schüler in sogenannten progressiven Schulen zu wenig positive Interessen entwikkeln; sie sind zu sehr vom Komfort bestimmt und entfalten sich nicht.

Ich besuchte in der Bundesrepublik Deutschland einen Kindergarten, der autoritär geführt wurde. Man merkte der Kindergärtnerin an, daß sie gereizt war; sie schrie die Kinder an. Sauberkeit und Ordnung waren ihre höchsten Werte. Aber der Besuch in einem anti-autoritären Kindergarten war ebenso eine Enttäuschung. Die Kinder waren aggressiv und wenig ausdauernd. Sie konnten nur kurze

Zeit spielen, und wenn sie die Lust verloren hatten, warfen sie einfach das Spielzeug weg.

Wir machen den Fehler, daß wir das kreative Vorbild zu wenig betonen. Das bedeutet nicht zu große Bewunderung für einen berühmten Menschen, schon gar nicht, wenn er ein Symbol der Destruktivität ist. Doch ein anderes Leben zu erleben, ist unvergeßlich. Deshalb sind gute Biographien so wichtig, wie etwa Vasaris Beschreibung der Künstler der Renaissance, Romain Rolland über Beethoven, Stefan Zweig über Erasmus, Jones über Freud oder Sandburg über Lincoln. Wir werden viel zu sehr vom Faktischen beherrscht und erleben deshalb zu wenig die Provokation der Persönlichkeit. Sehr wichtig in diesem Zusammenhang sind auch Tagebücher und Briefe.

Selbstverständlich sollen wir uns nicht zu sehr in die Vergangenheit vertiefen, im Gegenteil, wir sollen aus ihr eine expansivere Gegenwart erleben und für die Zukunft neue Alternativen gewinnen. Einen großen Schriftsteller, wie zum Beispiel Dostojewski, wirklich verstehen zu lernen, kann uns existentiell verändern. War er nicht arm und oft von Schulden geplagt? Litt er nicht an Epilepsie? Lebte er nicht unter den niedrigsten Elementen der Gesellschaft in Sibirien? Wurde nicht das Glücksspiel fast sein Ruin? War seine Gesundheit nicht erschüttert durch die Entbehrungen der Verbannung? Doch war seine Menschlichkeit groß, tief seine Liebe zu den Mitmenschen, leidenschaftlich seine Kunst!

Aber ist das nicht zuviel verlangt? Wir sind sicher keine Dostojewskis, weder so begabt noch emotional so stark. Doch können wir erkennen lernen, daß wir auf einem zu niedrigen Niveau leben, daß wir uns seelisch zu wenig entwickelt und meistens eine falsche, verständnislose Erziehung erfahren haben, die alles wirklich Interessante durch sterile Analysen und Prüfungen uninteressant gemacht hat.

Menschen wie Leonardo, Goethe, Dostojewski, Tolstoi zeigen, wie wenig wir unsere Fähigkeiten erkannt haben. Warum sind wir so einseitig? Warum so spezialisiert? Warum so blind gegenüber den Möglichkeiten einer universellen Kultur? Warum so eng in unseren Ansichten, so daß unser Leben immer mehr von trostloser Einengung beherrscht wird?

Erziehung als dauernde Weiterentwicklung ist das beste Medikament gegen Neurosen. Doch diese Erziehung finden wir weder in der konventionellen autoritären noch in der anti-autoritär geführten Schule. Es ist fast ein Zufall, wenn wir eine wirkliche Leidenschaft für Ideen entwikkeln, jede Form von Selbstzufriedenheit überwinden und wenn das Schöpferische zur Mitte unseres Lebens wird.

Die meisten unter uns sind betrogen worden durch eine falsche Definition der Erziehung, durch mittelmäßige Lehrer, durch bürokratische Schulen, durch unsinnige Lehrpläne, durch grauenhafte Prüfungen, durch oberflächliche Medien und nicht zuletzt durch die Tatsache, daß wir so wenig Möglichkeit gehabt haben, exemplarischen Persönlichkeiten zu begegnen.

In jeder Hinsicht brauchen wir mehr Gemeinschaftsgefühl. Aber ist das nicht eine Illusion in einem Bildungssystem, das auf Selektion beruht? Ist das nicht unmöglich, wenn der Streber immer wieder gefördert wird? Wenn Konformität, nicht aber kritisches Denken verlangt wird?

Vor kurzem sprach ich mit einem Schüler in der Bundesrepublik Deutschland. Er stand vor dem Abitur und erklärte: „Ich möchte so viel lesen und eine wirklich breite Basis für meine Erziehung legen. Ich weiß zum Beispiel nur wenig über die indische und chinesische Kultur. Ich möchte mehr über Zen wissen. Ich würde gern öfter ins Theater gehen, auch musizieren. Aber mir fehlt die Zeit. Eine Prüfung jagt die andere; eine ist unsinniger als die andere. Der Notendurchschnitt ist alles. Ohne gute Noten habe ich keine Chancen für ein Universitätsstudium. Ich möchte am liebsten meinen eigenen Interessen nachgehen, aber ich bin nicht stark genug dafür. Es würde meine Eltern enttäuschen. Sie haben viel in mich investiert und wollen jetzt, daß ich erfolgreich bin. Ich werde ihnen gehorchen, aber ich weiß auch, daß ich dadurch sehr viel vermissen werde. In meiner Klasse herrscht intensive Konkurrenz. Früher waren die Klassenkameraden viel kooperativer. Den Schwachen wurde mehr geholfen. Jetzt weiß jeder, wie wichtig die individuelle Leistung ist und daß er besser sein muß als sein Nachbar. In dieser Umgebung ist kaum Zeit und Gelegenheit für Freundschaft. Unsere Lehrer betonen, daß wir für das Leben lernen sollen, aber auf was für ein Leben werden wir wirklich vorbereitet?"

Vor einiger Zeit sprach ich in den USA mit einer Frau, die eine prominente soziale Stellung innehatte. Sie war sehr bestürzt und teilte mir mit, daß ihr Sohn keinen Ehrgeiz zeige, an einer Universität wie Harvard zu inskribieren, sondern statt dessen Schriftsteller werden wolle. Ich fragte sie: „Ist das eine Tragödie?"

„Für mich schon. Ich will, daß er es zu etwas bringt. Er soll Erfolg haben."

„Was heißt Erfolg?"

„In unserer Gesellschaft bedeutet das zunächst einmal: eine gute Universität. Wenn er an die Harvard Universität ginge, hätte er jede Möglichkeit, wirklich prominent zu werden. Er hätte die besten Professoren, die beste Bibliothek und würde Teil einer Elite sein. Schon die persönlichen Kontakte würden sein Leben positiv beeinflussen."

„Ist das alles so wichtig?"

„Unbedingt. Und ich wäre so stolz auf ihn. Jetzt kann ich ihn nicht mehr verstehen."

„Aber es ist sein Leben. Er muß die Wahl treffen, ob Harvard sein Ziel sein soll!"

„Er ist zu unreif, um die Realitäten des Lebens zu verstehen. Er ist viel zu idealistisch."

„Aber brauchen wir nicht mehr Idealismus?"

„Theoretisch schon, aber in der Praxis nicht. Wie kann er als Schriftsteller seinen Weg machen? Ich fürchte sehr, daß er immer von uns abhängig und daß er nie erfolgreich sein wird. Warum kann er nicht wie sein Vater Anwalt werden?"

„Er hat andere Ziele und Werte."

„Die werden sich sowieso ändern. Wenn er an die Harvard Universität ginge, hätte er ein gutes Fundament für seine ganze Existenz. Er wird seine Entscheidung bereuen, aber dann wird es zu spät sein!"

Natürlich glaubte die Mutter,daß sie ja nur das Beste für ihren Sohn wollte. Ihre Einstellung ist keinesfalls untypisch. Ihr ganzes Leben war geprägt von Snobismus. Sie hatte wenig Gefühl für die Schwachen der Gesellschaft; sie betrachtete sich als Teil einer privilegierten Minderheit.

In den USA ist es auffällig, daß Studenten von Harvard oft auf die Studenten von Staatsuniversitäten herabsehen, während die Studenten der Staatsuniversitäten einen höheren Status gegenüber den Studenten der kleinen Colleges haben. All das zeigt, wie kreative Entwicklung immer wieder gefährdet wird.

Bildung kann ein wunderbares Erlebnis darstellen, kann zu einem Befreiungsprozeß führen, doch sehr oft ist sie eine Vergeudung für den einzelnen und die Gesellschaft. Die Misere der Schulen und der Kampf gegen Kreativität sind permanente Aspekte der Geschichte. Aufklärung wird dringend gebraucht, doch viele Kräfte und Institutionen kämpfen mit Erfolg dagegen.

Bedrückend ist, wie immer wieder eine kreative Entwicklung verhindert wird — ob durch Lehrer oder Schüler. Anton Tschechow hat eine einzigartige Kurzgeschichte über einen engstirnigen Lehrer geschrieben: *Der Mensch im Futteral.* Belikow ist ein Lehrer, der alle Vorschriften befolgt, der Autorität bewundert und alles Neue ablehnt. Die Frage von seinem Kollegen Iwan Iwanowitsch nach Belikows Tod ist berechtigt und sollte alle Leser nachdenklich stimmen. Existieren nicht fast alle von uns in einer Atmosphäre der Isolierung? — „Ist das etwa kein Futteral, daß wir in der Stadt leben, in der Schwüle und Enge, daß wir unnötige Schriftstücke aufsetzen, Karten spielen? Und daß wir unser ganzes Leben zwischen Nichtstun, Ränkeschmieden, dummen und müßigen Frauen verbringen, allerhand Unsinn sprechen und anhören — ist das kein Futteral?"

Daß wir anders leben und anders fühlen, daß wir mehr schätzen und uns besser entfalten, daß wir mehr Verbundenheit für andere zeigen — das wären Prioritäten für Erziehung. Meistens werden sie jedoch nicht wahrgenommen.

Wir dürfen die Tatsache nicht vergessen, daß sehr oft in der Geschichte eine konventionelle Bildung Unmenschlichkeit respektabel gemacht hat.

4. Macht, die Bedrohung der Menschheit

Eine provozierende Beschreibung, wie Macht erreicht und gestärkt werden kann, stammt von Machiavelli. Seine Hauptthesen lauten: Der Mensch ist von Egoismus beherrscht, von Gier beseelt und leicht manipulierbar. Er kann nicht zwischen Wirklichkeit und Propaganda unterscheiden. In jeder Hinsicht braucht er eine starke Hand. Der Herrscher einer Nation soll vorgeben, menschlich zu sein, aber er kann, wenn notwendig, jedes ethische Gesetz verletzen, er kann jedes Mittel benützen, um seine Macht zu stärken. Mit einem Wort: alles ist erlaubt, auch Mord – denn der Zweck heiligt die Mittel, die benützt werden, um Macht zu erreichen und zu stärken.

Immer wieder finden wir diesen Geist im privaten wie im öffentlichen Leben – mit katastrophalen Resultaten für die Menschheit. Denn wenn das Machtstreben im Mittelpunkt steht, hat Sensibilität keine Chance. Das Leben wird zum Dschungel.

Den Machtmenschen finden wir in jeder Schicht der Bevölkerung. Bildung ist keine Barriere dagegen, Intelligenz kein effektives Mittel, um das Machtstreben zu beschränken. Besonders viele Machtmenschen beschäftigen sich mit Erziehung.

Direktor Wulicke in *Die Buddenbrooks* ist, wie erwähnt, ein Beispiel dafür. Das Interessante ist, daß er sich selbst als moralisch betrachtet, als Mann, der nur seine Pflicht tut und das Beste für seine Schüler will. Für ihn sind sie Objekte, die kontrolliert werden müssen. Freiheit bedeutet für ihn Anarchie, Individualismus Dekadenz. Er führt die Schule wie eine Garnison, Drill steht im Mittelpunkt, ein rücksichtsloser Stil herrscht. Jede Auflehnung seitens des Schülers wird sofort bestraft. Die Lehrer zittern genauso vor Wulicke wie die Schüler. Schon wenn er die Klasse betritt, herrscht ungeheure Spannung: bei den Schülern, weil sie oft nicht vorbereitet sind, bei den Lehrern, weil sie ihre Klassen nicht streng genug führen. Wulicke liebt es, seine Autorität zu demonstrieren und Schüler wie Lehrer zu demütigen!

Die Haltung Wulickes ist alles andere als eine Ausnahme. Er ist ein geschätztes Mitglied der Gesellschaft. Besitzt er nicht ein starkes Pflichtgefühl? Ist seine Schule nicht vom Leistungsgeist beseelt? Ist er nicht eine Autorität? Daß er Sensibilität und Mitgefühl unterdrückt, daß seine Haltung gegenüber dem Schwachen mörderisch ist, wird oft nicht wahrgenommen.

Kein Wunder, daß wir in der satirischen Zeitschrift *Simplizissimus* von 1911 den folgenden Satz über die sogenannte humanistische Erziehung – eine humanistische Erziehung, die immer wieder Wulickes förderte – lesen können: „Eine Mordtat ist in Deutschland straffrei: wenn ein Vater seinen Sohn auf ein humanistisches Gymnasium gibt."

Eine Klarstellung: Nichts gegen eine humanistische Erziehung, die vom Geist der Klassik erfüllt ist, Allgemeinbildung vermittelt, nicht elitär ist und zur Aufklärung führt. Aber wo gab es sie damals, wo wird sie heute gepflegt? Sicher ist, daß diese Bildung nicht von machtbesessenen Pedanten wie den Wulickes vermittelt werden kann, sondern eine einzigartige Mischung von Wissensdurst und Menschlichkeit verlangt, eine sanfte Lebensweise, geprägt durch Mitgefühl und Anteilnahme – mit einem Wort: daß sie durch den Geist des Friedens und der Universalität definiert wird.

Den Sinn des Lebens sah Nietzsche im Willen zur Macht. Würde das nicht beweisen, daß der Mensch ein aggressives Wesen ist, Zivilisation nur ein Deckmantel für seine

Destruktivität? Und daß qualitativ kein Unterschied besteht zwischen Mensch und Tier?

Die Antwort lautet, daß bis jetzt meistens eine kleine Minderheit die Macht ausgeübt hat und daß es immer eine militärische Gruppe gegeben hat, die daran interessiert war, daß Friede als Schwäche und Krieg als heroische Tat angesehen wurde, die den Pazifisten verfolgte und als Verräter abgestempelt hat.

Die These dieser Gruppe war und ist einfach: Nur durch Stärke kann der Frieden aufrechterhalten werden. Dies bedeutet konkret, daß immer mehr Geld für Rüstung ausgegeben wird und Mißtrauen gegenüber dem Feind angebracht ist, der als Vertreter der Aggressivität betrachtet wird.

Ein exemplarischer Machtmensch war Adolf Hitler. Er kannte kein Mitgefühl. Er war gnadenlos gegenüber dem Feind, der es nicht wert war, am Leben zu bleiben. Der Dualismus, den Hitler verkörperte, ist typisch für den Machtmenschen, der durch Fanatismus geprägt ist. Fast am wohlsten fühlte er sich im Ersten Weltkrieg. War das nicht eine Phase des Heroismus? Hatte er hier nicht die Möglichkeit, vor den Aufgaben einer zivilisierten Existenz zu fliehen? Er haßte Autoren wie den Pazifisten Remarque, der in seinem Roman *Im Westen nichts Neues* die Unmenschlichkeit des Krieges in dramatischer Weise anprangert. Ein solches Buch betrachtete Hitler als Verrat und als zersetzend.

Aber man braucht nicht einmal ein so extremes Beispiel zu zitieren. Der Generalfeldmarschall von Hindenburg, der Hitler zum Kanzler ernannte und noch heute von vielen Deutschen geschätzt wird — Straßen und Kasernen sind nach ihm benannt, „einen Besseren gibt es nicht", wie die Wahlpropaganda ihn 1932 rühmte —, dieser Hindenburg wurde als Symbol der Loyalität und Integrität hingestellt.

Tatsächlich war er ein typischer Junker – reaktionär und arrogant. Er war vor 1933 gegen Hitler, nicht wegen seiner barbarischen Ansichten, sondern weil dieser aus einer unteren Klasse kam und seine soziale Herkunft sich nicht mit der seinen vergleichen ließ. Als Reichspräsident nahm Hindenburg ein Gut als Geschenk an, was zeigt, wie korrupt er war; die Annahme des Gutes war unvereinbar mit seiner Position.

Der springende Punkt ist, daß ein Machtmensch wie Hindenburg wenig Verständnis für den Frieden zeigt. Er war, wie Hitler, für Aufrüstung, für eine starke Armee, gegen die Aufklärung des Volkes und gegen Reformen. Beide wurden von den großen Monopolen unterstützt. Für beide war Krieg kein entsetzliches Ereignis, sondern eine Zeit der Kameradschaft, in welcher der einzelne seinen Mut demonstrieren konnte und ein Gefühl der nationalen Einheit bestand.

In den USA warnte Präsident Eisenhower, wie gefährlich der mächtige militärisch-industrielle Komplex sei und daß dadurch das Land in Gefahr gerate. Tatsächlich verfügt dieser Komplex über eine Macht, die man nie unterschätzen darf. 20.000 Firmen sind direkt und 100.000 andere indirekt von der Rüstung abhängig. Staaten wie Kalifornien und Texas haben einen besonders hohen Anteil an der Waffenproduktion. Jedes Jahr bringt ein neues Waffensystem; Mittel für die Verteidigung stehen reichlich zur Verfügung. Tausende Wissenschaftler arbeiten dafür. Wenn aber radikale Rüstungsbeschränkungen angeregt werden, erhält der Kongreß Tausende von Protestbriefen; dann wird mit Sanktionen gegen die gedroht, welche die Macht der Rüstungsindustrie einschränken wollen.

Wie wichtig ist in dieser Sicht die Arbeit von Organisationen wie etwa die der Quäker; sie sind immer Advokaten des Friedens gewesen, haben nie einen Krieg unterstützt, nicht einmal den Unabhängigkeitskrieg der USA. Sie sind lieber ins Gefängnis gegangen, als daß sie Waffen benutzt hätten. Diskriminierung gegenüber anderen Rassen oder anderen Nationalitäten ist ihnen fremd. Bei einem Quäker-Meeting herrscht der Geist der Gleichheit. In ihren Schulen sind Vorurteile unbekannt, ein Schwarzer hat genauso viele Rechte wie sein weißer Kollege.

Die Vertreter der Quäker, wie etwa Rufus Jones, haben sich immer durch eine einfache Lebensweise ausgezeichnet. Obwohl Jones ein bekannter Philosophieprofessor war, eine Autorität für Mystik, war er sehr bescheiden, und auf Sitzungen versuchte er nie zu dominieren. Oft ging er danach in die Küche, um das Geschirr abwaschen zu helfen. Wo er konnte, setzte er sich ein, das Leben von Unterdrückten zu verbessern. Besonders versuchte er, das Leiden der Naziflüchtlinge zu lindern, nicht nur durch Geldspenden, sondern durch aktive Anteilnahme.

Einer meiner Bekannten in Los Angeles war aktives Mitglied dieser „Society of Friends“. Sein Haus war immer offen für Freunde und Fremde. Er hatte zwei Kinder und adoptierte noch ein schwarzes Kind, einen Indianer, eine kleine Chinesin, später sogar noch ein schwachsinniges Kind. Alle wuchsen in einer Atmosphäre der gänzlichen Hingabe auf. Sie wurden nicht verwöhnt und lernten von frühester Jugend an, sich für andere einzusetzen.

Mein Bekannter liebte klassische Musik, Bildhauerei und Philosophie. Jede Woche versammelte er eine Diskussionsrunde von Künstlern und Wissenschaftlern; auch sehr viele Jugendliche und ältere Personen nahmen daran teil. Der Geist der Runde war durch Toleranz geprägt. Die Ideen des Schülers wurden genauso respektiert wie die des Professors. Schwarze und Weiße, Mexikaner und Japaner waren gemeinsam versammelt, es gab keine Hierarchie; es herrschte lebendige Humanität.

Mein Bekannter war nicht von sich eingenommen. Er hielt sich nicht für besonders gut. Oft bemerkte er: „Das Leiden der Welt ist so groß, daß ich noch viel mehr tun müßte!" Manchmal half er als Freiwilliger in einem der psychiatrischen Krankenhäuser aus. Er arbeitete nicht als Therapeut, sondern als Pfleger. Ich besuchte ihn dort einige Male und bemerkte, wie er sich um jeden Patienten bemühte, wieviel Geduld er hatte und wie stark und intensiv seine Ausstrahlung war — ein Ausdruck seines Glaubens.

Für die Quäker ist gelebte Liebe keine leere Formel. Hat nicht jeder Mensch ein einzigartiges Potential? Ist nicht der Mensch von Natur aus fähig, altruistisch zu handeln und zu denken? Ist nicht das Machtstreben eine permanente Bedrohung? Wo Hilfe gebraucht wird, sind Quäker tätig. Notleidende in vielen Teilen der Welt werden durch sie unterstützt — immer im Geist der Großzügigkeit. Sie waren unter den ersten, die gegen Sklaverei auftraten; jede Form von Ausbeutung wird von ihnen bekämpft. Formale religiöse Bekenntnisse werden abgelehnt. Ist nicht ein göttlicher Geist in uns allen? Finden wir ihn nicht am besten durch Meditation? Ist die Tat nicht viel wichtiger als ein formalistischer Glaube?

Als Einwand könnte gelten: Das ist alles zu idealistisch, ein Standpunkt, den man theoretisch bewundern kann, der sich aber nicht praktizieren läßt. Denn wir müssen ja realistisch sein und an uns selbst denken; alles andere führt zur Niederlage im eigenen Leben wie im Leben der Nation. Aber genau das ist die Haltung, die die Geschichte bis heute geprägt hat: ein sogenannter Realismus, Rücksichtslosigkeit, Brutalität — immer neue und noch gefährlichere Formen des Machiavellismus. Was sind die Folgen? Folter, Ausrottung, ein bewußter oder unbewußter Faschismus als permanente Drohung, ein Lebensstil, der neurotisiert und entfremdet und immer wieder neue

Opfer durch Unmenschlichkeit verlangt. Auschwitz war kein Zufall; es war ein Produkt des Hasses, der Unterdrückung der Minderheit, die als Sündenbock diente.

Der gleiche Geist, der Auschwitz produzierte, ist für die Tragödie von Kambodscha verantwortlich. Auch dort hat es Millionen von Märtyrern gegeben. Auch dort können wir den Triumph der Barbarei beobachten. Nur waren die Methoden anders, und es gab keine Gaskammern. Aber auch dort war der einzelne ein Spielball für die Wahnsinnigen, auch dort wurde erfolgreich Krieg gegen die Humanität geführt. Die Roten Khmer wüteten gegen die Zivilisation. Ihre Ideologie war bestimmt von einem Fanatismus, der Feinde nicht als Menschen, sondern als Ungeziefer betrachtete.

Was haben wir aus diesen Ereignissen gelernt? Sicher nicht genug, um Warnungen wie die der Quäker ernstzunehmen und mehr für die Menschlichkeit zu tun.

ABSCHNITT II

5. Der Vertreter

Harry Brown war ein Vertreter. Er war hoch angesehen in seiner Gemeinde, lebte in einem schönen Haus mit seiner jungen Frau und einem Sohn, der besonders gut in der Schule war. Von vielen wurde Harry beneidet. Hatte er nicht viel Geld, um großzügig Wohlfahrtsunternehmen zu unterstützen? Auch besaß er genug Mittel, um jedes Jahr eine ausgedehnte Reise zu unternehmen. Schon Monate vorher sammelte er Prospekte, so daß er gut informiert war und auch die interessantesten Museen besuchen konnte.

Seine Frau bewunderte ihn sehr. Immer wieder sagte sie ihren Freundinnen, wie glücklich sie und wie großzügig Harry zu ihr sei, so daß sie sich nach der neuesten Mode kleiden könne. Auch war er ein besonders gütiger Vater, und als sein Sohn eine schwere Ohrenentzündung hatte, blieb er nachts auf, um bei seinem Sohn zu sein.

Harry gehörte zu einem Club in der Gemeinde, in dem sich die erfolgreichen Geschäftsleute trafen; Schwarze wurden dort nicht zugelassen. Man wollte unter sich sein. Die Mitglieder des Clubs betrachteten sich als Säule der amerikanischen Gesellschaft.

Harry war ein Killer. Niemand in seiner Gemeinde kannte seinen wirklichen Beruf. Keiner hätte dies auch geglaubt. Harry sah überhaupt nicht brutal aus. Er war sanft in seiner Art. Er sprach nie vulgär, kleidete sich in einer sehr konservativen Weise und bevorzugte graue Anzüge mit dunklen Krawatten. Seine schwarzen Schuhe waren immer auf Hochglanz poliert.

Wenn man ihn nach der Firma fragte, für die er arbeitete, antwortete er, daß er Marktforschung betreibe.

Jahrelang war Harry bei der Marine gewesen. Dort hatte er sich als Schütze ausgezeichnet. Das militärische Leben hatte ihm gut gefallen. Er brauchte sich nicht um seinen Unterhalt zu kümmern. Alles war geregelt. Harry war ein Mann, der großen Respekt vor Autorität hatte. Die Befehle seiner Offiziere erfüllte er immer sofort. Ein Freund von ihm war Kapitän, der die Fähigkeiten von Harry schätzte und der die besten Kontakte zu einer großen Verbrecherorganisation hatte. Er war dafür verantwortlich, daß Harry später von der Organisation benützt wurde und dadurch eine sichere Zukunft hatte.

In seiner Freizeit las Harry viele Krimis. Sein Lieblingsautor war Chase. Seine Frau fragte einmal: „Harry, Du bist doch so ein friedfertiger Mensch. Warum interessieren Dich Bücher, die so viele Schandtaten beschreiben? Warum Dein Interesse an den Ereignissen der Unterwelt? Solche Vorkommnisse betreffen uns doch nicht, denn wir sind normale Bürger, die nur das Beste für die Gemeinde wollen." Harry antwortete ihr: „Ich muß sehr intensiv für die ‚Marktforschungsgesellschaft' arbeiten. Tag und Nacht beschäftigen mich ihre Probleme. Neue Strategien müssen in einer profitablen Weise eingesetzt werden. Ich kann mir keine Fehler leisten. Wenn ich daheim bin, brauche ich Entspannung, und Krimis sind Fundamente für eine andere Welt, die mich von meinen geschäftlichen Problemen ablenken." „Warum liest Du nicht gute Bücher", fragte seine Frau, „Bücher, die kulturell wertvoll sind und die Deine Perspektive erweitern könnten?" Harry betonte: „Wenn ich einmal pensioniert sein werde, dann werde ich auch gute Bücher lesen, und wir werden wunderbare Gespräche über sie führen."

Der Nachbar Harrys war ein hoher Politiker der Stadt. Die Familien der beiden vertrugen sich ausgezeichnet. Die Frauen spielten oft Bridge zusammen. Der Politiker hatte eine kleine Tochter, die mit Harrys Sohn befreundet war.

Harry und der Politiker gingen gemeinsam auf die Jagd. Der Politiker bewunderte Harrys Fähigkeit, mit dem Gewehr umzugehen. Der Politiker bemerkte: „Es scheint, als ob Sie dauernd Übung auf diesem Gebiet haben." Harry entgegnete: „Das habe ich bei der Marine gelernt. Ich bin einfach ein guter Schütze." Der Politiker war ein Waffennarr, und oft sprach er mit Harry über die effizienteste Pistole, die man benützen könnte.

Harry und der Politiker hatten die gleichen sozialen Ansichten. Beide waren fanatisch in ihren Vorurteilen, besonders gegenüber Schwarzen und Mexikanern. Als die Witwe eines schwarzen Arztes mit ihrer kleinen Tochter in ihrem Bezirk ein Haus kaufen wollte, sammelten Harry und der Politiker Unterschriften, um das zu vereiteln. Ein solcher Schritt hätte den Wert der Häuser vermindert — überhaupt wären viele Bewohner ausgezogen, und es bestand die Gefahr, daß in absehbarer Zeit ein Slum entstehen würde. Harry sprach mit der schwarzen Dame und sagte: „Persönlich haben wir nichts gegen Sie. Doch Sie müssen unseren Standpunkt verstehen. Wir sind hier eine Gemeinschaft. Wir wollen keine Außenseiter. Die Leute hier haben viel geopfert, um sich ein Eigenhaus leisten zu können. Wenn Sie einziehen, dann könnte es zu Gewalttaten kommen. Ihr Leben und das Ihrer Tochter wären dann ernsthaft gefährdet." Die Witwe wählte nach diesem Gespräch eine andere Wohngegend.

Gewöhnlich einmal im Monat bekam Harry einen Anruf aus New York, er solle zu einem bestimmten Ort fahren und in einem bestimmten Hotel absteigen, wo er besondere Instruktionen erhalten würde. Das Hotel war nie exklusiv, aber auch nie in einer schlechten Nachbarschaft. Harry verhielt sich immer höflich zum Personal; dadurch gewann er sich überall Freunde. Er war ein willkommener Gast.

Wenn er seine Instruktionen bekam, dann dachte er

immer darüber nach, wie man am besten das Opfer eliminieren könnte. In der Tat, Planung war der wichtigste Aspekt seiner Arbeit. Harry betrachtete sich als Experte und bekam auch oft besonders schwierige Aufgaben.

Er studierte genau die Gewohnheiten seines Opfers vom frühen Morgen bis spät in die Nacht. Manchmal aß er auch im selben Restaurant — natürlich im Hintergrund. Wem würde auch ein Mann mittleren Alters in einem grauen Anzug besonders auffallen? Nach einiger Zeit wußte er so viel über das Opfer, als ob er ein Mitglied der Familie wäre.

Es war relativ leicht, einen einzelnen Mann zu ermorden, aber wenn ihn Leibwächter begleiteten, war das Risiko natürlich größer. Aber Harry besaß eine große Portion Phantasie. Eine besonders schwierige Aufgabe — ein unabhängiger Gangsterboß, der von zwei Leibwächtern bewacht wurde — löste er dadurch, daß er sich als Bettler verkleidete. Die Leibwächter versuchten, ihn zu verscheuchen; sie bemerkten nicht, daß er eine Pistole bei sich trug. Er tötete zuerst die Leibwächter und dann den Boß.

Wenn Harry unterwegs war, versäumte er es nie, seine Frau mindestens zweimal täglich anzurufen. Wenn sie krank war, war er ganz besonders besorgt und erklärte, am liebsten würde er bei ihr sein, aber die geschäftlichen Aufgaben seien so dringend. Wenn er zurückkam, brachte er immer Blumen mit. Seine Chefs waren sehr zufrieden mit Harry. Er war zuverlässig, sprach nie über seinen wirklichen Beruf und hatte keinen großen Ehrgeiz. Er hätte auch administrative Arbeit tun können, aber er fühlte sich so wohl in seinem Beruf, daß er keine Veränderung wollte.

Einmal war er betrunken und sprach mit seiner Frau über einen Bekannten, der ein Killer war. „Wie schrecklich“, sagte seine Frau, „ich bin so froh, daß Du so sanft bist, Du kannst niemandem wehtun. Wie schön ist es doch, daß unser Sohn keine brutalen Krimis sieht und daß er jedem Streit aus dem Weg geht!"

Hatte Harry Gewissensbisse? Betrachtete er sich als Außenseiter der Gesellschaft? Überhaupt nicht! Er hatte eine gute Position, ein ausgezeichnetes Einkommen, und wenn ihm irgend etwas passierte, dann würde seine Frau eine üppige Pension von der Marktforschungsgesellschaft bekommen.

Die Leute, die er eliminierte, waren meist Kriminelle, die als Unabhängige der Organisation im Wege standen. Genau wie in der Geschäftswelt in den USA die kleinen Organisationen keine Zukunft haben, so konnten sich die Unabhängigen in der Welt der Kriminalität nicht behaupten. Sie hatten zu wenig Einfluß, zu wenig Geld, zu wenig Kontakt mit den Politikern und den Polizisten, so daß sie entweder von der Konkurrenz oder von der Polizei vernichtet wurden. In gewisser Hinsicht war Harry nur ein Beamter, der die Funktion hatte, das Monopol der Organisation zu verteidigen.

Harry wurde nie festgenommen. Als professioneller Killer war er immer sehr vorsichtig. Er hatte keinen persönlichen Kontakt zum Opfer, hinterließ keine Fingerabdrücke und kehrte nach seiner Tat sofort in seine Heimatstadt zurück. Dabei benützte er meistens den Bus. Wenn Polizisten nach einem Verdächtigen suchten, dann sicher nicht nach einem Mann, der so konservativ gekleidet war, die Zeitung las und in jeder Hinsicht so unbesorgt aussah, der sich in keiner Weise wie ein Verdächtiger verhielt.

Harry starb in relativ jungen Jahren an einem Herzversagen. Hunderte kamen zu seinem Begräbnis. Ein Pfarrer, der ihn gekannt hatte, erwähnte seine guten Taten und seine Liebe zur Familie. War Harry nicht eine Stütze der

Gemeinde gewesen – ein Mensch, den man in jeder Hinsicht bewundern konnte?

6. Klima der Gewalt

Es ist noch nicht sehr lange her, da las man eine Überschrift in einer Zeitung: „16jähriger Mörder zum Tode verurteilt". Der Artikel beschrieb, wie Isaiah Greene, 15 Jahre alt, den der Richter ein junges wildes Tier nannte (er ist einer der jüngsten Mörder in der US-Geschichte), mit zwei Komplizen, Edwin Walker, 14 Jahre, und James („Smiley") Crowson, ein Geschäft überfallen und den Eigentümer ermordet hatte. Als der Richter das Urteil verkündete, brach Greene zusammen, aber seine beiden Komplizen, die „lebenslänglich" bekamen, zeigten wenig Erregung.

Vor einiger Zeit besuchte ich das Heim eines jungen Mörders. Er hatte gestanden, daß er im Verlauf einer Rauferei seiner Bande Schüsse aus einem Gewehr abgefeuert hatte. Er wohnte in einer von Slums dominierten Gegend. Er ist das einzige Kind geschiedener Eltern. Seit der Vater die Familie verlassen hatte, mußte die Mutter als Kellnerin oft nachts arbeiten, um den Jungen zu erhalten. Ich fragte sie, ob sie überhaupt wüßte, unter welchen Bedingungen und mit welchen Freunden der Sohn seine Freizeit verbrachte. Sie sagte, daß sie nicht genug Zeit für den Jungen gehabt und daß er vor ungefähr zwei Jahren angefangen hätte, mit der Bande aus der Nachbarschaft in Verbindung zu treten. Sie beschuldigte besonders einen bestimmten Jungen, der offensichtlich der Anführer war und diese Rauferei ausgeheckt hatte. Ich fragte sie, wie sich der Junge in der Schule benommen hätte, und sie meinte, er hätte seine Lehrer gehaßt und wäre des öfteren statt zur Schule ins Kino gegangen. Im persönlichen Verhalten zu seiner Mutter war er vollkommen verschlossen und ohne Wärme und Zugehörigkeitsgefühl.

Sie war entsetzt über all das. Sie hatte so hart gearbeitet und so viele Opfer gebracht, um den Sohn großzuziehen, und nun diese schreckliche Tragödie.

Als ich mit dem Jungen sprach, erhielt ich einen anderen Eindruck von der Mutter. Wie sich herausstellte, war sie selten zu Hause und mit allen möglichen Männern bekannt. Der Junge wurde von ihr weder beaufsichtigt noch erzogen. Er war den ganzen Tag auf der Straße und sich selbst überlassen. Ich fragte ihn, ob er seine Tat bereue, und er sagte, er bereue nur, daß er sich habe erwischen lassen. Er würde nicht noch einmal morden wollen. Sein einziger Gedanke war, wie er aus der „Staats-Trainingsschule" wegkommen könnte, denn dann wollte er sich sogleich an dem, der die Sache „verpfiffen" hatte, rächen.

Seine Einstellung ist zwiespältig: Einerseits möchte er in einer normalen Gesellschaft leben, andererseits will er sich an dem „Anzeiger" rächen. Es ist zweifelhaft, ob es möglich sein wird, diesen Jungen in der Reformschule zu ändern.

Statistiken besagen, daß die Hälfte der erwachsenen Verbrecher in den USA ihren ersten Unterricht im Verbrechen in den „Staats-Trainingsschulen" und „Besserungsheimen" erhalten hat.

Ein Grundmangel dieses Jungen war der fehlende Vater. Es gab keine Stimme der Autorität für ihn, keine, die ihm Disziplin beibrachte. Doch wir dürfen keiner Illusion erliegen, denn sehr viele Väter in den Slums sind schwach und erfolglos und können ihre Kinder kaum positiv beeinflussen.

Als man ihn fragte, welche Leute er bewundere, sagte er, daß er Boxer möge. Seine Begründung war die, daß alle Boxer schlagen könnten und eine Menge Geld verdienten. Er hatte Boxunterricht genommen und bewunderte Stärke über alles. Außerdem dachte er, daß Boxer jedes Mädchen, das sie wollten, haben könnten und die auffälligsten Autos besäßen.

Der Junge, den er ermordet hatte, war ein 16jähriger Mexikaner. Ich besuchte auch die Familie des Opfers. Sie lebte in einer verfallenen Hütte ohne Installation von Wasser, Gas und Elektrizität. Es gab acht Kinder in der Familie. Die Wohnung war peinlichst sauber, es standen sogar Blumen auf dem Tisch. Die Eltern lebten seit 10 Jahren in Amerika und hatten sich immer noch nicht der amerikanischen Lebensart angepaßt. In Mexiko wurde der Vater als absolute Autorität angesehen, in den USA wurde er nicht respektiert. In dem Dorf, aus dem die Leute kamen, gab es keine Jugendbanden. Die Eltern hatten ihren Sohn vor der Bande gewarnt, aber leider vergebens, und nun war es zu spät. Die Mutter brach in Tränen aus, als sie mir einige seiner Sachen und ein Photo zeigte, das den Jungen in der unteren Mittelschulklasse darstellte.

Vor einiger Zeit kam einer meiner Freunde, der ein hoher Beamter im Schweizer Erziehungsministerium ist, in die USA und begann sich besonders für Probleme des Verbrechertums zu interessieren. Er besuchte die Slum-Gegenden von New York, Detroit, San Francisco und Los Angeles. Er war besonders interessiert an Coney Island (New York) und Venice Beach (Kalifornien). Er drückte seinen Eindruck in zwei Worten aus: „Verwahrloste Jugend!"

Es besteht in den USA *kein* fundamentaler Unterschied zwischen jugendlichen und erwachsenen Verbrechern. In vielen Fällen ist es so, daß die Jugendbanden den Erwachsenen-Gangs helfen und daß erwachsene Verbrecher Jugendliche zu ihren Komplizen machen. Rauschgifthändler verwenden in alarmierender Weise Jugendliche. Ein junger Nichtangepaßter erzählte mir, daß in seiner Nachbarschaft die „Ganoven" die größten und teuersten Autos hätten, die besten Kleider trügen und die auffallendsten Frauen hätten. Sie gäben die besten und aufregendsten Partys. Er erzählte von seinem eigenen Vater, der als Briefträger seine Familie zu erhalten versuche. Er fahre einen alten Wagen und habe niemals irgendwelchen Luxus. Er sei ein anständiger Mensch, aber Anständigkeit zahle sich offensichtlich nicht aus.

Ich versuchte, dem Jungen die Konsequenzen der Kriminalität klarzumachen und was geschehen würde, wenn er erwischt würde. Er sagte, daß nur die Dummen erwischt würden. Er erwähnte eine Stadt, in der 90 Bandenmorde innerhalb von 5 Jahren geschehen wären, und kein einziger aufgeklärt hätte werden können. Er sagte, wenn jemand einen Feind eliminieren wolle, würde nach Detroit oder Chicago telefoniert und dort ein Mörder gedungen. Motiv bräuchte es keines, und auch Spuren würden keine hinterlassen. Wie sollte es also möglich sein, den Täter zu entlarven?

Dann erzählte er mir von einem Fall, in dem ein Bandenmitglied durch die Polizei verhaftet worden sei. Der Gangster hatte nichts gestanden und keine Aussagen gemacht. Er bekam den besten Anwalt. Während er im Gefängnis saß, wurde seine Familie versorgt, und als er herauskam, war er ein Held in der ganzen Umgebung. Es wurde zu seinen Ehren eine Party gegeben und — wenn man den Aussagen des Jungen Glauben schenken kann — so großartig wie bei einem römischen Gelage gefeiert.

Vor ein paar Jahren erhielt ich Kenntnis von einem dramatischen Verbrechen. Ein Junge von 13 Jahren, Bob, der bei seinen Großeltern lebte, war in die Angelegenheit verwickelt. Seine Eltern waren gestorben, als Bob 6 Jahre alt war, und seine Großeltern hatten ihn, so gut sie es vermochten, aufgezogen. Im Alter von 10 Jahren war Bob ein schlechter Schüler. Als er das Verbrechen verübte, war er 13, sah aber wie 18 aus. Er war aus zwei Schulen gewiesen worden, weil er immer raufte. Bob war extrem rastlos und konnte niemals stillsitzen. Seine Lieblingsbeschäftigung war Fernsehen. Die Großeltern lebten von einer Unterstützung, aber sie hatten einen Fernseher gekauft, um dem Jungen eine Freude zu machen.

Bob wurde Mitglied einer Bande aus der Nachbarschaft und fing an zu stehlen. Er verwendete das Geld für Zigaretten und neue Kleider. Aber sein größter Wunsch war, ein Motorrad zu besitzen. Einige Male hatte ihn ein älterer Freund auf seinem Motorrad zu Spazierfahrten mitgenommen, und das machte ihm das größte Vergnügen.

Eines Tages fand er heraus, daß sein Großvater 500 Dollar versteckt hatte, und zwar in seinem Schlafzimmer unter der Matratze. Eines Nachmittags nahm Bob das Geld, aber sein Großvater überraschte ihn dabei. Eine Rauferei entstand, und Bob ermordete den alten Mann. Er rannte ohne das Geld aus dem Haus und stahl später ein Motorrad. Die Überschrift in der Zeitung lautete: „Junge ermordet Großvater, stiehlt Motorrad für Spazierfahrt". Seine Spazierfahrt dauerte nicht lange; am nächsten Tag wurde er von der Polizei verhaftet. Bob fühlte sich nicht schuldig. Sein Großvater war sehr gut zu ihm gewesen und hatte ihn beaufsichtigt, aber für ihn war ein Motorrad das Allerwichtigste. Dafür wollte er sogar töten.

Ein anderer Fall eines abscheulichen Verbrechens wurde von einem Mädchen namens Joan in einer Slumgegend begangen. Joan war 14, attraktiv, sah aber sehr gewöhnlich aus. Am meisten interessierte sie sich für die Liebesaffären der Hollywood-Stars.

Ihre Mutter ließ sich scheiden, als sie in die vierte Klasse ging. Sie haßte ihren Stiefvater. Eines Tages, als sie gerade allein zu Hause war, kam ihr leiblicher Vater auf Besuch und brachte ihr ein neues Kleid mit. Als die Mutter dies erfuhr, zerriß sie das Kleid in viele Stücke. Immer wenn das Mädchen ungezogen war, sagte ihre Mutter, daß Joan ganz wie ihr Vater sei.

Im Alter von 11 Jahren begann sie zu rauchen und mit 12 zu trinken. Sie war für ihr Alter gut entwickelt und ging mit älteren Jungen aus. Nun rauchte sie auch Marihuana und nahm Kokain. Sie ging zu Partys, die manchmal die ganze Nacht dauerten. Einige Male rannte sie von zu Hause fort, kam aber immer wieder zurück, wenn sie hungrig war.

Ihre Mutter und der Stiefvater interessierten sich immer weniger für sie. Sie versuchten, sie loszuwerden. Als man sie fragte, wen sie am meisten hasse, antwortete sie: „Meinen Stiefvater." Er war nicht unfreundlich zu ihr, aber ihr war seine Anwesenheit zuwider, und offensichtlich glaubte sie, daß er sie um die Anwesenheit ihres leiblichen Vaters brachte.

Schließlich traf sie einen um zwei Jahre älteren Jungen, und sie „gingen" miteinander. Auch er haßte die Gesellschaft, ähnlich wie Joan. Sie beschlossen, gemeinsam eine Tankstelle auszurauben. Der Junge fand aber nur 50 Dollar und war darüber so wütend, daß er den Tankwart erschoß. Joan fuhr den Fluchtwagen, aber die Polizei hatte ihre Autonummer, und bald konnte man Autosirenen hören, die die Flüchtenden jagten. Der Junge wollte sich nicht arretieren lassen und wurde von der Polizei erschossen. Joan brachte man in eine „Staats-Trainingsschule" . . .

Heute haben wir praktisch Tausende von Banden in fast jeder großen amerikanischen Stadt. Diese Banden sind viel gefährlicher als je zuvor. Sie kämpfen mit Kinderspielzeuggewehren, die aber von ihnen zu richtigen Waffen umgebaut worden sind, und mit Pistolen und Molotow-Cocktails. Mitglieder dieser Banden fühlen sich als Elite und begegnen Jugendlichen, die die Gesetze einhalten, mit Verachtung. Sie leben in ständigem Kampf mit ihren Eltern und Lehrern, welche sie verachten, und mit der Polizei, die sie hassen.

7. Kontraste

US-Zeitungen haben oft über die Gewalttaten der „Hell's Angels“ berichtet. Ihre Organisation breitet sich nicht nur in vielen Teilen der Vereinigten Staaten, sondern auch in europäischen Städten wie London, Hamburg und Berlin aus. Die Hell's Angels versetzen ganze Stadtteile durch sadistische Handlungen und andere Ausschreitungen in Angst und Schrecken. Nicht wenige Bandenmitglieder sind Schulversager. Einige arbeiten, finden das zivilisierte Leben stumpfsinnig und langweilig. Bei einem Rock-and-Roll-Festival in der Nähe von San Francisco trampelten Hell's Angels einen Afroamerikaner zu Tode. In New York stürzten sie einen Mann aus der fahrenden U-Bahn. In Chicago warfen sie ein Mädchen aus dem 11. Stock eines Hochhauses auf die Straße.

Die Bundesregierung in Washington unterstützt das städtische Budget finanziell zu wenig. Die städtischen Steuereinnahmen werden immer geringer, da die Reichen in die Vororte ziehen. Die großen städtischen Schulen werden immer desolater. Sie sind in der Tat Ghettos für die Kinder der Minderheiten und der Erfolglosen.

Der Versuch, die Rassentrennung an den Schulen in den USA aufzuheben, scheiterte. Die Kinder weißer Eltern besuchen bevorzugt Privatschulen, was zur Folge hat, daß die Kinder aus den Familien der Minderheiten zunehmend unter sich sind. Immer schärfer werden die Spannungen zwischen Farbigen und Weißen, so daß die Schulen oft Orte der Gewalttätigkeit sind.

Wir dürfen nicht vergessen, daß in den USA die Analphabetenrate über 10 % beträgt. In den Großstädten der USA bleiben an jedem Schultag Hunderttausende von Schülern dem Unterricht fern.

Immer mehr Städte müssen dringend notwendige Dienstleistungen einsparen. Krankenhäuser müssen geschlossen werden; psychiatrische Kliniken sind gezwungen, Personal zu entlassen; Tausende von Polizisten fehlen, um die steigende Kriminalität zu bekämpfen. In Detroit mußte offiziell der Notstand ausgerufen werden, weil so viele Menschen weit unter dem Existenzminimum leben und die Gefahr besteht, daß sie verhungern.

Durch das Sparprogramm wurden Tausende von Lehrern arbeitslos; allein in Philadelphia haben 3000 Lehrer infolge der Kürzungen ihre Stellung verloren. Zehntausenden Studenten wurden ihre Studienunterstützungen gestrichen. Es fehlen die Mittel, um notwendige Reparaturen an baufälligen Schulgebäuden vorzunehmen, so daß in vielen Fällen Einsturzgefahr besteht. Die Bildungsstätten der Armen sind so überfüllt, daß oft sogar in feuchten Baracken unterrichtet werden muß. Auch die pädagogisch-psychologische Betreuung der Kinder mußte eingeschränkt werden. Viele Aufsichtspersonen, die in den Schulen für Ordnung sorgen, müssen entlassen werden — eine Tatsache, die der Kriminalität der Jugend in den USA Vorschub leistet.

Jugendliche Banden erhalten, wie erwähnt, immer mehr Zuwachs; allein in Los Angeles sind Hunderttausende Jugendliche in Gangs organisiert, die sich mit jedem Mittel der Gewalt bekämpfen.

Ich habe fast noch keinen Film gesehen, der diese Zusammenstöße realistisch beschreibt. Durch Zufall habe ich einmal ein solches Ereignis gesehen. Ich hatte einen schwarzen Freund besucht, und von einem Fenster seiner Wohnung aus sah ich, wie die beiden Gangs aufeinander losgingen. Es ging viel blutiger zu als bei einem Boxkampf. Wenn ein Jugendlicher schon bewußtlos auf der Straße lag, wurde ihm auf den Kopf getreten. Schüsse fielen aus dem Hinterhalt. Mindestens zwei Jugendliche kamen ums Leben. Nach einiger Zeit tauchte die Polizei auf; die Bandenmitglieder waren inzwischen verschwunden. Einige Zeugen wurden vernommen, aber sie konnten oder wollten die Täter nicht identifizieren. Die toten Jugendlichen wurden in einem Leichenwagen abtransportiert. Die Polizisten machten einen gelangweilten Eindruck.

Mein Freund erklärte mir, daß solche Zusammenstöße in seiner Gegend keine Seltenheit darstellten und daß die Erwachsenen immer mehr Angst vor der Brutalität der jugendlichen Gangs hätten. Viele Geschäftsleute in seiner Gegend wurden von diesen Banden erpreßt. Wenn sie sich weigerten zu zahlen, würden sie niedergeschlagen oder ihr Geschäft ein Raub der Flammen werden. Ein Geschäftsmann leistete Widerstand; er fühlte sich sicher, denn er trug stets eine Pistole bei sich. Doch eines Tages wurde er aus einem Hinterhalt erschossen. Den Täter fand man nicht.

Sehen wir uns ein Slumviertel in New York an. Welche Eindrücke bekommen wir? Welche Atmosphäre herrscht dort? Ein trostloser Lebensstil ... Jede dritte Familie hat so wenig Ressourcen, daß sie unter die Armutsgrenze fällt ... Abgebrannte Häuser, die wie Häuser in Deutschland nach einem Luftangriff aussehen ... Eingeschlagene Fensterscheiben, die nicht repariert werden ... Hausbesitzer sind verantwortlich dafür, daß viele Häuser abgebrannt sind; dadurch kassieren sie von der Versicherung ... Fast jeden Tag ein Mordfall ... Polizisten benehmen sich wie eine Besatzungsmacht ... Für viele Polizisten sind Slumbewohner von vornherein kriminell ... Schulen sehen wie häßliche Krankenhäuser aus ... Es ist nicht ungewöhnlich, daß Lehrerinnen vergewaltigt werden ... Kinder kommen mit Pistolen zur Schule ... Polizisten bewachen den Schulhof ... Jugendliche verkaufen Crack — eine Droge, die äußerst schnell zur Sucht führt . . . Ältere Menschen sind besonders verzweifelt . . . Vor jeder Wahl versprechen die Politiker Verbesserungen in dem Bezirk — Versprechen, die nicht eingehalten werden . . . Wenn jemand überfallen wird — was nicht selten geschieht —, kommt niemand zu Hilfe . . . Busse mit Touristen fahren oft durch den Bezirk. Sie sehen sich das Viertel wie einen zoologischen Garten an. Der Touristenführer warnt sie davor auszusteigen, denn sonst wäre ihr Leben in Gefahr . . . Jeder Tag ist für die Bewohner des Viertels ein Ringen ums Überleben . . .

Ein Teil des Viertels wird „saniert". Das bedeutet, daß viele Häuser abgerissen werden. An ihrer Stelle entstehen große Appartementhäuser für den Mittelstand. Für die Armen im Slum bedeutet das keine Verbesserung. Sie haben noch weniger Lebensraum.

Ein Zwischenfall in einem Slum in New York bleibt mir im Gedächtnis: Von weitem sah ich einen alten, blinden Mann mit einer großen Aktentasche, der eine Straße überqueren wollte. Da der Verkehr sehr stark war, mußte er warten. Ein junger Mann erklärte sich bereit, ihn über die Straße zu begleiten. Bevor die beiden die andere Straßenseite erreichten, stieß der junge Mann plötzlich den alten nieder, entriß ihm die Aktentasche und war schnell verschwunden. Später sprach ich mit dem alten, ganz niedergedrückten Mann. In der Aktentasche hatte sich ein Teil seiner Ersparnisse befunden. „Was soll nun aus mir werden?" fragte er. „Mit dem Geld hätte ich mir eine bessere Wohnung kaufen können. Jetzt lebe ich in einem Loch." Ein Polizist erklärte, daß kaum Hoffnung bestünde, den Dieb zu fangen, denn von Tag zu Tag gäbe es mehr Kriminalität in New York. Zu dem alten Mann sagte er: „Seien Sie froh, daß Sie noch am Leben sind, denn oft werden die Beraubten auch noch erschlagen!"

Überall in dieser Gegend gibt es Obdachlose. Meistens haben sie alles, was sie besitzen, bei sich. Nachts schlafen sie unter einer Brücke oder in einem offenen WC, im Sommer oft auch in einem Park. New York hat einige schäbige Hotels umgebaut, so daß dort Bedürftige übernachten können. In einem Saal schlafen Hunderte von Menschen dicht nebeneinander. Waschgelegenheiten bestehen kaum. Die Atmosphäre ist gereizt; dauernd kommt es zu Schlägereien.

Nicht weit von dieser Slumgegend steht das Waldorf Astoria Hotel. In dieser Umgebung ist alles anders. Die Menschen leben in teuren Wohnungen, die mit jedem Komfort ausgestattet sind. Die Leute sind gut gekleidet; sie haben genug Geld, um sich ausgedehnte Reisen nach Europa und Asien zu leisten. Die Kinder besuchen meistens exklusive und bekannte Schulen, in denen die wohlhabenden Sprößlinge unter sich sind und wo sie für die besten Universitäten vorbereitet werden.

Man sieht wenige Fußgänger und viele Luxus-Limousinen. Viele Jugendliche sind Besitzer eines Cadillacs, die besonders viel kosten. Sie genießen das Leben; sie wissen, daß ihre Zukunftschancen fast unbegrenzt sind.

Die Polizisten sind in dieser Gegend höflich und hilfsbereit. Oft sieht man sie, wie sie Kinder über die Straße begleiten.

Doch auch in dieser Gegend hat man Angst vor Kriminalität. Fast jeder kennt jemanden, der überfallen und ausgeraubt worden ist. Kein Wunder, daß so viele Leute in New York die großen Appartement-Häuser bevorzugen, denn in diesen fühlen sie sich gut beschützt.

Besucher von Europa, die nach New York kommen, genießen die Galerien und die vielen kulturellen Veranstaltungen. Die Museen wie das Metropolitan Museum und die Universitäten wie die Columbia Universität sind weltberühmt. Studenten aus vielen Ländern besuchen die Columbia Universität und finden oft in ihrem Studium eine kreative Erfüllung — weit mehr als in den Lernzentren in ihrem eigenen Land.

Ein Spaziergang durch den Central Park kann ein unvergeßliches Erlebnis darstellen. Man fühlt sich wie in einer anderen Welt, weit entfernt von dem Lärm und der Hektik einer Großstadt. Doch nachts wagt sich kaum jemand in den Park, denn zu viele Kriminelle halten sich dort auf.

Besucher werden davor gewarnt, die U-Bahn nachts zu benützen. Detektive versuchen die Passagiere zu schützen, doch nur allzuoft sind sie machtlos. Die Verbrecher werden immer aggressiver. Raubmord ist keine Seltenheit in der New Yorker U-Bahn.

Ich werde nie ein Erlebnis in Los Angeles vergessen. Es war mein letzter Besuch an der Universität von Südkalifornien, wo ich studierte und wo ich einige Jahre eine Lehrverpflichtung hatte. Die Universität hat imposante Gebäude und Laboratorien. Die Bibliothek zählt zu den besten in den USA. Sie ist umgeben von einem Park, nicht sehr weit entfernt ist das Kolosseum, wo Zehntausende kommen, um sich Fußballspiele und andere Sportereignisse anzusehen.

Aber nur ein paar Blocks davon entfernt leben die Schwarzen in einer Atmosphäre der Hoffnungslosigkeit. Dort sieht man Junge und Alte, die schon morgens alkoholisiert sind. Einige verkaufen ihr Blut — literweise —, damit sie Lebensmittel kaufen können. Überall findet man Abfall.

Das war einmal eine Gegend, wo der Mittelstand wohnte, jetzt ist es ein Bezirk für die Außenseiter der Gesellschaft — weit entfernt von den Studenten der Universität. Dauernd hört man die Sirenen der Polizei, und dauernd werden einige der Schwarzen verhaftet.

Bevor ich in die Straßenbahn einstieg, beobachtete ich, wie eine Gruppe schwarzer Jugendlicher von der Polizei einvernommen wurde. Zuerst mußten sie sich identifizieren, aber es schien, daß sie keine Ausweise bei sich hatten. Dann mußten sie sich gegen eine Wand stellen und wurden durchsucht. Dabei wurden sie mit Schlagstöcken geschlagen und ihre Köpfe an die Wand gestoßen.

Bei einem wurde Haschisch gefunden. Er wurde mit Handschellen zum Polizeiauto geführt und nochmals mit Schlagstöcken auf den Kopf geschlagen.

All das passierte in der Umgebung einer bekannten Universität, wo es viele Soziologen gab, die sich mit Kriminologie beschäftigten und die die Beziehung der Rassen in den USA „wissenschaftlich analysierten" — eine Welt der Theorie und der Abstraktion. Bewußt wurde die soziale Realität ignoriert.

Kein Wunder, daß viele Unruhen in den Slums stattfinden. Besonders 1992 erlebte Los Angeles einen blutigen Aufstand der Afroamerikaner — meistens Jugendliche —, die gegen die Ungerechtigkeit ihrer Lage rebellierten. Der Aufstand forderte über fünfzig Todesopfer. Doch Brandstiftung und Ermordung von unschuldigen weißen Bürgern stellen keine Lösung dar: Gewalt fördert immer wieder eine Atmosphäre der Irrationalität.

Nach Beendigung der Unruhen versprachen die führenden Politiker von Los Angeles, daß alles getan werde, um die Lebensbedingungen der armen Afroamerikaner zu verbessern. Besonders schwarze Jugendliche sollten bessere wirtschaftliche und Erziehungsmöglichkeiten haben.

Die schwarzen Jugendlichen glaubten nicht, daß diese Ankündigungen in die Tat umgesetzt würden. Man hat schon viel in der Vergangenheit versprochen und nichts gehalten.

Kriminelle Jugendliche in den USA haben einen neuen Sport entdeckt: „Car-Jacking“. Das bedeutet bewaffnete Überfälle auf Autos, die Fahrer werden gezwungen, ihre Autos zu verlassen. Die Kriminellen benützen die gestohlenen Autos um Vergnügungsfahrten zu machen und ihre Freunde zu beeindrucken. Wenn die Besitzer der Autos sich nicht fügen, kann es vorkommen, daß sie ermordet werden. Eine Autofahrerin in einer US-Großstadt, die Widerstand leistete und sich an ihrem Wagen festhielt, wurde mitgeschleift und erlitt tödliche Verletzungen. Manchmal mißlingen die Attacken; als zwei junge Burschen versuchten, einen Autofahrer zu überfallen, wurde einer erschossen, denn der Mann war ein FBI-Beamter und hatte immer eine Pistole bei sich.

Die Polizisten betonen, daß Autofahrer gewisse Gegenden meiden sollen. Man sollte lieber einen Umweg machen, als nachts durch einen Slum fahren. Auch sollte der Autofahrer immer extra Geld bei sich haben, so daß er, wenn er überfallen wird, den Täter nicht reizt. Es kommt manchmal vor, daß Kriminelle, die oft drogensüchtig sind, ihre Opfer ermorden, wenn diese nicht genug Geld bei sich haben.

Kein Wunder, daß in den USA Selbstverteidigungslehrgänge sehr gefragt sind. Kurse in Karate und Judo sind ständig überbelegt. Viele Wohlhabende Bürger engagieren Leibwächter, die Tag und Nacht arbeiten. Ein Bekannter von mir in New York brauchte dringend medizinische Hilfe. Als er die Tür aufmachte, sah er zwei Männer. Er dachte, zwei Ärzte wären gekommen, doch der Arzt erklärte, er ginge nur noch in Begleitung seines Leibwächters außer Haus; er wurde nämlich schon mehrmals überfallen.

Das Waffengeschäft blüht in den USA. In jeder großen Stadt gibt es unzählige Kurse, wo man schnell und sicher schießen lernt. Die Atmosphäre ist wie in einem Western-Film: wer zuerst schießt, bleibt am Leben. Auch immer mehr Frauen in den USA tragen Waffen bei sich; ihre Angst vor Überfällen ist nicht unbegründet.

In Kalifornien habe ich viele Persönlichkeiten, die auf verschiedenen Gebieten aktiv waren, gut gekannt. Ihr Wissen war oft bewundernswert, ihr soziales Engagement dagegen begrenzt. Sie kannten Westeuropa fast so gut wie ihr eigenes Land. Doch nur relativ wenige waren je in einem Slum gewesen. Wenn sie durch eine solche Gegend gefahren sind, beschleunigten sie ihr Tempo.

Ein Künstler sagte zu mir: „Warum soll ich mich mit den negativen Aspekten unserer Gesellschaft beschäftigen? Dafür ist das Leben zu kurz." Ein Gelehrter betonte: „Ich kann nichts tun, um die Lage der Slumbewohner zu verbessern. Ich konzentriere mich auf meine Forschungsarbeiten. Politiker müssen aktiv werden; es ist ihre Aufgabe die Slums zu sanieren. Ich weiß nicht ob sie das tun werden. Damit gewinnt man keine Wahlen." Ein Industrieller erklärte: „Ich habe hart gearbeitet, um einen beachtlichen Wohlstand zu erreichen; Armut und Slums interessieren mich nicht." Ein älterer weißer Sozialarbeiter, der in einem US-Slumbezirk tätig ist, sagte: „Es ist schon ein Kunststück, in einem Slum zu überleben. In einer Familie zum Beispiel ist der Vater arbeitslos, ein Sohn verkauft Drogen, seine Schwester geht auf den Strich, und der jüngste Sohn gehört zu einer jugendlichen Bande. Sie wohnen in einem „housing project", wo alle Bewohner dahinvegetieren, wo das Stiegenhaus wie ein WC stinkt, wo jeden Abend die Banden einen Guerillakrieg ausfechten, wo es nachts oft keine Beleuchtung gibt, denn die Lichter funktionieren nicht, und wo der Abfall wochenlang nicht abgeholt wird.

Ein Taxifahrer wagt sich kaum in diese Gegend, denn die

Gefahr eines Überfalls ist zu groß. Auch die Polizisten haben Angst und, wenn nicht unbedingt notwendig, greifen sie kaum ein. Die meisten Ärzte kommen nicht, wenn sie gerufen werden, denn sie wollen ihr Leben nicht riskieren. Es ist eine Steinwüste, wo es nur Opfer gibt, wo die Kriminalität viel größer ist als die offiziellen Zahlen zugeben. Denn man hat Angst, die Polizei zu unterstützen. Ein Beispiel: Ein Postbeamter war Zeuge eines Überfalls. Er war mutig und bereit, die Täter zu identifizieren. Bevor es zur Gerichtsverhandlung kam, fand man seine Leiche; man zählte über 60 Messerstiche in seinem Körper; die Hälfte seiner Zähne war ausgeschlagen, sein Gesicht mit Brandwunden entstellt und seine Rippen gebrochen. Seit diesem Ereignis gibt es niemanden mehr in diesem Bezirk, der mutig genug wäre, gegen die Verbrecher auszusagen." Es ist keine Seltenheit in den Slums, daß Kinder schon Rauschgift nehmen. In dieser Weise imitieren sie die Gewohnheit von so vielen Erwachsenen. In den Zeitungen gibt es immer wieder Meldungen, daß Rauschgiftdealer festgenommen wurden. Doch es sind meistens nur kleine Dealer; die großen Bosse dagegen können weiter ihre Ware absetzen.

Überall in den Slums herrscht eine Atmosphäre der Aggressivität, die entweder direkt erlebt oder durch TV und Videos vermittelt wird. Kindermißhandlungen gehören zum Alltag. Was soll aus Kindern werden, die bereits in frühestem Alter mitansehen müssen, wie der Vater regelmäßig die Mutter schlägt?

Die Jugendkriminalität ist sowohl für die Schuldigen als auch für die Unschuldigen eine Tragödie. Hören wir zuletzt, was sich in einer Kleinstadt im amerikanischen Westen zugetragen hat; die Mutter erzählte mir die Geschichte. Sie war vierzig, sah aber wie sechzig aus, und ihr Gesicht war von Sorgen gefurcht.

„Mein Sohn Henry war ein wirklich schöpferischer Mensch, er war der Beste in der Mittelschule und hatte ein Stipendium an der Staatsuniversität. Er war auch der Jahrgangsbeste und sollte bei der Promotion als Abschlußredner fungieren. Eines Abends, eine Woche vor der Abschlußprüfung, sagte Henry, er wolle nur schnell auf ein Coca-Cola fahren. Ich fragte ihn, wann er zurückkäme, und er sagte, er würde nur eine halbe Stunde weg sein. Dann lächelte er und meinte, er sei nun ein erwachsener Mann, als ich ihn bat, vorsichtig zu fahren. Dann lächelte er wieder, weil er immer dachte, ich sorgte mich zuviel um ihn. Ich blickte ihm nach, als er durch die Einfahrt hinausfuhr, und ich war stolz auf ihn. Er wollte in der Forschung tätig sein, und ich stellte ihn mir in einem großen Laboratorium vor, wo er einen entscheidenden Beitrag zum Wohl der Menschen leistete. Dann saßen mein Mann und ich vor dem Fernsehapparat. Nach einer Weile wurde mein Mann müde und ging ins Bett. Ich blieb auf, weil ich auf Henry warten wollte. Ich hatte vor, ihn zu fragen, was er sich als Geschenk für die Promotion wünsche. Die folgende halbe Stunde dauerte lange, dann war es eine Stunde geworden. Noch war ich nicht besorgt, denn ich nahm an, er hätte Freunde getroffen. Als jedoch zwei Stunden vergangen waren, rief ich einen seiner Schulkollegen an und fragte, ob er Henry gesehen habe. Er verneinte; ich solle mir keine Sorgen machen. Ich wollte meinen Mann nicht wecken, denn er hatte im Büro einen harten Tag gehabt. Unruhig ging ich zwischen Tür und Telefon immer wieder hin und her.

Dann läutete plötzlich das Telefon. Ein Beamter der Polizeistation sagte mir, es habe eine Rauferei gegeben, dabei habe ein Junge um sich gestochen und Henry mit dem Messer verletzt. Er sei jetzt im Krankenhaus. Der Beamte versicherte mir, daß Henry nicht ernstlich verletzt sei.

Die nächste Stunde war wie ein Alptraum. Ich erinnere mich nur vage, daß ich meinen Mann weckte und wie durch einen Nebel zum Krankenhaus fuhr. Die ganze Zeit über betete ich und gelobte, alles zu tun, damit Henry am Leben bliebe. Als wir ankamen, erwartete uns ein Arzt und teilte uns mit, daß Henry soeben gestorben sei.

Unser Leben hat sich seit jenem Tag völlig verändert. Wir sitzen nur mehr herum und starren einander an. Das gibt uns unseren Henry nicht mehr zurück."

8. Zwei Gesichter einer Stadt

Zwei US-Studien von den Lynds, „Middletown“ und „Middletown in Transition“, beschreiben den Geist einer typischen amerikanischen Stadt in Indiana. Die Stadt ist ein Barometer, das die Ideale, den Glauben und die Sitten der US-Vergangenheit und Gegenwart anzeigt.

Middletown kann man am besten verstehen, wenn man weiß, was diese Stadt ablehnt. Middletown bringt allen neuen Ideen, die fundamentale Institutionen in Frage stellen, Mißtrauen entgegen. Ihre Parole heißt, daß man den anderen folgen soll. Die Tugend, die am meisten glorifiziert wird, ist das Festhalten an bestehenden Auffassungen. Jede politische Rebellion wird unterdrückt. Middletown ist eine Zitadelle für unreflektierte Meinungen, die systematisch von allen Medien verbreitet werden.

Überhaupt ist der ganze Ton von Middletown provinziell. Schon die Kinder werden in den Volksschulen im Geist des Lokalpatriotismus erzogen. Immer wieder wird betont, wie gut die Stadt ist und wie sie für ihre Bürger sorgt. Man ist stolz, daß sich in der Stadt neue Firmen ansiedeln. Ein Grund dafür ist, so erklären die Generaldirektoren, daß die Löhne in Middletown niedrig sind und daß dort die Gewerkschaften schwer Fuß fassen können. Soziales Bewußtsein wird nicht geschätzt. Die lokalen Zeitungen betonen, daß es viel besser sei, in Middletown zu leben als in einer großen Stadt wie New York mit seiner ausländischen Lebensart, mit Unmoral und Verbrechen. Allerdings nimmt auch in Middletown die Kriminalität ständig zu.

In Middletown gibt es hohe Preise und niedrige Steuern. Man glaubte, daß man durch die Wahl besserer Kandidaten Korruption unterbinden könne, doch wählten *nur* 25% der Bevölkerung und meistens ihnen unbekannte Kandidaten.

Middletown hat einen naiven Glauben an Gesetze. Wie in anderen US-Städten wurden verschiedene Gesetze verabschiedet, um die Moral, den Straßenverkehr und die Rotlicht-Bezirke in Ordnung zu halten. Zeitungsjournalisten schlugen eine wenig originelle Lösung des Problems der Kriminalität vor. Sie meinten, daß härtere Urteile und viel mehr Todesstrafen verhängt werden und mehr Verbrecher ins Gefängnis kommen sollten. Man könnte meinen, sie hätten nie eine wissenschaftliche Abhandlung über Kriminologie gelesen.

Die Bürger von Middletown legten großen Wert darauf, daß die Familie als eine fundamentale und geheiligte Institution anzusehen sei. Trotzdem wuchs die Zahl der Scheidungsfälle jährlich.

Die Männer glaubten, daß Frauen Probleme der Allgemeinheit nicht verstünden, was heißen soll, daß nur Männer die Stadt leiten könnten. Dabei drangen Frauen in alle Berufe ein, und der Automarkt wurde auf ihre Bedürfnisse abgestimmt. Auch politisch errangen sie immer mehr Einfluß.

Middletown hing immer noch dem alten Muster von Familie an. Die Männer hatten die Familienoberhäupter zu sein und die verheirateten Frauen zu Hause zu bleiben. Trotzdem gingen viele Ehefrauen arbeiten, um mitzuhelfen, ihre Familie zu unterhalten. Außerdem wollten sie eine Berufskarriere, denn die Hausarbeit allein war ihnen zu langweilig.

Es bestand immer die Annahme, daß verheiratete Leute Kinder haben und für diese verschiedenes aufgeben sollten. Middletown war ziemlich tolerant, was die Rebellion der jüngeren Generation anlangte, denn man dachte, daß die Jugend eine Zeit der Unreife darstelle und daß Kinder unmögliche Ideen bezüglich der Welt haben könnten. Allerdings wurde oft wiederholt, daß die moderne Jugend zu sehr verhätschelt würde. Die Middletowner Bürger hofften, daß ihre Kinder, wenn sie erst erwachsen sein würden und eine eigene Familie hätten, ein Spiegelbild ihrer Eltern sein würden.

Durch die Erziehung sollte in Middletown alles in Ordnung bleiben. Die Lehrer wurden als Übermittler faktischen Wissens angesehen. Sie hatten die Kinder zu unterrichten, ohne die fundamentalen Werte der Bürger in Frage zu stellen. Kurz, die Lehrer sollten Wissen weiterleiten, ohne wirklich zu kritischem Denken anzuregen. Obwohl man in Middletown an den Wert einer Hochschulerziehung glaubte, dachte man doch, daß zu viel Bücherweisheit einen Menschen für das Leben nicht fit machen könnte. Nach abgeschlossenem Hochschulstudium müßte der junge Mensch mit der rauhen Geschäftswelt in Kontakt treten, um einiges von den abstrakten Theorien zu vergessen.

Middletown wollte die Freizeitgestaltung so eingeteilt sehen, daß Männer sich dem Sport widmen sollten und daß „Kultur und derlei Dinge" mehr für Frauen geeignet wären. Frauenclubs waren die Mäzene der Kultur und Kunst.

Die US-Studien wurden in den 20er und 30er Jahren gemacht. Doch ist es interessant zu sehen, wie wenig sich seither geändert hat. Sicher ist, daß Frauen mehr Gleichheit und Berufschancen haben, daß auch viel weniger Puritanismus herrscht. Aber man findet nach wie vor den gleichen Provinzialismus, die gleiche Überheblichkeit und die gleiche Klassengesellschaft.

Ich denke an eine Durchschnittsstadt, die heute den Geist von Middletown vertritt. Es ist eine Stadt der krassen

Gegensätze. Sie hat zwei Gesichter: Nach außen ist sie demokratisch, aber das ist nur eine Maske. In Wirklichkeit ist sie ein Symbol für Manipulation.

Ganz oben sind wenige Superreiche. Bei ihnen genügt ein kurzer Telefonanruf, und schon werden gewisse politische Entscheidungen in ihrem Sinn getroffen. Sie kontrollieren die Medien. Politisch sind sie fast ausnahmslos konservative Republikaner.

Mächtig ist in dieser Stadt die John Birch Society. Sie hat meistens reiche Mitglieder, deren reaktionäre Haltung ihnen einen Lebensinhalt gibt. Überall sehen sie eine linke Verschwörung. Die Möglichkeit einer nationalen Gesundheitsversicherung wird als kommunistischer Komplott bezeichnet. Echte Abrüstung wird als linker Angriff gegen die USA betrachtet. Diejenigen, die sich energisch für Rassengleichheit einsetzen, sind nur Utopisten. Gegner dieser reaktionären Bewegung werden mit jedem Mittel bekämpft, ob durch Verleumdung oder eine schwarze Liste, manchmal auch mit Gewalt. Die Verteidigung lautet: „Von uns hängt die Zukunft der USA ab. Unsere Gegner wollen das Land zerstören."

Wenn „linke" Kandidaten sich zur Wahl stellen, wird alles getan, um sie zu besiegen. Detektive werden eingesetzt, um das Privatleben auszuspionieren und um Schattenseiten ihrer Vergangenheit zu erleuchten. In den Zeitungen, die oft von John Birch-Mitgliedern beherrscht sind, erscheinen Artikel, in denen absichtlich über die Intentionen und Programme der Gegner gelogen wird.

Die Mitglieder der John Birch Society betrachten sich als Super-Patrioten. Sie kontrollieren die Buchhandlungen, ob dort subversive Literatur gefördert wird. Sie entziehen der Universität ihre Unterstützung, wenn die US-Marktwirtschaft angegriffen wird.

Die Gesellschaft ist fast militärisch organisiert: Es gibt

keine offenen Abstimmungen. Alles wird von oben diktiert.

Die Stadt hat ein psychiatrisches Krankenhaus, das immer überbelegt ist. Es sieht aus wie eine Strafanstalt. Die Atmosphäre ist so grau wie der Smog in Los Angeles. Ich fragte eine Insassin, wie lange sie schon dort sei. „Zwanzig Jahre“, antwortete sie. Sie trug Anstaltskleidung und sah wie eine Figur von Dickens aus. Den ganzen Tag schlurfte sie in Pantoffeln umher.

„Bekommen Sie Besuch?“

„Am Anfang schon. Da war mein Bruder noch am Leben. Heute nicht mehr. Meine Verwandten schämen sich, daß ich hier bin. Für sie existiere ich nicht mehr.“

„Wie ist die Behandlung?“

„Ich habe viele Elektroschocks und Medikamente bekommen. Ich habe Angst vor Elektroschocks. Ich zittere immer, wenn der Tag für die Elektroschocks kommt. Ich habe mich beim Arzt beschwert. Ich habe gesagt, daß Elektroschocks unmenschlich sind und daß sie nicht helfen. Der Arzt hat geantwortet, daß er die Behandlung bestimmt und nicht ich.“

„Wie sind die Pfleger?“

„Meistens brutal. Einige schlagen die Patienten. Eine Frau, die neben mir liegt, konnte ihren Harn nicht zurückhalten. Der Pfleger hat sie dafür geohrfeigt und sie eine dreckige Sau genannt.“

„Wie ist das Essen?“

„Alles ist lieblos zubereitet.“

„Was machen Sie den ganzen Tag?“

„Fast nichts. Ich warte auf den Arzt . . .“

„Wie sehen Sie Ihr weiteres Leben?“

„Ich werde hier bleiben. Ich bin an die Anstalt gewöhnt. Draußen könnte ich nicht mehr existieren. Hier habe ich wenigstens zu essen, und im Winter ist es warm. Aber ich werde immer trauriger. Was kann ich schon vom Leben erwarten?"

Ich sprach später mit dem Leiter der Anstalt. Er war selbstzufrieden und erwähnte, daß sogar das Symphonieorchester der Stadt für die Anstalt gespielt hätte und daß es für die Insassen einen Malwettbewerb gäbe. Er hatte ein großes Büro; er sah wie ein typischer Manager aus. Er lebte in einer Villa, die jeden möglichen Komfort hatte. Was für ein Kontrast gegenüber den grauen Sälen, in denen die Patienten hausten! Er betonte: „Die Stadt ist stolz auf unsere Institution. Wir lieben die Patienten . . ."

Kein Wunder, daß so viel Heuchelei und Voreingenommenheit die sozialen Bedingungen in der Stadt beeinflussen. Schwarze Bürger können nicht in bestimmten Bezirken wohnen. Ein weißer Geschäftsmann erklärte seine Haltung folgendermaßen: „Ich habe keine Vorurteile gegenüber den Afroamerikanern, doch ich bin ein Realist. Wenn sie sich in unserer Gegend ansiedeln würden, dann würde der Wert unserer Häuser drastisch sinken. Ich habe viele Jahre gespart, damit ich eine schöne Villa in diesem Bezirk erwerben konnte. Soll das alles vergeblich gewesen sein? Es ist besser, wenn die Schwarzen unter sich sind. Sie sind anders als wir. Sie sind faul und unzuverlässig. Sie denken nicht an die Zukunft. Sie sind von ihren augenblicklichen Impulsen abhängig, deshalb haben viele von ihnen dauernd Schulden. Rassenmischung ist etwas Schlechtes und hat immer negative wirtschaftliche und soziale Folgen. Diese Tatsache erkennen die denkenden Bürger unserer Stadt."

Einige schwarze Bürger dieser Stadt haben es erreicht, die Mauern des Vorurteils zu überwinden. Wie in anderen Orten der USA können sie in letzter Zeit wichtige Posten in der lokalen Administration einnehmen. Zwei schwarze Professoren unterrichten an der lokalen Universität; sie werden von den meisten Studenten geachtet, nur einige rechtsradikale Studenten boykottieren ihre Vorlesungen. Die Wohnverhältnisse für wohlhabende schwarze Bürger haben sich drastisch verbessert.

Doch vielen Afroamerikanern beschert die Stadt ein Ghettodasein. Ihr großer Trost ist eine Kirche, in der der farbige Pfarrer Predigten über ein ewiges Leben hält, in dem das ewige Glück das Leiden auf dieser Erde ersetzt.

Die Polizisten der Stadt sind meistens Rassisten. Sie zeichnen sich durch Brutalität gegenüber einigen Afroamerikanern aus. Der Polizeichef bestreitet diese Tatsache und erklärt, daß die Polizei alle Bürger der Stadt in gleicher Weise behandle.

Antisemitismus ist in der Stadt weniger ausgeprägt. Doch einige Bürger betonen, daß Juden zu viel Macht und Einfluß haben. In einem exklusiven Country-Club, wo die Wohlhabenden unter sich sind, gibt es keine jüdischen Mitglieder. Ein Funktionär des Clubs erklärte: „Wir haben keine Vorurteile hier. Kein Jude hat bisher um Mitgliedschaft angesucht. Wenn einer ein Ansuchen stellen würde, würde man seine Einstellung und seinen Hintergrund genauso prüfen — wie bei allen anderen, die zum Club gehören. Wir sind eine große Familie und wollen es bleiben."

Da diese Stadt zu wenig Beschäftigungsmöglichkeiten hat, verstärkt sich der Druck auf die Angestellten immer mehr. Immer intensiver muß gearbeitet werden, immer größer wird der Streß.

Wie sich dieser Zustand auswirkt, beschreibt Gerhard Mathis: „Leistungsdruck und Erwerbsdrang führen zu einem Prestigedenken. Man setzt Eigenwert mehr und mehr mit Kaufkraft gleich, das Heil hängt vor allem davon ab, was man besitzt und kaufen kann. Der Geltungsdrang wird in Richtung Konsum stimuliert. Man ist so viel wie man hat. Es entsteht ein heimlicher Konkurrenzkampf; wetteifernd vergleicht einer des anderen Wohnungseinrichtung, Hubraum und Urlaubskilometer. Masken werden für sich und die anderen aufgesetzt, indem man immer mehr für Prestige und Repräsentation aufwendet. Man hat zwar immer mehr, kann sich aber kaum an den Dingen freuen, mit ihnen umgehen. Die Folgen dieses Kampfes: Die Sinne passen sich weiter an, der Horizont wird enger, der Nächste rückt aus dem Gesichtskreis, man bleibt erst recht allein."

Doch die Handelskammer der Stadt erklärt in einer Broschüre: „Wir sind stolz, daß wir hier leben können. Unsere Stadt entwickelt sich immer besser. Wir sind ein Vorbild für unsere Nation."

9. Gott im Bild

Tag und Nacht wird das US-Publikum von religiösen Programmen aus Hunderten Radio- und Fernsehstationen überschüttet. Es gibt 1.700 Religionsprogramme der unabhängigen Fernsehstationen; die Programme kosten viel Geld, aber die Spenden sind großzügig, so daß viele Pfarrer Millionäre sind. Sie sprechen von Jesus, der sich der Armut gewidmet hat, aber sie fahren in Luxus-Limousinen und wohnen in den teuersten Hotels; oft haben sie sogar eigene Flugzeuge, die mit jedem Komfort ausgestattet sind.

Die TV-Programme der „Moralischen Mehrheit" sind so unterhaltsam wie Hollywood-Shows. Die Sendungen werden von vielen US-Bürgern gesehen. Pat Robertson von Virginia Beach hatte eine der erfolgreichsten Jesus-Shows. Er erzählte seinen Zuschauern, daß er persönlich mit Jesus in Kontakt stehe. Er betonte, daß „alles möglich ist, wenn man Jesus vertraut und wiedergeboren ist". Von einer armen Frau wird erzählt, daß sie eine unheilbare Krankheit hatte, aber ihr Glaube war so stark, daß sie beschloß, alles Robertsons Organisation zu geben. Ist das nicht eine wunderbare Tat? Zeigt das nicht, wie sie ihr Christentum verwirklicht? Sollte ihrem Beispiel nicht auch von den Reichen gefolgt werden? Robertson betet für sie: Gott wird sie heilen und sie gesund machen.

Immer wieder betonte Robertson, wie der „wahre" Gottesglaube den Menschen helfe. Würde nicht jeder, der Robertsons Bemühungen unterstützt, Gottes Segen erleben?

Dazu kann man noch — und das wird immer wieder von den Predigern der „Moralischen Mehrheit" erwähnt — die

Spenden für religiöse Organisationen von der Steuer absetzen. Wie wunderbar ist es doch, „gleichzeitig Gott zu dienen“ und das „ewige Heil“ zu gewinnen und noch dazu weniger Einkommenssteuer zu zahlen!

Berühmte Stars und prominente Politiker nehmen an den TV-Programmen der „Moralischen Mehrheit“ teil und erzählen, wie sie durch den Glauben „wiedergeboren“ worden sind. Drogensüchtige berichten, wie sie ihre Sucht überwunden haben; Alkoholiker, wie sie jetzt Abstinenzler sind; Kriminelle, wie sie jetzt US-Gesetze befolgen. Jugendliche, die für Rebellion waren, berichten, daß sie durch den richtigen Glauben bekehrt worden sind und jetzt alles für Gott und das Vaterland tun werden.

Autosuggestion spielt bei Proponenten der „Moralischen Mehrheit“ eine große Rolle. Sie sind sicher, daß sie unter Gottes Führung stehen und glauben, daß sie berufen sind, die USA zu retten. In Wirklichkeit ist das Programm der „Moralischen Mehrheit“ ein erfolgreicher Verdummungsprozeß, der viele negative Konsequenzen haben kann.

Sinclair Lewis, der Nobelpreisträger, hat in *Elmer Gantry* einen Pfarrer beschrieben, der sich durch Heuchelei auszeichnet. Er preist die Armut und lebt wie die Reichen; offiziell verdammt er sexuelles Vergnügen, aber keine hübsche Frau ist vor ihm sicher. Elmer Gantry hat die Fähigkeit, seine Zuhörer zu hypnotisieren. Kein Wunder, daß er so erfolgreich ist und daß seine Kirche immer mehr Anhänger findet. Aber er spricht nur zu Tausenden, während die Prediger der „Moralischen Mehrheit“ durch TV und Filme zu Millionen sprechen. Ihr Appell gleicht einem Werbespot und ist so einfach, daß er von einem 12jährigen verstanden werden kann. Die Prediger wissen, daß ihre Zuhörer keine Zweifel tolerieren können. Sie wollen erlöst werden — nicht morgen, sondern *heute*. Und sie wollen die Feinde der USA bekämpfen, genau wie die Puritaner gegen die Indianer gewütet haben.

Politiker, die sich für größere Ausgaben für Bedürftige einsetzen, werden von den Führern der „Moralischen Mehrheit“ abgelehnt und als unamerikanisch bezeichnet. Nichts soll das freie Unternehmertum begrenzen. Reichtum wird bewundert. Ist er nicht ein Segen Gottes?

In seinen politischen und sozialen Ansichten identifizierte sich Bush mit der „Moralischen Mehrheit“. Er forderte ein strenges Verbot der Abtreibungen und daß jeder Schultag mit einem Gebet anfangen soll. Kurz, die alten puritanischen Gebräuche sollten das Leben des modernen Amerikaners bestimmen.

In keinem Land der Welt wird so viel gebetet wie in den USA. Es gibt unzählige Bücher, in denen behauptet wird, daß Gebet das beste Fundament für Gesundheit darstelle; daß durch intensives Gebet auch die gefährlichsten Krankheiten überwunden werden können. Erfolgreiche Geschäftsleute erklären, wie durch Gebet und Gottesfurcht ihr Leben positiv beeinflußt worden sei und wie ihr Vermögen sich vermehrt habe.

Im Süden der USA ist die Religiosität besonders stark vertreten, und dort findet man unzählige Mitglieder der „Moralischen Mehrheit“. Sie haben einfache Lösungen für alle Probleme der modernen Welt. Arbeitslosigkeit berührt sie nicht. Ist der Arbeitslose nicht oft träge? Lebt er nicht lieber von der Unterstützung des Staates? Noch wichtiger: Ist nicht seine Haltung gegenüber der Religion und moralischen Werten von Indifferenz geprägt? Kurz, die „Moralische Mehrheit“ glaubt, daß Armut eine göttliche Strafe darstellen kann.

In jeder Hinsicht ist das soziale Verständnis der Mitglieder der „Moralischen Mehrheit“ unterentwickelt. Die Feinde der USA werden als die Feinde Gottes angesehen.

In Kalifornien traf ich einen der führenden Vertreter der „Moralischen Mehrheit" und bemerkte, wie schrecklich sich das Pflanzengift „Agent Orange" in Vietnam auswirkte und wie viele Krebsopfer dadurch entstanden sind. Seine Reaktion darauf war, daß man noch viel mehr von dem Gift hätte verwenden sollen, denn dann wären mehr Feinde der USA vernichtet worden; überhaupt: die USA hätten die Atomwaffe in Vietnam einsetzen sollen, das hätte das Problem Vietnam gelöst.

Er sprach über Vietnam wie die Nazis über die Endlösung des Judenproblems. Dabei betrachtete er sich als tugendhaft, denn er war ein eifriger Kirchengeher und spendete viel Geld für seine Glaubensgemeinschaft. Er unterstützte auch einige Missionare in Afrika, die dort versuchten, die Schwarzen zum „wahren Christentum" zu bekehren. Er erklärte, daß eine solche Tat die beste Form der Entwicklungsstrategie darstelle. Soziale Maßnahmen — egal ob im Inland oder in den Entwicklungsländern — lehnte er kategorisch ab.

Jeder Versuch, die US-Gesellschaft in progressiver Weise zu ändern, wird als subversiv betrachtet. Das Bestehende wird hartnäckig von der „Moralischen Mehrheit" verteidigt, denn es ist ein Teil der Vorsehung.

Der Ton der „Moralischen Mehrheit" ist von Haß gegen Progressive geprägt. So erklärte James Robinson, Vorsitzender der religiösen Tafelrunde: „Ich bin es müde zu hören, wie die Radikalen und Perversen und Liberalen und die Linken und Kommunisten aus der Versenkung auftauchen. Es ist Zeit, daß Gottes Getreue hervortreten . . ."

Paul Weyrich, ein prominenter Befürworter der „Moralischen Mehrheit", führt einen „Krieg für Gott". Mit einer Kreuzzugsmentalität fordert er, daß es keinen Kompromiß zwischen den Gläubigen und den Atheisten und

Agnostikern geben darf, und betont, daß es in diesem Krieg Opfer geben wird, genau wie in einer militärischen Auseinandersetzung. Falsche Humanität, unterstrich er, ist nicht zielführend, denn die USA können nur siegen, wenn gottesfürchtige Politiker die Feinde der USA mit größter Härte verfolgen.

Heute, in der Ära der „Moralischen Mehrheit", wäre es unmöglich, in den USA einen aufgeklärten Staatsmann wie Jefferson als Präsident zu haben. Denn Jefferson wollte eine strikte Trennung zwischen Staat und Religion, und er betonte, daß Religion an ihren Früchten geprüft werde, besonders, ob sie den Fortschritt fördere. Für Jefferson war es wichtig, die Macht des US-Präsidenten zu beschränken. Jede Form von Untertanenmentalität sollte in den USA überwunden werden. Doch gerade heute ist die Macht des US-Präsidenten, besonders was die Möglichkeit betrifft, Weltkrisen zu produzieren, grenzenlos geworden, und der Untertanengeist wird immer stärker gefördert. Zwischen den Ideen Jeffersons und denen der „Moralischen Mehrheit" besteht eine unüberbrückbare Kluft. Auf der einen Seite finden wir bei Jefferson einen Glauben an das Gute im Menschen, auf der anderen Seite bei der „Moralischen Mehrheit" die Betonung des Bösen. Auf der einen Seite Aufklärung als Fundament für den Fortschritt, auf der anderen Seite wird Gehirnwäsche mit den geschicktesten Methoden betrieben. Von Jefferson zur Gegenwart und der „Moralischen Mehrheit" — ist das nicht eine absurde Entwicklung? Die „Moralische Mehrheit" ist gegen jede Form der Aufklärung — im privaten wie im sozialen Bereich. Die Gleichberechtigung der Frau wird als verwerfliche Idee betrachtet.

Die Schöpfungslehre soll die Ideen von Darwin ersetzen. In der Tat bedeutet die Ideologie der „Moralischen Mehrheit" eine Rückkehr zum Puritanismus — ein Puritanismus, der keine Abweichler toleriert und der von einem fanatischen Geist beseelt ist. Falwell, ein prominenter Vertreter der „Moralischen Mehrheit", erklärte, daß die Bibel das Wort Gottes darstelle und in jeder Hinsicht unfehlbar sei. Die Bibel solle im Zentrum des Lebens stehen — für Junge und Alte, die dadurch einen permanenten Halt finden können. Die „Moralische Mehrheit" will besonders die Jugend vor „korrupten" Einflüssen schützen. Deshalb soll der Geschichtsunterricht in der Schule ein Beispiel von Patriotismus sein. Alle Lehrer, die die US-Strategie nicht unterstützen, sollen entlassen werden; auch Instruktoren, die das US-wirtschaftliche System nicht bejahen, sollen von der Schule entfernt werden. Viele Kinder von Familien, die die „Moralische Mehrheit" unterstützen, agieren als Spione im Klassenzimmer und berichten über den Unterricht. Wenn ihre Lehrer „subversive" Gedanken äußern oder progressive Literatur empfehlen, dann erfahren die Eltern davon und kontaktieren gewöhnlich den Leiter der Schule und versuchen alles, damit der Lehrer seine Stellung verliert. Wenn der Schulleiter den Lehrer verteidigt, ist seine eigene Position in Gefahr.

Heftig wütet die „Moralische Mehrheit" gegen Bücher, die sich mit Sex beschäftigen. In den USA hat man versucht, die Schüler über die Beziehung zwischen Mann und Frau wissenschaftlich zu informieren. Ein Buch, *Our Bodies, Our Selves* (Unser Körper und wir), das von einem Frauenkollektiv geschrieben und ein Verkaufsschlager mit mehr als dreizehn Übersetzungen wurde, wird seitens der „Moralischen Mehrheit" heftigst attackiert. Diese klagt das Buch an, zu offen über sexuelle Tätigkeiten zu sprechen und die Jugend zur Perversität zu ermutigen.

Überhaupt wird der Sex-Kult, ob in der Schule oder in den Medien, von der „Moralischen Mehrheit" mit jedem

Mittel bekämpft. Ein Ziel besteht darin, das US-Fernsehen zu säubern, so daß die Programme intakte Familien zeigen, in denen der Mann als Oberhaupt agiert, wo die Frau ihre Abhängigkeit von ihm anerkennt und die Kinder angepaßt und patriotisch sind.

Die Großindustrie in den USA, die Milliarden Dollar für Werbung ausgibt, wurde kontaktiert. Einige Firmen haben schon der „Moralischen Mehrheit" versprochen, keine Programme mehr zu unterstützen, in denen Sex dominiert und das Ideal einer intakten Familie untergraben wird. Die „Moralische Mehrheit" droht, die Produkte von Industrien zu boykottieren, die im Fernsehen „unamerikanische und unmoralische" Programme sponsern.

Jeden Tag findet man Anhänger der „Moralischen Mehrheit" in den öffentlichen US-Bibliotheken. Sie sind nicht dort, um ihr Wissen zu bereichern, sondern um zu überprüfen, ob subversive Autoren in den Katalogen geführt werden. Wenn sie solche Autoren entdecken, dann wird die Bibliotheksleitung mit Drohbriefen überschüttet.

Die Frage stellt sich: Wie ist es in einem Land mit so vielen Universitäten und so vielen wissenschaftlichen Instituten möglich, daß eine derart primitive Haltung einen solchen Einfluß ausübt? Die Antwort ist, daß die „Moralische Mehrheit" von mächtigen Interessengruppen gefördert wird, denn durch ihre Gehirnwäsche werden dringende Probleme verdrängt.

Bemerkenswert ist die enge Verbindung zwischen Geschäftstüchtigkeit und Religion. Die „Moralische Mehrheit" hat ein Imperium von vielen Milliarden Dollar aufgebaut, denn der Reichtum kommt nicht nur durch Spenden, sondern auch durch den Verkauf von Büchern, Zeitschriften und Zeitungen. Unzählige religiöse Filme werden produziert und international verbreitet. Immer wieder wird betont, daß, je mehr man den Kirchen gibt, desto sicherer das ewige Leben erlangt werden kann. Kein Wunder, daß so viele Führer der „Moralischen Mehrheit“ von Testamenten der Gläubigen profitieren. Die letzteren wollen durch ihre Schenkung gleichzeitig die USA vor Radikalen bewahren und sich einen Platz im Himmel sichern.

Schon die frühen Theologen in den USA haben bemerkt, wie sehr das Seelenheil des einzelnen ohne Einsatz für die Kirche gefährdet ist. Aber sie verlangten eine strikte Lebensweise. Das ist sekundär für die „Moralische Mehrheit“, die hauptsächlich an der finanziellen Unterstützung interessiert ist. So forderte ein US-Radiosprecher jeden Zuhörer auf: „Gott wird Dich jetzt ansprechen, und er wird Dir sagen, daß Du mir ein Opfer schicken sollst — sofort!“ . . .

Es war in den USA eine Sensation, als Jim Bakker, eine Führungspersönlichkeit der „Moralischen Mehrheit“, angeklagt wurde, eine junge Frau vergewaltigt zu haben. Ferner hieß es, daß seine Frau durch Medikamentenmißbrauch drogensüchtig geworden sei. Seine Jünger verloren jedoch nicht ihr Vertrauen zu Bakker, denn sie glaubten, daß der Geistliche von bösen Kräften verführt worden sei.

Wir dürfen nicht vergessen, daß Bakker Chef eines Imperiums war, durch das er jedes Jahr über 100 Millionen Dollar bekam, und daß er ein Hotel mit über 500 Betten und einer Art Disneyland besaß. Dort wird auch Jerusalem zur Zeit Jesu gezeigt, und Hunderttausende Besucher sind bereits nach North-Carolina gekommen, um hier religiös inspiriert zu werden. In dem Hotel wird man mit dem Gruß „Es ist ein wunderbarer Tag, ein Tag des Herrn“ geweckt, und natürlich findet man überall Bibeln. Bakkers Fernsehshow hieß: „Praise the Lord Show“.

Vor einiger Zeit sprach ich mit einem Mitglied der „Moralischen Mehrheit“, einem US-Geschäftsmann, ungefähr 50 Jahre alt. Ich fragte ihn, warum er sich für die „Moralische Mehrheit“ interessiere. Seine Antwort war: „Sie hat den richtigen Weg — einen Weg, den wir alle brauchen.“

„Sind Sie sicher?“

„Absolut. Es ist ein Kampf zwischen Gott und dem Teufel, zwischen dem Guten und dem Bösen.“

„Was betrachten Sie als gut?“

„Gott zu ehren, oft zu beten und in die Kirche gehen. Am liebsten lese ich die Heilige Schrift und Reader's Digest.“

„Eine interessante Mischung“, war meine ironische Reaktion.

„Durch meine Lektüre und Kontakte weiß ich, was die Linken wollen und wie sie agieren.“

„Was wollen die Linken?“

„Sie wollen unser Land übernehmen.“

„Haben Sie keine Angst vor der Zukunft, daß die Menschheit vernichtet werden kann?“

„Überhaupt nicht! Gott ist mit uns. Er hat einen Plan für die USA. Er hat uns auserwählt, um der Welt Freiheit zu bringen. Wenn ein Krieg kommt, werden vielleicht hundert Millionen Menschen vernichtet. Das bedeutet nichts, es gibt ja auch noch eine andere Welt — die Guten werden in den Himmel kommen, die anderen in die Hölle.“

„Sind Sie sicher, daß Sie in den Himmel kommen werden?“

„Warum nicht? Ich gehe regelmäßig in die Kirche. Ich gebe 10% von allem, was ich verdiene, meiner Kirche. Ich trinke und rauche nicht, ich nehme keine Drogen. Meine Kinder — ich habe zwei Mädchen, 12 und 13 — gehen in eine strenge Privatschule, die von dem Geist der „Moralischen Mehrheit“ inspiriert ist. Sie lesen nur gute Bücher, nie die Werke von unmoralischen Schriftstellern wie Hemingway. Sie sehen sich nie unmoralische Filme an. Sie gehen jeden Sonntag in die Kirche. Ich erziehe sie in dem richtigen Geist, so daß sie auch erlöst werden . . . Seit einem Jahr gehe ich zu Gebetsfrühstücken. Ein wunderbares Erlebnis! Wir sind alle Geschäftsleute dort; ein interessanter Pfarrer spricht. Dann liest jemand aus der Heiligen Schrift; ein anderer erzählt, wie er zum wahren Christentum gekommen ist. Es ist eine großartige Kameradschaft von Christen und Patrioten. Nach dem Frühstück fühle ich mich wunderbar. Dann kann ich besonders gut verkaufen — ich bin ein Vertreter. Meine Kunden fühlen meine Aufrichtigkeit."

„Wie vereinbaren Sie Ihre religiöse Haltung mit ihrer Kampfbereitschaft?"

„Alles im Leben ist ein Kampf; sehen wir uns doch die Natur an. Vieles wird zerstört. Wir müssen für unsere Ideale kämpfen; wir müssen alle eliminieren, die unsere Ideale und unsere Lebensweise vernichten wollen. Gott hat uns auserwählt, um ein Vorbild für die Welt zu sein. God bless America . . ."

George Bernard Shaw erklärte einmal: „ The mark of the barbarian is that he mistakes the tribe for the universe." (Merkmal des Barbaren ist, daß er seinen Stamm mit dem Universum verwechselt.) Der Geschäftsmann, mit dem ich sprach, betrachtete sich als äußerst zivilisiert. Hat er nicht alle Gesetze beachtet? Hat er nicht seiner Konfession viel gegeben? Doch in seiner Engstirnigkeit war er barbarisch. Leider gibt es viele Menschen, die seine Haltung und seine Werte teilen. Wir müssen begreifen, daß die gefährlichen Wahnsinnigen unserer Zeit nicht in den psychiatrischen Krankenhäusern zu finden sind, sondern daß sie oft die Macht besitzen, ihre Vorstellungen in die Tat umzusetzen.

Die „Moralische Mehrheit" ist eine Gefahr nicht nur für die USA, sondern für die Welt. Hier herrscht unbeschränkter Chauvinismus im Namen Gottes. Hier werden Haß und

Verfolgungssucht respektabel gemacht. Albert Einstein warnte schon 1946, daß die Atombombe und andere destruktive Erfindungen eine ungeheure Herausforderung für die Menschheit darstellen — eine Herausforderung, die neue Konzepte und neue Einstellungen fordert. Eine neue Denkungsart? Gerade das wird von der „Moralischen Mehrheit" abgelehnt. Die alten Traditionen werden verehrt. Bewußt ignoriert sie die Warnungen Einsteins, denn er hat nicht den „richtigen" Glauben gehabt und war zu pazifistisch eingestellt.

Es ist klar: Die „Moralische Mehrheit" stellt eine totale Perversion des Christentums dar. Statt Frieden wird unbegrenztes Machtstreben begünstigt. Statt für die Armen und Unterdrückten zu sein, werden die Mächtigen gefördert. Statt Demut wird Arroganz gepredigt. Statt Universalismus wird Chauvinismus hochgehalten. Hier haben wir die Neuauflage eines mittelalterlichen Feudalismus, der so viele Opfer forderte. Nur in unserer Zeit ist diese Haltung noch viel gefährlicher.

Daß dieses Weltbild absurd ist, begreifen viele Amerikaner, besonders wenn sie sich sozial engagieren. Ein Pfarrer, der in New York in einem desolaten Bezirk wirkt, sagte zu mir: „Immer mehr Menschen in unserem Bezirk sind ohne Arbeit. Jugendliche kommen zu mir und sagen: ‚Warum sollen wir lernen, wir werden ja doch keine Jobs bekommen.' Wir haben eine Suppenküche eingerichtet. Ohne die täglichen Speisungen würden Hunderte in meiner Gemeinde verhungern. So viele in unserem Bezirk sind obdachlos geworden, denn die Mieten wurden immer höher und die Hausbesitzer immer unverschämter. Konkret bedeutet das eine Existenz im Keller eines zerfallenen Hauses ohne Heizung und ohne Gas. Andere sind noch ärmer daran und müssen im Winter im Freien über Warmluftschächten schlafen. Mit wenig zu essen und wenig Widerstandskraft sind sie anfällig für Krankheiten, die dann tödlich enden . . . Noch eine Tatsache: Viele Säuglinge kommen zur Welt, die an Untergewicht leiden und dadurch nicht überleben können . . . Die Armen werden zu oft wie Ungeziefer behandelt, als ob sie keine Lebensberechtigung hätten. Eines ist sicher: Wir brauchen dringend ein neues soziales Bewußtsein, wie einen Regen nach einer langen Dürre. Nicht die Phrasen der „Moralischen Mehrheit", sondern konkrete Taten wie in der Zeit von F.D. Roosevelt und John F. Kennedy sind notwendig und können eine echte Wende herbeiführen."

Viele Millionen Amerikaner lehnen wie dieser Pfarrer die Ideologie der „Moralischen Mehrheit" ab. Das ist ein Zeichen der Vernunft. Einer Vernunft, die auf jedem Gebiet dringend gebraucht wird.

Es ist klar: Die „Moralische Mehrheit" ist in Wirklichkeit eine *unmoralische Minderheit* — eine Minderheit, die jedoch nicht unterschätzt werden darf.

10. Ein Mensch unserer Zeit

Bis jetzt sind wir viel erfolgreicher im Kampf gegen körperliche Krankheit als gegen seelische Beschwerden gewesen. Die Symptome der seelischen Krankheiten sind oft vage und können verschiedene Ursachen haben. Sie betreffen alle Bevölkerungsgruppen — jung und alt, Arme und Reiche — und sind ein Anzeichen für ein verfehltes Leben.

Ich erinnere mich an ein Ereignis in Beverly Hills in Kalifornien. Ich war zu einer Party eingeladen, die in einer prächtigen Villa stattfand. Der Gastgeber sah wie ein Filmstar aus. Er war als Geschäftsmann erfolgreich und hatte eine sehr hübsche Frau und einen Sohn, der an der Harvard-Universität studierte. Das Anwesen war von einem der besten Architekten entworfen worden, mit großem Swimming-pool und elegantem Tennisplatz. Die Beleuchtung tauchte Haus und Swimming-pool in eine märchenhafte Atmosphäre. Ich denke heute noch an die warme Nacht, an die exotischen Blumen im Garten, an die klaren Sterne, die sich im Swimming-pool spiegelten, ringsherum Reichtum — alles war sehr verführerisch. Man fühlte: Hier ist Geborgenheit, eine Oase, ein kleines Paradies.

Alles im Haus war sehr geschmackvoll ausgestattet, wie ein kleines Museum; an der Wand hingen Bilder von Picasso, Chagall und Monet. Der Gastgeber war ein Kunstmäzen und hatte auch junge kalifornische Künstler protegiert — eine Tat, die sich auszahlte, denn die meisten Bilder der jungen Künstler stiegen laufend im Wert.

Auf dem Boden des Wohn- und Speisezimmers lagen teure Perserteppiche, und in jedem Raum standen antike Möbel. Besonders eindrucksvoll war ein Kerzenleuchter aus Florenz, der schon von den Medici benutzt worden war.

Es waren ungefähr 40 Gäste eingeladen. Die Frau des Gastgebers trug eine Diamantbrosche, die sicher über 100.000 Dollar wert war, und ein Abendkleid aus Paris; die anderen Frauen waren ebenfalls mit den teuersten Abendkleidern und Brillanten ausgestattet. Die Männer sahen alle sehr wohlhabend aus, auch berühmte Filmschauspieler befanden sich darunter. Eine bekannte Band spielte. Blumen waren aus Hawaii eingeflogen worden. Kurz, an nichts war gespart worden, um die Party zu einem Erfolg zu machen. Sogar eine Diva der Metropolitan-Opera sang und wurde mit Beifall überschüttet.

Ein bekannter Reporter befand sich selbstverständlich auch auf der Party. Er würde sicher einen langen Artikel über den Abend schreiben. Der Gastgeber und seine Frau waren oft in den Gesellschaftsspalten mit Berichten über ihre Empfänge vertreten und bekannt dafür, daß sie mit vielen Prominenten verkehrten. Wenn ausländische Diplomaten nach Beverly Hills kamen, besuchten sie oft den Gastgeber und seine Frau. Immer wieder wurde betont, wie herrlich alles sei und wie einzigartig die Gastfreundlichkeit der beiden.

Der Gastgeber war auch bekannt für seine Spenden. Wenn Blinde Hilfe brauchten, war er besonders großzügig. Er hatte ein Gebäude für eine der lokalen Universitäten gestiftet. Das Gebäude trug seinen Namen, und als es eingeweiht wurde, waren der Gouverneur von Kalifornien und ein Kabinettsmitglied dabei, desgleichen prominente Vertreter aus Wissenschaft und Kunst. Das Fernsehen zeigte ein Sonderprogramm über das Leben des Gastgebers, wie er arm angefangen hatte und durch harte Arbeit und Ausdauer zu seinem Erfolg gekommen war. War er nicht ein Beispiel für die Möglichkeiten, die immer noch in den USA bestanden? War er nicht die ideale Reklame für ein Wirtschaftssystem, das den Tüchtigen belohnt?

Er wurde über seine Freizeitgewohnheiten befragt. Er betonte, daß er an Fitneß glaube und deshalb viel Tennis spiele. In der Tat lud er viele professionelle Tennis-Stars ein, um seine Technik ständig zu verbessern. Er spielte mit der Intensität eines Zwanzigjährigen, obwohl er Ende vierzig war. Sein Arzt hatte ihn gewarnt, daß das zu anstrengend sei, aber er nahm seinen Arzt nicht ernst. Er erzählte, daß er alles mit Intensität tue — Geschäft, Reisen, Sport —, daß es besser sei, ein kurzes, inhaltsvolles Leben zu führen als eine Existenz ohne Höhepunkte.

Die Party wurde — wie fast alle — immer lauter. Man trank viel und lachte viel; die Musik wurde disharmonisch, die Stimmung immer ausgelassener. Ich zog mich in die Bibliothek zurück und fing an zu lesen. Es war eine Kurzgeschichte von F. Scott Fitzgerald, der eindrucksvoll und melancholisch über die Reichen geschrieben hat.

Plötzlich trat der Gastgeber in die Bibliothek und fragte mich: „Warum bist Du nicht draußen?"

„Ich mag die Stille."

„Ich möchte auch mehr lesen und ein anderes Leben führen, aber dazu wird es nie kommen. Ich möchte einfacher leben — wirkliche Freunde haben. Wenn ich mein Geld verlieren würde, wie viele von den Gästen würden mich besuchen?"

„Sicher viele."

„Das glaube ich kaum. Unser Kreis kennt keine wahren Gefühle. Wir bewundern den Erfolg, Mißerfolg wird verachtet. Ich bin nicht viel besser. Ich hatte einen Bekannten, der mir viel geholfen hat, als ich meine Fabrik aufbaute. Wir waren oft zusammen, haben Tennis gespielt und uns in jeder Hinsicht amüsiert. Dann erlitt er einen Gehirnschlag. Zuerst habe ich ihn im Spital besucht, auch als es ihm besser ging, habe ihn noch manchmal in seinem Haus gesehen. Jetzt schreibe ich ihm nur noch eine Weihnachtskarte."

„Du bist sehr beschäftigt."

„Das ist nur eine Entschuldigung. Ich weiß genau, wer für mich nützlich ist. Er konnte mir nicht mehr helfen. Um ehrlich zu sein: Ich verabscheue Krankheit. Sie macht mir Angst. Ich will gesunde, erfolgreiche Menschen um mich, hübsche Frauen mit Sex-Appeal, die mir die Illusion geben, daß alles so weitergehen wird wie jetzt: viel Vergnügen, viele Parties."

„Bist Du glücklich?"

„Wenn ich darüber nachdenke, weiß ich es nicht. Ich habe sehr viel, aber mein Leben ist zu hektisch. Ich habe zu wenig Zeit zum Nachdenken. Ich fühle den Streß zu sehr. Er beginnt morgens, wenn ich ins Büro gehe, und er hört nicht auf, wenn ich daheim bin. Dauernd mache ich Pläne für die Erweiterung der Fabrik. Um zu schlafen, brauche ich Schlaftabletten, aber trotzdem schlafe ich selten mehr als fünf Stunden. Tagsüber nehme ich oft Aufputschmittel. Es fehlt mir etwas; was es ist, kann ich nicht beschreiben. Wenn mein Leben morgen vorbei wäre, würde ich kaum vermißt werden. Die Fabrik würde weiter gut gehen, denn ich habe einen ausgezeichneten Stellvertreter. Meine Frau wäre eine reiche Witwe und würde schnell einen anderen Mann finden. Mein Sohn würde mit Erfolg weiterstudieren. Er ist der geborene Streber; wie hatten nie sehr engen Kontakt. Wir haben nie offen miteinander gesprochen. Für ihn bin ich nur eine Geldquelle. Die wirkliche Bilanz meines Lebens ist nicht sehr erfreulich. Alles spielt sich an der Oberfläche ab. Nur wenn man tiefer sieht, entdeckt man die Leere."

„Du kannst das doch ändern. Du bist immer noch jung genug."

Er lachte. „Das werde ich sicher nicht tun. Ich werde so weitermachen wie bisher. Denselben Stil, dieselben Bekannten, die gleichen Erfolge. Es fehlt mir die Energie und die Motivation, anders zu sein."

„Im Fernsehen hat das ganz anders geklungen. Da warst Du sehr zufrieden mit Deinem Leben, als ob Du alles hättest, was man nur haben kann. Sicher haben Dich viele beneidet."

„Das war doch nur eine Show. Wir sind alle Schauspieler, die ihre Rolle spielen müssen. Ich spiele die Rolle des erfolgreichen Mannes. Manchmal glaube ich sogar daran, besonders damals, als das Gebäude eingeweiht wurde und so viele prominente Politiker dabei waren. Ich glaube beinahe, was über mich gesagt wurde, und wie dankbar ich sein müßte, so viel erreicht zu haben. Wenn ich an meine Jugend denke — wir wohnten in zwei Zimmern, mein Vater war arbeitslos; wie oft hatten wir nicht genug zu essen, wie oft haben wir im Winter gefroren — dann ist mein heutiges Leben ein Traum. Und doch fehlt so viel."

„Was fehlt besonders?"

„Stille, Besinnung, Geborgenheit. Für mich ist Liebe nur ein Slogan. Ich und meine Frau leben in einer Interessengemeinschaft. Wir sind höflich zueinander, aber es besteht keine Zuneigung. Ich habe eine Freundin, meine Frau hat einen Freund."

„Wirst Du Deine Frau verlassen?"

„Nein. Die Scheidung käme zu teuer. Und meine Frau ist eine großartige Gastgeberin. Jeder fühlt sich wohl bei uns. Meine Freundin ist eine junge Sekretärin. Ich weiß nicht, ob sie mich wirklich gern hat oder ob sie von meinem Reichtum beeindruckt ist. Würde sie zu mir halten, wenn ich arm wäre? Ich weiß es nicht. In gewisser Hinsicht ist sie wie meine Frau. Die beiden sehen einander sogar etwas ähnlich. Ich glaube, am besten ist der Status quo. Es ist sicher keine sehr heroische Lösung."

„Aber Du bist nicht erfüllt."

„Wer ist schon erfüllt? Was heißt erfüllt? Wir müssen alle Kompromisse machen. In dieser Umgebung fällt der Kompromiß leichter. Reichtum ist eine Droge, die betäubt und immer wieder neue Illusionen gibt. Man kann sie sich so wenig abgewöhnen wie Heroin. Ich hatte einen Freund, der heroinsüchtig wurde. Er hat fast alles verloren, seine Frau, sein Vermögen, seine Freunde. Er beschloß, ein anderes Leben zu führen: kein Heroin mehr, keine Drogenabhängigkeit. Ein Jahr lang hielt er das durch, dann fing er wieder zu spritzen an. Immer mehr Heroin brauchte er, um zu überleben; immer öfter nahm er die Spritze. Er hat sich Geld von mir geliehen, und ich habe ihn zuerst sogar unterstützt. Als er zu viel verlangte, habe ich ihm nichts mehr gegeben. Ich weiß nicht, was aus ihm geworden ist. Fazit: wir alle sind von irgendetwas abhängig. Mein Freund braucht Heroin, Du brauchst Bücher, ich brauche Geld. Geld bringt Anerkennung. Geld bringt Macht. Geld bedeutet Vergnügen. Ohne Geld bin ich wie mein Vater — erfolglos, ohne Freunde, der auf ein Wunder wartet und immer ein Außenseiter geblieben ist. Wie oft hat meine Mutter sich beklagt! Wie oft hat sie ihn einen Versager genannt! Er hat sie manchmal geschlagen, aber das half nicht. Für sie war er der geborene Verlierer, der ihr Leben ruinierte. Schon als ich noch klein war, hat sie mir klargemacht, daß man ohne Geld nichts ist, daß dann das ganze Leben eine Vergeudung darstellt. Wie herrlich es klingt, arm und glücklich zu sein. Das ist eine Phrase! Ich kenne die Armut zu gut. Es ist ein dunkles Leben, in dem man nur Zuschauer ist, während andere das Beste haben und das Dasein genießen."

„Aber Du genießt das Leben ja gar nicht."

„Ich bin jetzt alt genug, um die Grenzen zu erkennen. Wir leben in einem Dschungel. Nur die Tüchtigen und Rücksichtslosen überleben. Wir sprechen über Liebe, Zuwendung und Kooperation, aber das ist nur Gerede. Wir sind Egoisten, alle. Ich mache mir keine Illusionen, denn ich kenne die Spielregeln. Jeder ist käuflich, nur der Preis muß stimmen. Meine Frau verkauft ihren Charme. Ich verkaufe meine Intelligenz, meine Sekretärin ihren Sex-Appeal und ihre Jugend.

Weißt Du, wie mein Vater gestorben ist? Er wohnte im Pflegeheim in einem Zimmer mit dreißig anderen alten Menschen. Den ganzen Tag ist er herumgesessen, er konnte sich kaum mehr orientieren. Er hatte Gedächtnislücken. Das Pflegeheim werde ich nicht vergessen, die Hölle könnte nicht schlimmer sein. Ich habe meinen Vater zuerst öfter besucht, dann sehr selten. Zuletzt ein ganzes Jahr nicht mehr. Sein Zustand war einfach zu deprimierend. Als die Todesnachricht kam, habe ich nichts empfunden. Ich hatte ihn schon lange abgeschrieben, genau wie ich heute ein schlechtes Geschäft abschreibe. Mein Vater war ein Versager; in unserer Gesellschaft ist das fast ein Verbrechen. Jetzt wirst Du mich besser verstehen. Ich bin härter als Du denkst. Ich spiele die Rolle des Wohltäters. Ich kann dadurch sehr vieles steuerlich absetzen, und es ist eine gute Reklame für mein Geschäft. Das Gebäude an der Universität wird meinen Namen verewigen. Ich bin kein Idealist. Ich weiß, daß nur der erfolgreich ist, der an sich selbst zuerst denkt, sonst kommt er nicht zurecht und verliert im Existenzkampf. Das Leben des einzelnen ist wie der Krieg der Nationen. Nur Härte gewinnt. Alles andere führt zur Niederlage."

„Was macht Dir wirklich Freude?"

„Sicher nicht meine Familie. Meine Frau hat kein Gefühl für mich. Mein Sohn verachtet mich, weil ich keine Universität besucht habe, aber das hindert ihn nicht, immer mehr Geld zu verlangen. Er muß das Beste haben, die teuersten Anzüge, das schönste Appartement in Boston und einen Jaguar. Dankbarkeit kennt er nicht, wie ja auch meine Frau den Reichtum für selbstverständlich hält.

Ich denke, es wäre schön, einfacher zu leben, aber dann fällt mir mein Vater ein. Und ich genieße Tennisplatz und Swimming-pool."

Einen Monat später erlitt er einen Herzinfarkt. Er starb bald darauf und hinterließ eine sehr reiche Witwe, die zuerst sehr traurig war, um sich dann mit einem noch reicheren Mann zu verheiraten.

Wie wenig Geld bedeuten kann, ist durch zwei andere Beispiele bewiesen: Elvis Presley, einer der reichsten Stars in den USA, nahm in den letzten 20 Monaten seines Lebens 12.000 Tabletten. Harry Crosby, der Sohn von Bing Crosby, dem berühmten Filmschauspieler, verweigerte die Annahme des Millionenerbes seines Vaters und lebte statt dessen als Hippie in London, wo er vor vielen Zuschauern am Trafalgar Square auf der Geige „White Christmas" spielte und anschließend um Spenden bat.

11. Illusionen

In meinem Roman *Autumn Love (Herbstliche Liebe)* über das Leben eines Collegeprofessors habe ich versucht, das Dilemma dieses Berufes zu beschreiben. Ed Malone ist im mittleren Alter, sehr engagiert in seinem Beruf; aber da fehlt etwas. Er war mit einer sehr reichen Frau, Jane, verheiratet. Von ihr ist er geschieden. Seine jetzige Frau, Joan, ist loyal und vertrauenswürdig, das Gegenteil von Jane. Ed fühlt die Kluft zwischen sich und den Studenten. Es ist mehr als der Altersunterschied; es ist eine Verschiedenheit, die auf unterschiedlichen Werten und Zielen beruht . . .

*

Ich bleibe häufig bis zwölf Uhr nachts im Büro. Ich liebe die friedliche Ruhe in den Abendstunden, der ich mich dann völlig entspannt überlasse. Manchmal stehe ich am Fenster und beobachte die Millionen Sterne am Himmel, und dann wieder sehe ich hinüber zum Alumni-Theater, in dem die meisten unserer Promotionen stattfinden. In der Ferne höre ich die Autos auf der Landstraße und ungefähr um elf oft den Pfiff des Zuges. Das alles stimmt mich sehnsüchtig und nachdenklich. Hin und wieder sehe ich die alten Schulhefte durch, die die Prüfungsarbeiten der Absolventen enthalten, und werfe einen Blick auf deren Namen: Abbott, Allen, Atkins, Atwood, Bartel, Barton, Benton, Bolling . . . An manche der Studenten kann ich mich überhaupt nicht mehr erinnern; manche sehe ich als verschwommene Gesichter aus der Vergangenheit; einige erwecken bestimmte Erinnerungen. Wahrscheinlich hatten sie alle für die Prüfungen hart gearbeitet; jetzt liegen die Hefte da und verstauben.

Was hatten diese Studenten gelernt, was würde ihnen in ihrem weiteren Leben von wirklichem Nutzen sein? Würde denn die Erinnerung an die Hauptursachen des spanisch-amerikanischen Krieges oder an die wichtigsten Punkte des Vertrages von Paris wirklich so wichtig sein? Würde es für sie von irgendeiner Bedeutung sein, wenn es ihnen leicht fiele, über die Verwaltungsprobleme Präsident Grants zu diskutieren? All dies war zweitrangig. Was ich ihnen vermitteln wollte, war eine Lebensanschauung, ein Konzept der Zivilisation, ein Gefühl der Gerechtigkeit. Geschichte war nur ein Werkzeug, ein Mittel zum Zweck. Ich wollte aufgeklärte Menschen heranziehen, die in einer Zeit der tiefsten Ungewißheit bestehen würden.

Ich weiß, daß ich bei ihnen in dieser Beziehung oft versagt habe. Es war Mangel an Zeit, und es fehlte an Gelegenheit, sie wirklich kennenzulernen. Alles in allem, in einer Klasse von vierzig Studenten konnte man bestenfalls fünf kennenlernen. Wir lebten in einer unpersönlichen Gesellschaft, und es war schwer, gegen den Strom zu schwimmen.

Ich war ein Mann der Worte, und meine Taten deckten sich keinesfalls immer mit meinen Überzeugungen. Wie mutig lebte ich mein ruhiges Dasein als Professor an der Murray Universität? Hatte ich denn wirklich jemals meine Umgebung herausgefordert? Hatte ich je versucht, alle Dimensionen des Lebens zu erforschen? Hatte ich mich besonders bemüht, meine Studenten zu provozieren, sie wirklich kennenzulernen und ihnen zu helfen? Auch ich war in eine Ebbe geraten, nur war es die graue Ebbe der Lethargie. Wenigstens, so beruhigte ich mich, besaß ich mehr Einsicht. Das macht den Unterschied aus zwischen Gleichgültigkeit und Sensitivität. Aber leider war diese Einsicht ohne Ausrichtung — wie der matte Schein eines Leuchtturms inmitten dichten Nebels . . .

Meine Kollegen zeigen oft noch weniger Hingabe und Interesse an ihren Studenten als ich. Neulich sagte mir einer, daß er nur auf das Ende des Semesters warte; ein anderer meinte, daß er sich schon auf seine Pensionierung freue; ein dritter bemerkte, daß er lieber ein Geschäftsmann geworden wäre, um seine Familie besser versorgen zu können.

Das Äußere der Universität hat sich verändert. Seit meinem Eintritt sind zehn neue Gebäude dazugekommen, einschließlich eines neuen Hauses für Musik, eines für Wissenschaft und zweier neuer Studentenheime. Eine Kampagne folgt der anderen, um immer mehr Geld für unsere Ausstattung heranzuschaffen und die Gehälter der Professoren zu erhöhen. Wir werden besser bezahlt als zur Zeit meines Eintritts, aber ein verheirateter Professor mit drei Kindern kann noch immer nicht von seinem Gehalt leben, und seine Frau muß dazuverdienen, damit die Familie versorgt ist.

Wir haben mehr Komitees denn je. Als ich das letztemal unseren Katalog durchsah, zählte ich mindestens dreißig. Es gibt ein Komitee für die Beratung zur Benützung der Bibliothek, für Leichtathletik, für öffentliche Beziehungen, für Stipendien, für disziplinäre Angelegenheiten, für den Lehrplan, dazu ein Planungskomitee, das sich jahrelang bemühte, die Ziele der Universität zu definieren und das jetzt zur Diskussion stellt, ob wir das 2-Semester-Schema fortsetzen sollen, ob wir zum 3-Semester-System übergehen sollen oder ob wir uns für zwei Studienzeiten von vierzehn Wochen und eine kurze Studienzeit von fünf Wochen entscheiden sollen. Jeden Tag trifft sich ein Komitee, und wir verschwenden sehr viel Zeit mit der Debatte über Trivialitäten.

In vieler Hinsicht ahmen wir die industriellen Organisationen nach. Auch wir tendieren zur Bürokratie, verlieren uns in Details, neigen dazu, eine immer unpersönlichere

Geisteshaltung einzunehmen; auch wir sind gegen Erneuerungen, weil es uns bequemer erscheint, alles beim alten zu lassen.

Murrayville ist unverändert. Es besteht weiterhin aus drei Teilen: der Anhöhe, auf der die Reichen wohnen, dem Hauptteil der Stadt, in dem der Mittelstand lebt, und dem Elendsviertel, in dem die meisten Schwarzen und Mexikaner hausen. An unserer Universität sind nur ein paar farbige und einige mexikanische Studenten. Um unsere Aufgeschlossenheit zu demonstrieren, haben wir vier afrikanischen Studenten Stipendien gegeben, die öfters vor den „Service Clubs" ihre Urteile über amerikanische Bildung austauschen. Murrayville hat noch immer viele Sekten und Kirchen. Tatsächlich wird jedes Jahr eine neue Kirche gebaut. Die Würdenträger predigen Toleranz, und trotzdem bleibt es bei den alten Vorurteilen.

Das Lokalblatt hat noch immer die gleiche Aufmachung: die Titelseite für internationale und nationale Nachrichten, drei Seiten für das gesellschaftliche Leben. Die „Service Clubs" und die „Women's Clubs" genießen weiterhin viel Popularität.

Die Altbewohner befürchten, daß Murrayville zu groß werden könnte, weil die Bevölkerungszahl der Stadt stark zugenommen hat. Die Orangenplantagen verschwinden, neue Stadtteile entstehen. Eine Autobahn läuft jetzt quer durch die Stadt. Trotzdem erlaubt die Stadt keine Schwerindustrie. Deshalb ist der Ertrag der Grundsteuern zu gering, um den Lehrern von Murrayville einen ausreichenden Lebensstandard zu sichern. Folglich ziehen viele Lehrer in andere Städte, wo sie besser bezahlt werden. Die Bürger von Murrayville wollen, daß Grundsätzliches betont wird, und sind gegen jedwede Auflockerung des Unterrichts. „School Bond Elections" fallen durch, weil die meisten Bürger der Stadt ihrem Bildungssystem gleichgültig gegenüberstehen.

Murrayville ist überwiegend puritanisch. Die alten Damen sind schockiert von der Eigenwilligkeit der Jugend. Sie bekritteln die Shorts, in denen sich die Studentinnen in der Stadt zeigen. Sie beklagen sich beim Präsidenten der Universität, wenn von der Theaterabteilung ein Stück aufgeführt wird, das Ehebruch und andere Formen unkonventionellen Benehmens zeigt.

Murrayville ist eine Stadt, die konservative Ideen betont. Das Lokalblatt warnt vor zu großzügiger Verwaltung. Da sind, wie eh und je, die gleichen Ankündigungen zwecks Einführung in die Ehrenmitgliedschaft der Universität. Sprecher der konservativen Kirchen warnen vor den Übeln des Alkohols. Es gibt Vorlesungen für die Ehefrauen der Professoren mit farbigen Lichtbildern über Australien. Es gab Briefe an die Redaktion über die Dummheiten der modernen Jugend, weil die Studenten der Universität gerade ihr jährliches Wassergefecht in Szene gesetzt hatten, das in einer gemeinsamen Zerstörungsaktion in den Schlafsälen endete. Der Präsident kündigte in einem Artikel an, daß die Universität strenge und disziplinarische Maßnahmen gegen die Schuldigen ergreifen würde.

Es stimmte mich melancholisch, daß Lehrer wie ich nur selten Studenten heranbildeten, die Visionen von einer neuen Welt hatten und den Mut zur Individualität. Die meisten würden einfach promovieren und Mitglieder einer etablierten Gemeinde werden, in Murrayville zum Beispiel. Sie würden die Lust zum Lernen verlieren und aufhören, neugierig zu sein. Sie würden sich in eine gegebene Ordnung fügen. Ich sagte mir, daß ich zu pessimistisch sei. Ohne Zweifel würden manche rebellieren und nach besseren Inhalten suchen, nur würden sie sich dann einsam und ausgeschlossen fühlen und, genau wie ich, keine Bindungen zu der Umgebung finden, in der sie leben . . .

Unsere Ehe war friedlich. Ich war nie so leidenschaftlich mit Joan, wie ich es mit Jane gewesen war, aber wir waren lieb und gut zueinander. Etwas fehlte in unserer Beziehung. Ich lernte mich mit Unvollkommenheiten abzufinden.

Seit unserer Scheidung hatte ich nie wieder etwas von Jane gehört. Ich dachte an sie jeden Tag. Im ersten Jahr wollte ich sie immerzu anrufen, wählte ihre Nummer, um dann wieder aufzulegen. Ich fing viele Briefe an sie an, schrieb aber keinen zu Ende.

Ich las oft Berichte über Janes Gesellschaften. Ihr Name war häufig in den Kolumnen der High Society von Los Angeles zu finden. Ungefähr drei Jahre nach unserer Scheidung heiratete sie einen reichen Industriellen. Ich zweifelte, daß diese Heirat von Dauer sein würde.

Einmal besuchte mich ihr Bruder Bill in der Universität. Er schien verändert und etwas ruhiger. Er war jetzt Manager in einem Unternehmen seines Vaters. Wir redeten über Belanglosigkeiten, dann fragte er mich, warum ich ihn nie besucht hätte. Ich erzählte von meiner vielen Arbeit und von meinen Bemühungen um ein neues Buch. Bevor er sich verabschiedete, fragte ich nach Jane. Er sagte, daß es ihr ganz gut gehe. „Es tut mir so leid, daß es mit Euch beiden nicht geklappt hat." Ich wollte ihn fragen, ob sie mich manchmal erwähne, aber ich unterdrückte die Frage. Als Bill gegangen war, fühlte ich mich sehr deprimiert. Was ich mit Jane erlebt hatte, schien so lange her zu sein — fast wie in einem anderen Leben. Damals war ich jung und voller Enthusiasmus. Ich glaubte an die Macht der Liebe und daß ein Mensch durch sie völlig verändert werden konnte. Jetzt war ich im mittleren Alter. Mein Haar wurde grau, und ich nahm an Gewicht zu. Was die Liebe betrifft, so stand ich ihr skeptisch gegenüber. War sie nicht zu stürmisch und zu unberechenbar?

Wenn ich Joan liebkoste, dachte ich oft an Jane. Manchmal versuchte ich mir vorzustellen, daß Jane neben mir wäre statt Joan. Joan war nicht so elegant wie Jane und stand auch nie im Mittelpunkt einer Gesellschaft. Ich erinnere mich, wie die Augen der Männer Jane verfolgten, wenn ich sie ausführte. Für sie war es selbstverständlich, immer die Hauptperson zu sein und daß andere nur da waren, um ihre Wünsche zu erfüllen und ihren Stimmungen nachzugeben.

Ich führte mir vor Augen, daß Jane eitel und selbstsüchtig war und daß sie nicht die Fähigkeit besaß zu geben. Wohl wußte ich, daß das nicht völlig der Wahrheit entsprach, denn sie konnte anderen gegenüber sehr großzügig sein, wenn ihr gerade danach zumute war. Doch Joan konnte mit Menschen tiefer mitempfinden, und sie versuchte, meine Wünsche zu erfüllen. Wenn ich krank war, blieb sie die ganze Nacht auf. Wenn ich unglücklich war, versuchte sie mich zu trösten. Hatte meine Arbeit Erfolg, war sie meine enthusiastischste Bewunderin. Joan paßte sich meinen Stimmungen immer sofort an. War ich müde, konnte sie sehr still sein. Wünschte ich mir stürmische Hingabe, war sie eine vollkommene Geliebte.

Ich war der Herr im Hause. Joan stellte meine Selbstachtung wieder her, und ich war ihr dankbar dafür. Aber es fehlte mir eine gewisse Spannung, die meine Beziehung zu Jane beherrscht hatte. Mit ihr hatte man immer das Gefühl eines herannahenden Gewitters, während jetzt die häuslichen Gewässer ruhig blieben.

Janes Fotografie lag in meiner Schreibtischlade im Büro. Sie trug Tennisshorts und in der Hand einen Schläger. Ihre Augen leuchteten, und die Shorts zeigten ihre schlanken Beine. Sie sah sehr jung und attraktiv aus. Auf das Foto hatte sie „In immerwährender Liebe" geschrieben. Manchmal nahm ich es heraus und war überwältigt von

Nostalgie. Als die Zeit verstrich, rückten die schlechten Phasen mit Jane in Vergessenheit, und nur die guten blieben in Erinnerung, und ich übertrieb sie. Manchmal machte ich mir Vorwürfe, eigensinnig zu sein.

Wenn ich in Los Angeles war, ging ich oft im Lafayette-Park spazieren. Ich setzte mich auf eine Bank und sah den Kindern beim Spielen zu. Ich vermied die Bank vis-à-vis vom Teich, wo Jane und ich zusammen gesessen hatten und wo wir uns ganz nahe waren. Ich versuchte, nicht an sie zu denken, und zwang meine Gedanken in eine andere Richtung. Ich dachte an meine Karriere und an meine Arbeit. Das gelang mir eine Weile, aber dann kehrten meine Gedanken zu Jane zurück. Es war mir, als säße sie neben mir, ihre Augen groß und beobachtend. Ich führte in meiner Phantasie eine Unterhaltung mit ihr. Warum mußte sie aus so einem entgegengesetzten Milieu kommen? Warum war sie so verwöhnt? Und warum so abhängig von ihrer Familie? Einer meiner Freunde sagte einmal, daß wir alle im Laufe des Lebens einen emotionellen Höhepunkt erreichen, der uns berührt und erschüttert; nachher sind wir nie mehr die gleichen. Wenn er vorbei ist, geht unser Leben bergab. Ich war fast sicher, daß Jane dieser Höhepunkt in meinem Leben gewesen ist. Nach ihr kam ein existentieller Herbst.

Ich hielt mir vor, daß diese Anschauungen zu düster seien. Ich besaß so viel, für das ich dankbar sein konnte. Ich hatte eine Frau, die mich innig liebte, hatte Erfolg in der Arbeit, das Unterrichten machte mir Freude; ich hatte jeden Grund, zufrieden zu sein. Aber ohne Jane war ich nur ein halber Mensch.

Ich dachte zurück an die Zeit, in der es Jane nach einer Krebsoperation sehr schlecht gegangen war. In dieser Zeit gab es nichts, was ich nicht für sie getan hätte, um sie glücklich zu machen. Jedes Opfer hätte ich gebracht. Mein

Herz ging über vor Zärtlichkeit, weil sie so hilflos war. Doch als ihre Gesundheit wiederhergestellt war, da war sie wie früher: anmaßend und fordernd. Sie hatte einen unendlichen Lebenshunger, der nur durch neue Erlebnisse und Sensationen gestillt werden konnte.

Vielleicht war ich ungerecht. Sie konnte feinfühlend sein, fast mild.

Ich sah mich um im Park. Einige Buben spielten Fußball auf der Wiese. Alte Männer schliefen in der Sonne. Zwei Frauen unterhielten sich auf einer benachbarten Bank. Ohne Jane erschien mir der Park einsam und öde.

Einmal gingen Joan und ich in einen Nachtklub. Wir tanzten eng aneinander geschmiegt, und ich war glücklich. Dann spielte die Kapelle „Brazil" und „Herbstblätter". Als ich diese Melodien hörte, wurde ich traurig. Es war mir, als tanzte ich wieder mit Jane, als hielte ich sie fest im Arm. Ich erinnerte mich, wie sie aussah, wenn sie in überschwenglicher Stimmung war. Ihre Augen leuchteten, ihr Gesicht war etwas gerötet, ihre Stimme tief und klangvoll, ihr Lachen spontan und ungestüm, ihre Lippen erwartungsvoll halb geöffnet. Jane und ich konnten stundenlang zusammensein, ohne viel zu sagen. Die Sehnsucht in unseren Augen war Sprache genug. Jane hatte ein außergewöhnliches Gefühl für Rhythmus, und ihr Körper bewegte sich im Einklang mit der Musik. Ich erinnerte mich, wie sie in ihrem schwarzen Cocktailkleid aussah und wie die Männer sich alle nach ihr umgedreht hatten. Aber am liebsten erinnerte ich mich an das Gefühl der Vorfreude. Mit Jane war jeder Abend neu und ein Abenteuer. Es war nicht nur physische Erwartung. Bei Jane spürte man vibrierendes und pulsierendes Leben, das jedes Erlebnis aufregend machte.

Ich sagte mir, daß ich die Vergangenheit durch eine rosarote Brille sähe. Schließlich gab es auch viel Langeweile. Die Haushaltsroutine war keine Einladung zu einem Freudenfest! Ich versuchte, an Janes Sohn Jimmy zu denken. Das würde meine Gedanken von Jane ablenken. Bestimmt würde Jimmy als Playboy enden, ein richtiger Tunichtgut ohne jedes Verantwortungsbewußtsein. Aber Janes Bild tauchte in meiner Vorstellung erneut auf.

Joan und ich hörten auf zu tanzen und gingen zurück zu unserem Tisch. Sie sagte, ich wirke sehr abwesend, und fragte, ob es mir auch gut gehe. Ich sagte ihr, daß die Luft im Nachtklub schlecht sei und ich etwas frische Luft brauche. Wir verließen das Lokal.

In Los Angeles ging ich einige Male ins Restaurant des Chapman Park Hotels. Es hatte noch immer jene vertraute, intime Atmosphäre, war hergerichtet wie früher, mit dem Bild des Stierkämpfers an der Wand. Aber die alte freundliche Serviererin war nicht mehr da. Auch der Schankwirt hatte gewechselt. Wie üblich saß ich an der Theke und trank ein paar Flaschen Bier. Ich fühlte mich sehr einsam und schaute zur Nische hinüber, in der Jane und ich so oft gesessen hatten. Ich schaute zur Tür, und es schien mir fast, als ob Jane hereinkommen würde. Ich erinnerte mich, wie sie immer hereingefegt kam, verspätet und meist außer Atem. Wie dumm war es von ihr gewesen, sich über das Alter Sorgen zu machen: Sie besaß das Geheimnis ewiger Jugend, eine unendliche Bereitschaft, immer Neues zu erleben. — Ich war zum frühzeitigen Altern verurteilt, weil das Leben für mich ein dauerndes Im-Kreis-Gehen war. Wie ein Karussell, auf dem man fährt, um immer wieder das gleiche zu erleben.

Es wurde mir klar, daß ich in einer Illusion gelebt hatte. Es wäre für mich und Jane unmöglich gewesen, eine gute Ehe zu führen. Es hatte zu viele Schwierigkeiten gegeben. Ich fragte mich, ob sie jemals an mich dachte. Erinnerte sie sich noch an unsere gemeinsamen Spaziergänge, an unsere Flitterwochen am Strand? Dachte sie noch an das St. Georg Hotel? Ich bezweifelte es. Es lag in Janes Natur, ganz in der Gegenwart zu leben. Sie dachte selten an Vergangenes.

Als ich das Restaurant verließ, nahm ich mir vor, nie wieder dorthin zurückzukommen. Es hatte keinen Sinn, alte Wunden wieder aufzureißen. Das war Selbstquälerei. Außerdem war es unfair gegenüber Joan. Anschließend ging ich in eine Bar und dann, wie getrieben von einem inneren Zwang, doch noch einmal ins Restaurant zurück. Der Schankwirt fragte mich, ob ich etwas trinken wolle. Ich schüttelte den Kopf. Ich stand am Eingang und schaute mich ein letztes Mal in dem Raum um. Er war voll Rauch, überfüllt mit Männern, die anscheinend eine geschäftliche Tagung im Hotel abhielten. Eine Frau mittleren Alters saß an der Bar und redete sehr laut. Einige Männer sangen Schullieder.Tatsächlich war dieser Raum in keiner Weise etwas Besonderes. Er war wie jede andere Cocktail Lounge. Nur Jane hatte ihm einen geheimnisvollen Zauber gegeben. Ich fühlte mich niedergeschlagen. Sie fehlte mir. Mein Herz krampfte sich zusammen, und ich fühlte eine unsägliche Leere.

Draußen war es nebelig. Die Autos fuhren sehr langsam. Ich ging einige Meilen zu Fuß. Vielleicht würde ich ins Kino gehen. Ich hatte kein bestimmtes Ziel. Plötzlich war ich dort, wo Jane wohnte. Die Klänge einer Tanzmusik kamen aus dem Haus. Anscheinend war drinnen eine Party. Ich stand an der Ecke gegenüber und sah zu, wie die Autos vorfuhren und elegant gekleidete Paare ausstiegen, die ins Haus gingen. Jane war im Abendkleid. Sie sah wie immer hinreißend aus. Einen Augenblick war es mir, als ob wir noch verheiratet wären. Ich wollte hineingehen und in ihrer Nähe sein. Ich überquerte die Straße und läutete. Jane öffnete.

Sie erschrak. „Was machst Du hier?"

„Ein spontaner Einfall."

„Du bist nicht eingeladen."

„Ich weiß. Ich wollte Dich nur anschauen."

Ich hörte eine männliche Stimme im Hintergrund. „Mit wem sprichst Du, Jane?" Das mußte ihr Mann gewesen sein.

„Mit niemandem", antwortete sie, „es ist nur jemand, der sich in der Tür geirrt hat."

Sie wandte sich wieder an mich. „Ich kann jetzt nicht mit Dir sprechen. Auf Wiedersehen." Und sie machte mir die Tür vor der Nase zu.

Nachdem ich sie verlassen hatte, war mir leichter. Ein Teil meines Lebens war abgeschlossen. Es war, als hätte man ein Buch zu Ende gelesen oder käme von einer Reise zurück. Ich hatte eine Fremde geliebt.

Jetzt war Janes Party sicher in vollem Schwung. Der Champagner würde fließen, die Konversation lebhafter werden. Neue Liebesaffären würden beginnen und Freunde anfangen zu streiten. Fremde würden sich nach engerem Kontakt sehnen. In dieser Atmosphäre war Jane in ihrem Element. Das war ihre Welt. — Eine Welt unbegrenzten Vergnügens, in der man nur für den Augenblick lebte, in der Armut und Entbehrungen unwirkliche Situationen waren und nur persönliche Wünsche zählten. Für Jane war es eine Selbstverständlichkeit, ihr luxuriöses Leben immer weiterzuleben. Nichts ging ihr wirklich nahe. Kein Rückschlag konnte sie treffen. Keine Enttäuschung konnte sie aus ihrem Gleichgewicht bringen. Kein Unglück konnte sie wirklich berühren. Sie kannte ihren Status. Für sie bedeutete das Leben eine nicht versiegende Quelle der Befriedigung. Sie war geboren, um zu beherrschen; so würde sie leben, bis zum Ende ihrer Tage.

Es war absurd, daß ich jemals gedacht hatte, daß zwischen uns zweien eine innere Gemeinschaft entstehen könnte. Ich wollte mehr vom Leben. Es war mir klar, daß Janes Hingabe an das unentbehrliche Vergnügen genausowenig bedeutete wie der Hang meiner Mutter zum Masochismus. Beide Lebensarten waren sinnlos. Mein Weg hingegen war wahrscheinlich ziemlich ungewiß, vielleicht würde ich oft stolpern, doch hatte ich einen tieferen Lebensinhalt entdeckt. Mein Verdienst war es gewesen, herausgefunden zu haben, was ich *nicht* wollte. Ich wollte nicht das Getratsch unzähliger Cocktailparties. Ich wollte nicht die Isolierung, die die Folge zu vieler Bequemlichkeiten ist. Ich wollte nicht die Masken von Leuten, die in der Aufrichtigkeit nur Dummheit sehen . . .

Ihre Party hat sicher genug gekostet, um eine vierköpfige Familie in Watts zu ernähren. Ich habe einmal mit ihr über die auffällige Verschwendung der Reichen gesprochen. Sie hat damals geantwortet, daß sie sich über Armut und Rassenprobleme nicht den Kopf zerbreche. Und sie setzte noch hinzu, daß, hätten die Leute in Watts nur mehr Unternehmungsgeist und Initiative, sie nicht in dieser bedauerlichen Lage wären. Ich erwiderte darauf, daß ihre Einstellung ziemlich oberflächlich sei, und sie sagte: „Das ist der Unterschied zwischen uns. Du identifizierst Dich mit dem Schicksal anderer; ich forme meine eigene Welt."

Eigentlich war sie gefühlloser, als es den Anschein hatte. Nach dem Tod einer guten Freundin — sie war einem plötzlichen Herzanfall erlegen — wies Jane darauf hin, daß die Freundin noch leben würde, wenn sie nicht so viel getrunken und so viele Pillen genommen hätte. Beim Begräbnis vergoß Jane keine Tränen, und nachher schlug sie vor, daß wir uns ein Musical anschauen sollten, damit sie nicht in eine morbide Stimmung gerate. Es war keine

Gefahr, daß Jane jemals morbiden Stimmungen erliegen würde. Ihre Härte ließ nichts Unangenehmes und kein Leid an sie herankommen.

Doch — war ich so viel anders? Es war mir klar, daß ich im Kampf für Humanität nur ein Beobachter gewesen war. Ich war ein Feigling, meine liberale Gesinnung lauwarm. Zweimal im Jahr besichtigte ich das Elendsviertel von Murrayville. Ich sprach von den unzureichenden Einrichtungen dort, doch ich war nicht wirklich betroffen, und ich habe keinesfalls etwas getan, um Verbesserungen herbeizuführen.

Wenn ich unterrichtete, war ich mir unserer konservativen Umgebung bewußt. Die Universität engagierte sich für eine große Sammelaktion, um Geld für den Bau neuer Studentenheime zu bekommen. Wir wurden ständig vom Präsidenten der Universität erinnert, daß wir nichts unternehmen dürften, was das Zusammenleben mit der Stadt stören könnte, und daß wir alle Formen von Radikalismus zu meiden hätten. Mit kleinen Abweichungen hielt ich mich an diese Grundsätze.

Einige Studenten baten mich, als Förderer eines neuen Forums zur Behandlung umstrittener Fragen zu fungieren. Keine Ansicht sollte tabu sein. Aktuelle Probleme sollten ohne Vorbehalt diskutiert werden. Gäste, deren radikale Einstellung bekannt war, sollten dazu eingeladen werden. Ich lehnte ab, als Förderer zu fungieren, und das Kuratorium der Universität verbot die Einrichtung eines solchen Forums.

Ich bekam einen Brief von einem der Dekane, der mich zu meinem festen Standpunkt beglückwünschte und mir bestätigte, eine gesunde Urteilskraft an den Tag gelegt zu haben. Mein Gehalt wurde erhöht und mein Budget für wissenschaftliche Forschung vergrößert. All das zeigte, daß ich zum Establishment gehörte.

Im Geschichtsunterricht überging ich die Unterdrückungen durch unser institutionelles System. Wenn ich von den Leiden der Schwarzen sprach, erwähnte ich die Notwendigkeit ferngesetzter Ziele, von Bildung und gutem Willen. Ich litt an einer Überdosis Ängstlichkeit. Statt Mut und Engagement zu zeigen, blieb ich der vorsichtige Gelehrte, voll von gutem Willen, aber ohne Tatkraft.

Ich hatte mich den Leuten von Murrayville überlegen gefühlt, die die ganze Zeit vor dem Fernsehgerät saßen und ihre Tage mit Belanglosigkeiten und Tratsch verbrachten, die in Gottesdienste gingen, in denen Weiße und Schwarze getrennt waren, und deren Leben aus Routine und Sinnlosigkeiten bestand. Aber war mein eigenes Leben denn so anders? Wo waren Hingabe, wo die Höhepunkte, wo lag meine Aufgabe?

Jane war meine Bestimmung und mein Höhepunkt gewesen. Meine Gefühle waren da so unreif wie die einer Klassenkollegin im Gymnasium. Sie war ausnehmend schön, verfügte über einen anziehenden, üppigen Körper und besaß schauspielerisches Talent. Sie träumte davon, Schauspielerin zu werden, ihren Namen auf der Leinwand zu sehen, Premieren zu besuchen, berühmt zu sein, umgeben von faszinierenden Männern, ihre Schauspielkunst bekannt in der ganzen Welt, ihre privaten Angelegenheiten besprochen in den Journalen, mit einer Villa in Bel Air: in jeder Hinsicht ein Star. Sie hat es erreicht. Hollywood entdeckte sie; sie wurde prominent. Aber das Leben in den höchsten Kreisen war enttäuschend. Sie hatte eine mißlungene Ehe nach der anderen, wurde rauschgiftsüchtig und verbrachte ihre letzten Jahre in einer Nervenheilanstalt.

12. Mitgefühl nicht erwünscht

Walter Schardt, ein angesehener US-Schuldirektor, war freundlich und alles andere als ein Diktator. Wenn ein Lehrer oder Schüler ein Problem hatte, konnte er Schardt persönlich sprechen, der Direktor hörte dann immer aufmerksam zu und machte Vorschläge. Die größte Aufmerksamkeit widmete er den Kindern aus wohlhabenden Verhältnissen, denn er versprach sich davon einiges für seine eigene Karriere. Oft wurde er als Redner eingeladen. Er sprach zu vielen Lehrern über Erziehung und Demokratie, zur American Legion über die Schule und Patriotismus, zu den Republikanern über die Schule und das freie Unternehmertum, zu den Demokraten über die Schule und den sozialen Fortschritt und zu den Rotariern über die Schule als Service-Institution.

Seine Reden paßte er stets seinem Publikum an, denn er wollte niemanden beleidigen. Voller Begeisterung verkündete er, die US-Erziehung berücksichtige das ganze Kind, die amerikanische Schule sei die beste in der ganzen Welt.

In seiner Schule gab es große soziale Probleme, aber diese Tatsache versuchte er zu ignorieren. Eine jugendliche Bande, die an seiner Schule aktiv war, hatte sich auf Gewalttaten gegen ältere Menschen spezialisiert. Alkoholismus war weit verbreitet, und auch Drogensucht war keine Seltenheit. Viele Lehrer besaßen Vorurteile gegenüber den Minderheiten, besonders gegenüber den schwarzen Schülern, die in der Schule diskriminiert wurden. Walter Schardt glaubte jedoch, daß sich alle Probleme mit der Zeit von selbst lösen würden.

Paula Gold, eine 24jährige Englischlehrerin, trat ihre Stelle in Schardts Schule an. Sie hatte Erfahrung in den

Slums von Chicago und New York gesammelt und engagierte sich mit großer Leidenschaft für die Minderheiten in den USA. Schon in ihrem Probejahr hatte sie entdeckt, wie ernüchternd der Schulalltag sein konnte; so viele Hefte mußten korrigiert werden, so wenige Schüler konnten sich klar ausdrücken, so wenige hatten Interesse an Literatur, denn für sie war das Fernsehen Zentrum des Lebens. Ordnung in der Klasse zu halten, fiel ihr äußerst schwer, und die Distanz zwischen Lehrplan und Realität erwies sich als ebenso groß wie die Diskrepanz zwischen Hoffnung und Wirklichkeit.

In verschiedenen Unterredungen mit ihr betonte Walter Schardt, daß es für sie eine Ehre sei, an seiner Schule zu unterrichten, und daß sie nicht zu schnell und zu radikal vorgehen sollte, wenn sie etwas für die schwarzen Schüler erreichen wollte. Eine ältere Kollegin, Alberta Graham, erklärte ihr: „Man kann nicht viel von den Schwarzen erwarten. Man hätte sie im Urwald lassen sollen. Dort haben sie sich wohlgefühlt. Was tun sie in unserer Stadt? Sie faulenzen, betrinken sich und haben viele Kinder, die von uns unterstützt werden müssen. Die schwarzen Kinder haben keine Manieren. Oft sind sie unverschämt. Ein schwarzes Mädchen, 13 Jahre alt, hat mich eine weiße Hexe genannt. Ich gab ihr natürlich dafür eine Ohrfeige, eine kräftige, die sie nicht so schnell vergessen wird. Sie wird mich nicht wieder beleidigen. Die meisten Schüler verstehen nur eine Sprache: Gewalt, alles andere ist pure Zeitverschwendung.

Ich freue mich, wenn die faulen Schüler meine Prüfungen nicht bestehen. Soll man Nichtstun auch noch fördern? Soll man Lethargie etwa noch ermutigen? Sie denken, sie können die ganze Zeit spielen; im Sommer am Strand und im Winter in den Bergen. Meine Prüfungen erinnern sie daran, daß harte, konzentrierte Arbeit notwendig ist. Ich weiß sofort, wer die Prüfungen nicht bestehen wird. Die sollen keine akademische Karriere haben, sondern irgendetwas mit ihren Händen tun. Ich hasse jede Form von Schlamperei. Deshalb bin ich auch gegen die moderne Pädagogik, die viel zu weich und unrealistisch ist, besonders gegenüber den Schwarzen. Wenn ich dann die Hefte zurückgebe, ist es wie ein feierliches Ereignis. Jeder in der Klasse ist erwartungsvoll. Jeder weiß, wie gut oder wie schlecht der andere abgeschnitten hat. Ich gebe nur wenige gute Noten, und viele bekommen Ungenügend. Wenn Eltern dagegen protestieren, gebe ich nicht nach. Ein Lehrer kann keine Nachsicht walten lassen. Toleranz für die Schwächen der Schüler ist nichts weiter als falsches Mitleid. Versuchen Sie nie, beliebt zu sein. Das führt zu nichts."

In ihren regressiven Ansichten war Frau Graham wie die meisten Lehrer der Schule.

Paula hatte völlig andere Vorstellungen von der Aufgabe des Pädagogen. Sie war mit Leib und Seele Lehrerin und wollte die Schüler auf das Leben vorbereiten. Oft blieb sie bis spät abends in der Schule, um ihre Schüler zu beraten. Am meisten konzentrierte sie sich auf ein neues Programm, „Schöpferisch Schreiben", an dem zehn schwarze Schüler teilnahmen. Sie begann das Programm sehr unkonventionell und sagte: „Ihr müßt sehr ehrlich zu mir sein. Erzählt mir, welche positiven und welche negativen Erfahrungen ihr bisher mit der Schule gemacht habt."

Die Antworten fielen größtenteils negativ aus, denn die Schüler empfanden die Schule beinahe als Strafanstalt. Ein Schüler sagte, daß Ehrlichkeit von den Lehrern nicht geschätzt würde, sondern im Gegenteil zu schlechten Noten führe.

Die Wirklichkeit der Schule, über die Schardt sich in den

höchsten Tönen geäußert hatte, entsprach nicht den Erfahrungen der Schüler. Tatsächlich war die Schule ein Ort, vor dem sich viele Kinder fürchteten und wo konformes Denken trainiert wurde. Originalität wurde unterdrückt, Egoismus — als Leistung maskiert — gefördert. Die menschlichen Beziehungen standen auf einem niedrigen Niveau. Ein kleiner schwarzer Schüler erklärte Paula zum Beispiel: „Die meisten weißen Lehrer sehen mich nicht als Mensch, sondern wie eine Ratte, die sie am liebsten vertilgen möchten. Sie sind die erste weiße Lehrerin, die sich um mich gekümmert hat."

Sie fragte den schwarzen Schüler, was er sich besonders wünsche. Er erwiderte: „Ich möchte mich einmal wirklich sattessen."

Sie fragte ihn, was er als Erwachsener werden möchte. Er erklärte: „Ich möchte ein großes Auto haben, das größte und schnellste, das es gibt. Vielleicht einen Rolls-Royce. Jeder würde dann wissen, wer ich bin — jetzt bin ich niemand."

Paula ermutigte die Schüler zu Spontaneität. Sie bat die Kinder darum, ihre Erfahrungen mit der Umwelt zu Papier zu bringen. Sie sollten keine Angst davor haben, grammatikalische Fehler zu machen, denn Paula interessierte nur der Inhalt der Aufsätze.

Sie sammelte die Aufsätze in einem kleinen Journal, das wenig später in einer kleinen Auflage veröffentlicht wurde. Paula hoffte, daß die Reaktion seitens ihrer Kollegen und Kolleginnen positiv sein würde.

Aber die anderen Lehrer reagierten äußerst negativ. Frau Graham erklärte: „Ich habe dieses Journal gelesen. Es widert mich an. Wie konnten Sie nur so viele grammatikalische Fehler durchgehen lassen? Die Schüler denken, sie könnten kreativ sein, ohne die Grammatik zu beachten. Das ist unmöglich und pädagogisch eine Sünde. Noch etwas stört mich sehr: Die Schüler sprechen ganz offen über Sex. Über Erlebnisse, über die man nicht sprechen soll. Das führt zu einer unmoralischen Haltung, die man in unserer Schule nicht tolerieren kann. Wir sind doch keine Slum-Schule. Wir sind ein Zentrum für akademische Entwicklung!"

Paula erwiderte, daß die Schilderungen der Erlebniswelt der Schüler entsprungen seien. Die schwarzen Kinder lebten eben in einer anderen Umgebung als die Kinder der weißen Familien, die den sozialen Notstand nicht am eigenen Leib erfahren.

Frau Graham entgegnete: „Das ist alles sekundär, Frau Kollegin. Wichtig ist, daß die Schwarzen endlich lernen, Zucht und Ordnung zu schätzen, und daß sie sich in Grammatik auskennen. Wir können doch nicht das Analphabetentum fördern."

Durch Zufall las ein höherer Erziehungsbeamter das Journal, und auch er war wütend über den Inhalt, denn er sah in dem Heft die amerikanische Demokratie verunglimpft und fühlte sich in seiner Ansicht bestätigt, daß Gleichberechtigung für die Schwarzen eine Illusion sei. Der Beamte telefonierte mit dem Schuldirektor und fragte Schardt, ob er das Journal schon gelesen habe. Schardt war dazu bisher nicht gekommen, denn er hatte zu viele andere Verpflichtungen. Er versprach, die Texte noch am selben Tag zu lesen. Der Beamte verlangte von ihm, daß kein zweites Heft dieser Art erscheinen dürfe, und er drohte Schardt, solche Publikationen könnten seiner eigenen Karriere schaden.

Schardt hatte noch nie eine derart scharfe Reaktion erlebt. Er verabredete sich mit Paula für den nächsten Tag. Nachdem er das Heft einer kritischen Prüfung unterzogen hatte, war er sicher, daß es sich für seine Schule nicht eignete, weil es die Schüler nur aufsässig machte. „Ich habe einige Klagen über diese Broschüre gehört", sagte er. „Ich weiß, daß Sie nur das Beste wollen, doch Sie sind noch sehr jung und unerfahren. Deshalb möchte ich Ihnen den Rat geben, das Programm einzustellen, die Verbreitung dieses Journals zu untersagen und kein zweites Heft dieser Art zu veröffentlichen."

„Aber die Jugendlichen sind begeistert", erwiderte Paula. „Jeder kommt jetzt regelmäßig zum Workshop. Ich habe noch nie eine so aufgeschlossene Gruppe erlebt. Auch die Eltern der Jugendlichen haben sehr positiv reagiert."

„Das kann alles wahr sein", erklärte Schardt, „aber wir dürfen gewisse Grundsätze nicht ignorieren. Wir können nicht Erwartungen wecken, die später nicht erfüllt werden."

„Sollen die Kinder ihr Schicksal denn einfach hinnehmen? Heißt das nicht, daß unsere Erziehung nur ein Scheinmanöver ist?"

„Sie sollen lernen, fleißig zu sein, gute Gewohnheiten zu pflegen, Autorität anzuerkennen und sich anzupassen." Der Workshop wurde nicht weitergeführt und Paulas Vertrag mit der Schule nicht mehr verlängert.

Ihre Kolleginnen und Kollegen waren froh, daß sie entlassen wurde, denn vom Tag ihrer Einstellung an paßte sie nicht in diese Schule. Walter Schardt bedauerte in gewisser Hinsicht, daß er Paula nicht hatte halten können, doch seine eigene Karriere war ihm wichtiger als das Schicksal einer „unreifen" Kollegin. Noch immer sprach er mit großer Begeisterung über die demokratische Struktur der US-Erziehung. Dafür wurde er von seinem Bezirk zum Erzieher des Jahres gewählt. Bei der Ehrung bezeichnete man ihn als „Leuchtturm der US-Erziehung".

13. Ein Nigger weniger

Richard Nelson, ein begabter junger Akademiker, war Lehrer und hatte viel mehr Chancen als die meisten Schwarzen in den USA. In der Schule, in der er unterrichtete, war er sehr geschätzt. Sein Fach war Englisch, und er spezialisierte sich auf moderne amerikanische Literatur. Regelmäßig bildete er sich an der Universität weiter. Sein Ehrgeiz war, später Universitätsprofessor zu werden und ein Lehrbuch über die Entwicklung des amerikanischen Romans zu schreiben.

Richard besaß ein sehr schönes Appartement. Als Junggeselle hatte er keine finanziellen Sorgen und konnte sich einiges leisten. Er gab viel Geld für Bücher aus, besonders für Paperbacks; auch besaß er eine prachtvolle Stereoanlage. Jedes zweite Jahr kaufte er ein neues Auto, das er mit großer Sorgfalt pflegte. Sein Auto sah immer aus, als ob es gerade vom Händler gekommen wäre.

Immer war er sorgfältig angezogen. Er sah mehr wie ein erfolgreicher Manager als wie ein Lehrer aus. Er war groß und schlank und hatte viele Liebesaffären.

Richard hatte seine Eltern schon in jungen Jahren verloren. Ein Bruder, mit dem er keinen Kontakt hatte, lebte in New York. Enge Freunde hatte Richard nicht. Sein Beruf und seine Bücher bedeuteten viel mehr für ihn als persönliche Kontakte. Er war höflich und entgegenkommend, doch bewahrte er stets eine distanzierte Haltung.

Seine Bekannten betonten, wie glücklich er sein müßte. Konnte er nicht viel mehr erleben als andere Schwarze? Er brauchte nicht in einer Slumgegend zu wohnen. Er war geachtet und hatte sehr gute Möglichkeiten für die Zukunft.

Zufällig traf er eine weiße Studentin, die sehr schön und

sympathisch war. Beide hatten die gleichen Interessen. Auch sie schätzte Bücher, auch sie interessierte sich für Schriftsteller wie Ernest Hemingway, Sinclair Lewis und John Steinbeck. Stundenlang führten sie Diskussionen über die Funktion der modernen Literatur. Sie wollte Lehrerin werden und Kinder für gute Literatur gewinnen.

Sie schätzte seine Intelligenz und seine Sensibilität. Zusammen hörten sie stundenlang Musik; besonders für Debussy und Ravel hatten sie eine Vorliebe. Auch las er ihr oft Gedichte vor, zumeist von Walt Whitman und Robert Frost.

Sie hatte noch nie einen Afroamerikaner wirklich gekannt. In ihrer Stadt lebten die meisten Schwarzen in einem Slum. Sie waren in gewisser Hinsicht unsichtbar, geeignet, um die dreckige Arbeit zu machen. Sie als gleichberechtigt zu betrachten, war eine undenkbare Idee für die weiße Mehrheit. Als sie in der High School war, hatte sie die gleichen Vorurteile wie ihre Nachbarn; zum Beispiel, daß Schwarze dumm und schmutzig seien; aber an der Universität hatte sie einen progressiven Soziologieprofessor, der sie über die Gründe und Auswirkungen des Rassismus aufklärte. Je mehr sie die Geschichte des Rassismus studierte, umso mehr glaubte sie an Toleranz und Verständnis gegenüber anderen Rassen.

In gewisser Hinsicht stellte Richard ein Experiment für sie dar. So hatte sie sich nie einen Schwarzen vorgestellt. Seine Stimme war melodisch, sein Benehmen kultiviert und sein Geschmack in Kultur außergewöhnlich. Kein Wunder, daß ihre Beziehung zu Richard immer intensiver wurde. Auch als Liebhaber war er großartig, leidenschaftlich und gleichzeitig sensibel und verständnisvoll.

Zuerst gab es keine Schwierigkeiten mit der Umgebung. Meistens verbrachten sie ihre Freizeit in seinem Apparte-ment. Richard betätigte sich als Amateur-Koch und bereitete feine Speisen zu. Während sie aßen, genossen sie die Musik aus der Stereoanlage, danach begannen lange Dialoge.

Es war, als ob sie ihn schon lange gekannt hätte. Sein Appartement wurde zu einer Oase für sie. Manchmal besuchten sie den Soziologieprofessor, der die Beziehung zwischen den beiden bejahte und Richard auch als Denker schätzte. Bis spät in der Nacht diskutierten die drei über die sozialen Probleme in den USA und über Wege und Methoden, wie die Lage der Minderheiten verbessert werden könnte.

Nach einiger Zeit zeigten sie sich gemeinsam in der Öffentlichkeit. Eines Abends wollte er mit ihr essen gehen und lud sie in ein elegantes Restaurant ein. Beide befanden sich in ausgezeichneter Stimmung. Das Restaurant hatte eine romantische Atmosphäre mit Kerzenlicht, und ein talentierter Geiger spielte ungarische Melodien. Der Ober nahm ihre Bestellung entgegen, aber das Essen kam nicht. Sie warteten zehn, fünfzehn Minuten; eine halbe Stunde verging. Das Restaurant war nicht voll, und sie hätten schon längst das Essen bekommen müssen. Der Ober ignorierte sie. Richard rief den Ober zu sich und beklagte sich. Der Ober betrachtete ihn feindselig und sagte, der Besitzer des Restaurants würde sofort kommen. Nach einigen Minuten trat der Besitzer an ihren Tisch und erklärte: „Wir servieren keinem Nigger in unserem Restaurant!"

Als er und seine Freundin das Restaurant verließen, waren beide in gedrückter Stimmung. Sie versuchte, Richard zu trösten und betonte, daß es ihr nichts ausmache; mit Vorurteilen müßten sie einfach rechnen. Vielleicht könnten sie später in einer Stadt in Europa leben, wo die Menschen toleranter und aufgeschlossener wären als in den USA.

Er hatte einen langen Abend geplant gehabt; jetzt beshloß er aber, sie zu ihrem Studentenheim zu bringen. Der Abend war ein Verlust. Er war wütend und enttäuscht und fuhr sehr schnell und unkonzentriert. Auf einmal hörte er eine Sirene, die von einem Polizeiwagen stammte. Er mußte anhalten und aussteigen. Der Polizist verlangte seinen Ausweis. Dabei sah er, daß Richard mit einem weißen Mädchen unterwegs war. Der Polizist erklärte: „Nigger, ich bin sicher, daß Du betrunken bist. Ich werde Dich aufs Revier mitnehmen." Seine Freundin mußte allein nach Hause gehen.

Auf dem Polizeirevier wurde er von einem anderen Polizisten so brutal geschlagen, daß er einen Zahn verlor, und danach wurde er mehrmals geohrfeigt. Er mußte eine hohe Geldstrafe für Trunkenheit am Steuer zahlen, obwohl er nüchtern war.

Er beschloß, sich einen Anwalt zu nehmen, um den Polizisten zu verklagen. War er nicht ein angesehener Erzieher? Ein farbiger Anwalt, mit dem er über diese Angelegenheit sprach, entmutigte ihn. Eine solche Klage würde erfolglos sein, und der Polizist würde sowieso alles abstreiten. Dazu käme der Skandal in der lokalen Zeitung, die von einem rassistischen Herausgeber verlegt wurde. Es würde alles falsch berichtet werden mit einer Implikation von Rassenschande. Es würde ein schlechtes Echo geben, und seine Stellung in der Schule wäre gefährdet.

Richard betonte, daß er unschuldig und Opfer einer Ungerechtigkeit sei. Der Anwalt meinte: „Als Schwarzer sind Sie in unserer Stadt schuldig — ob Sie etwas getan haben oder nicht!"

Eine Woche danach, spät in der Nacht, läutete das Telefon. Er hatte tief geschlafen und nahm den Hörer automatisch ab. Er dachte, daß jemand eine falsche Nummer gewählt hätte oder daß seine Freundin, einem plötzlichen Impuls folgend, ihn sprechen wollte. Statt dessen hörte er eine fremde Stimme: „Nigger, wenn Du so weitermachst, wirst Du nicht mehr lange leben. Laß Deine schmutzigen Pfoten von dem weißen Mädchen. Wir tolerieren keine Rassenschande in unserer Stadt." Er wußte nicht, ob er seiner Freundin von diesem Anruf erzählen sollte, aber er beschloß, ihr nichts zu sagen. Es würde nur die Beziehung komplizieren, und sie würde Angst bekommen. Der Anruf stammte wahrscheinlich von einem Fanatiker. Am besten war es, die ganze Sache zu ignorieren.

Richard bekam einige Drohbriefe. Er war sicher, daß sie von der lokalen Zweigniederlassung des Ku-Klux-Klans waren, denn der Stil war immer der gleiche. Bei den Briefen befand sich noch ein Bild von einem Mann mit Kapuze und Galgenstrick.

In der Schule hatte Richard Schwierigkeiten mit einigen weißen Lehrern, die gehört hatten, daß er eine weiße Freundin hatte. Warum blieb er nicht in seinen Kreisen? Ein weißer Kollege sagte zu ihm: „Was Sie machen, ist falsch. Rassenmischung ist eine schlechte Sache. Weiß ist weiß und schwarz ist schwarz. Ich selbst habe keine Vorurteile, aber auf die Dauer werden Sie die Ablehnung Ihrer Umwelt nicht aushalten können."

Trotzdem beschlossen die beiden, bald zu heiraten. Vorher wollte sie noch mit ihren Eltern sprechen. Es kam zu einer heftigen Auseinandersetzung. Die Eltern betrachteten die ganze Sache als eine Schande. Wie konnte ihnen ihre Tochter nur so etwas antun? Ihre Bekannten würden sie verachten, ihre Nachbarn würden sie wie Aussätzige behandeln. Sie erklärte, wie fein und edel Richard sei, daß die Eltern ihre Haltung ändern würden, wenn sie Richard erst kannten, aber sie wollten nichts davon wissen. Richard war auf keinen Fall ein gleichwertiger Partner für die Tochter. Schon der Gedanke, einen schwarzen Schwiegersohn zu haben, war ein Alptraum. Die Tochter mußte sich sofort entscheiden: entweder für die Eltern oder für ihren Liebhaber. Ihr Vater hatte schon einen Herzinfarkt gehabt. Die Mutter betonte, daß, wenn sie den Schwarzen heiraten würde, ihr Vater wahrscheinlich wieder einen Herzinfarkt bekommen würde, und das könnte seinen Tod bedeuten.

Sie wollte ihre Eltern nicht verlieren. Als sie Richard wiedersah, teilte sie ihm mit, daß eine Ehe leider ausgeschlossen wäre, aber sie könnten Freunde bleiben. Für Richard war das ein furchtbarer Schlag. Er liebte die Studentin mit ganzem Herzen. Er hatte schon so viele Pläne gemacht, wie sie gemeinsam nach Europa fliegen, in Paris leben und vieles erleben würden. Jeder Tag würde ein romantisches Abenteuer sein. Jetzt war er allein, so verlassen, wie er es noch nie gewesen war.

Sie sahen einander ein letztes Mal; er versuchte sie umzustimmen. Hatten sie nicht eine wunderbare Beziehung? Besaßen sie nicht die gleichen Interessen und Ziele? Warum konnte sie nicht die Voreingenommenheit der Umwelt, besonders die Ablehnung ihrer Eltern überwinden? Er war sicher, daß ihre Eltern ihn anders einschätzen würden, wenn er die Gelegenheit hätte, sie zu treffen. Sie erklärte: „Ich liebe Dich. Ich liebe Dich, wie ich noch niemand geliebt habe. Aber ich kann das meinem Vater nicht antun. Ich weiß, zuerst wäre alles ideal, aber dann würden die Probleme kommen. Wenn wir Kinder hätten, würden sie weder zu der einen noch zu der anderen Welt gehören. Wovon sollten wir in Paris leben? Wir müssen doch praktisch sein!“ Er sagte, daß er einen Job als Übersetzer bekommen würde, denn er sprach fließend Französisch, aber sie blieb bei ihrer Haltung.

Je mehr sie sprach, umso mehr änderte sich ihre Haltung. Gewöhnlich war sie warm und verständnisvoll, doch als sie die praktische Seite des Lebens erwähnte, kam eine gewisse Härte zum Ausdruck. Vielleicht war ihr Idealismus nur eine Maske, vielleicht hatte sie doch mehr Ähnlichkeit mit ihren Eltern, als sie selbst vermutete.

Ein halbes Jahr später traf er eine farbige Turnlehrerin, die in einer Nachbarschule unterrichtete. Sie war sehr vital und attraktiv. Zusammen spielten sie Tennis; gemeinsam machten sie viele Wanderungen. Sie kam aus einer wohlhabenden Familie, ihr Vater war Chirurg mit einer ausgezeichneten Praxis. Später würde sie etwas Geld erben. Er sah sie immer öfter. Vielleicht könnte er dadurch die weiße Studentin vergessen. Sicher hatten die beiden Frauen entgegengesetzte Eigenschaften. Die Turnlehrerin besaß weniger intellektuelle Fähigkeiten; sie betonte körperliche Fitneß, während die Studentin mehr ein ästhetischer Typ war. Aber Richard dachte, daß die körperliche Attraktion der Turnlehrerin stark genug für ein gemeinsames Leben war. Mit ihr würde es keine unüberwindlichen Probleme geben. Im Gegenteil: ihr Vater schätzte Richard sehr und behandelte ihn wie einen Sohn.

Nach einiger Zeit heiratete Richard die Turnlehrerin. Er dachte, daß er dadurch die weiße Studentin noch schneller vergessen würde. Jetzt trug er Verantwortung für seine Frau und sicherlich bald für den Nachwuchs. Immer seltener würde er dann an die Vergangenheit denken. Es würde einfach ein Erlebnis unter vielen anderen bleiben. Er war sicher, daß er seine Frau liebte.

Sie verbrachten ihre Flitterwochen in einem eleganten Hotel in Hawaii. Beide befanden sich in Hochstimmung. Es war Frühling in Hawaii; ein ideales Wetter. Jeden Tag genossen sie den Strand und schwammen im Ozean. Nachts gingen sie tanzen. Wie schön es war, mit einer Frau beisammen zu sein, die so unkompliziert war und die jeden Tag und jede Nacht genoß!

Aber dann, als sie zurückkehrten, war alles anders. Sie entpuppte sich als schlechte Hausfrau und kochte mit wenig Phantasie. Sein Appartement sah immer verwahrloster aus, denn sie hatte keinen Sinn für Ordnung.

Am meisten interessierte sie sich für Sportereignisse. Bücher schätzte sie nicht. Sie konnte nicht verstehen, wie er stundenlang lesen konnte. Auch hatten sie einen ganz unterschiedlichen Geschmack in Musik. Sie war von Rock-Musik begeistert, er bevorzugte klassische Musik.

Die Leidenschaft zwischen den beiden ließ immer mehr nach, an ihre Stelle trat endlose Langeweile. Kurz, die Ehe zerbrach. Sie verließ ihn, und bald erfolgte die Scheidung.

Er begann viel zu trinken. Zuerst war es Wein, dann Whisky. Oft kam er betrunken zur Schule. Früher kannte man ihn nur gut gekleidet; jetzt waren Flecken auf seiner Hose, und sein Hemd war schmutzig. Früher hatte er den Unterricht interessant gestaltet; jetzt bereitete er sich kaum noch vor. Meistens war er depressiv und sprach mit monotoner Stimme.

Mit seinen Kollegen pflegte er fast keinen Kontakt mehr. Sie waren alle so selbstzufrieden, während er von Zweifeln geplagt wurde. Einige versuchten ihn zu trösten, aber er wollte kein Mitleid.

Einige Schüler beklagten sich über seinen Unterricht, daß er kein Interesse für sie zeige. Ein Kollege schlug vor, daß er lange Ferien machen solle; nachher würde er alles aus einer anderen Perspektive sehen.

Der weiße Direktor der Schule betrachtete sich als sehr liberal. In der Tat, er gab Spenden für Organisationen, die den Schwarzen im Süden der USA halfen. Aber Disziplin mußte herrschen. Er warnte Richard, daß er seine Stellung verlieren würde, wenn er so weitermache und so wenig Selbstdisziplin zeige. Richard versprach, sich zu bessern.

Er fühlte sich oft wie ein alter Mann. Er bekam immer mehr graue Haare und bewegte sich sehr langsam. Er dachte an Selbstmord, aber er wußte nicht, wie er das anstellen sollte. Vielleicht gab es doch noch Hoffnung für ihn.

Er wurde immer dünner. Essen bereitete ihm keine Freude mehr. Er kochte auch nicht mehr für sich selbst, sondern aß in einer Cafeteria, wo die Mahlzeiten lieblos zubereitet wurden.

Er erhielt oft Einladungen vom Soziologieprofessor, aber Richard hatte keine Lust, den Professor zu sehen. Am liebsten verbrachte er seine Zeit daheim und hörte Platten von Bach. Die Musik von Debussy und Ravel vermied er, denn sie erinnerte ihn zu sehr an die weiße Studentin.

Abends blieb er zu Hause. Er saß im Wohnzimmer, wo auf einem Tisch das Bild der Studentin stand. Immer wieder sah er es sich an. Wie glücklich waren die beiden damals gewesen, als das Foto aufgenommen worden war! Hatten sie damals nicht gesagt, daß sie immer zusammen sein würden? Er versuchte zu lesen, aber er konnte sich nicht konzentrieren. Er war sicher, daß ohne sie sein Leben reine Vergeudung war.

Eines Abends beschloß er, sie anzurufen. Er würde sie überzeugen, daß sie zusammengehörten. Niemand konnte sie trennen. Sie war daheim. Im Hintergrund hörte er Musik und Stimmen; es klang wie eine lebhafte Party. Ihre Stimme war kalt. Sie sagte, daß sie sich entschlossen hätte, ihn nicht wiederzusehen. Er fragte, ob sie ihn vermisse. Sie sagte, daß sie manchmal an ihn dächte, aber das Leben ginge weiter; er solle sie vergessen. Dann fügte sie hinzu, daß sie nicht weiter mit ihm sprechen könne, weil sie Gäste habe. Sie legte den Hörer auf.

Er besaß keine Hoffnung mehr. Sie klang so distanziert, als ob er ihr völlig gleichgültig wäre. Hier war das Vorurteil wieder. Er spürte es in ihrer Stimme. Was sie wirklich hatte sagen wollen, war: „Du bist ein Nigger. Du mußt Deinen Platz kennen. Belästige mich nicht mehr.“ Vielleicht hatte sie schon einen neuen Freund, mit dem sie das Leben genoß. Die Party würde bis spät in die Nacht dauern. Man würde viel Alkohol konsumieren, auch viel über soziale Probleme sprechen, aber im Grunde wollte man alles beim alten lassen. Er würde in seinem Ghetto bleiben, während sie wahrscheinlich einen reichen Mann heiraten würde.

Es war alles eine Illusion gewesen — eine Illusion, durch Leidenschaft untermauert. Sie war nicht mutig genug, gegen ihre Umwelt anzukämpfen. Jetzt besaß er keine Illusion mehr. Er hatte geliebt und verloren. Seine Niederlage war total. Er trank einen Whisky nach dem anderen; bald war er vollständig betrunken. Er holte sein Auto aus der Garage. Er wollte weg von der Umgebung, weg von ihrem Bild und den Erinnerungen. Wenn er nur eine weiße Hautfarbe besäße, dann wäre alles anders, dann wäre er jetzt mit der Studentin zusammen und könnte ein gemeinsames Leben mit ihr führen. Er war so betrunken, daß sein Gesichtsfeld eingeschränkt war. Er fuhr immer schneller, bis er die Kontrolle über sein Auto verlor und gegen einen Baum raste. Er war sofort tot.

Zu seinem Begräbnis kamen nur wenige Leute. Er war kein Kirchenmitglied gewesen. Ein farbiger Pfarrer, der ihn nicht gekannt hatte, versuchte, seine Verdienste und seinen Lebenslauf zu schildern. Der Direktor seiner Schule sagte zu einem Kollegen: „Ich weiß nicht, ob Richard wirklich geeignet war, Lehrer zu sein. Er hatte nicht genug emotionale Stabilität. Wie konnte er nur in betrunkenem Zustand Auto fahren? Ein Lehrer muß sich immer beispielhaft benehmen, besonders, wenn er Mitglied einer Minderheit ist.“

Der Kollege, der Richard vor einer Verbindung mit dem weißen Mädchen gewarnt hatte, sagte zu einem Freund: „Richard war zu ehrgeizig. Er war nicht zufrieden, eine gute Stellung mit einem gesicherten Einkommen zu haben. Er wollte in einer Welt leben, zu der er nicht gehörte. Sein Ende war voraussehbar."

Richards ehemalige Gattin war nicht zum Begräbnis gekommen. Sie nahm an einem Seminar für Turnlehrerinnen teil. Thema des Seminars war, wie man den Turnunterricht schöpferischer gestalten konnte. Sie war betroffen, als sie die Nachricht von seinem Tode erhielt, aber im Grunde genommen war er ein Fremder für sie. Die Flitterwochen in Hawaii waren sehr schön gewesen, aber danach war alles grau. Sie war froh, daß sie geschieden war.

Die weiße Studentin fühlte sich zuerst schuldig. Es war alles so traurig. Aber sie hatte die richtige Entscheidung getroffen. Richard bedeutete nur eine Episode in ihrem Leben. Sie hatte einen neuen Liebhaber. Leider konnte sie mit ihm nicht über Richard sprechen, weil er voll von Vorurteilen gegen Schwarze und andere Minderheiten war. Er würde nie verstehen, daß sie einen Schwarzen hatte heiraten wollen. Ihr neuer Liebhaber, Besitzer eines großen Supermarktes, war weniger leidenschaftlich als Richard, aber mit ihm würde sie ein luxuriöses Leben in einer Villa führen. Leidenschaft war schön, aber Luxus war noch besser. Ihr Vater, Abstinenzler und geachtetes Mitglied der Baptisten-Kirche, las über Richards Tod in der lokalen Zeitung. Die Nachricht bereitete ihm Freude. Er sagte zu seiner Frau: „Wir haben recht gehabt. Dieser Mann taugte nichts. Unsere Tochter wird uns immer dafür dankbar sein, daß wir sie vor einem schrecklichen Schicksal bewahrt haben. Nichts ist schlimmer als Alkoholismus. Gott sei Dank, ein betrunkener Nigger weniger!"

14. Die heilende Kraft

David war ein Musterschüler. In der Schule war er gut vorbereitet und wußte fast immer die Antworten auf die Fragen des Lehrers. Er las viel; für Sport hatte er weder Lust noch Zeit. Nur im Turnunterricht bekam er schlechte Noten. Sehr früh in seinem Leben beschloß er, Arzt zu werden. Er hatte viel über Pasteur gelesen. Wie der französische Arzt wollte er Menschen heilen und weltberühmt werden.

Seine Mutter war Witwe. Ihr Mann war gestorben, als David noch ein kleines Kind war. Sie lebte nur für ihren Sohn; Männer interessierten sie nicht. Sie besaß nur einen Wunsch: die beste Mutter zu sein; und David sollte eine große Karriere machen. Ihre Bekannten würden sie beneiden, daß sie einen Sohn hatte, der Arzt war. Sie hatte keine Zweifel: David würde das schwierige Medizinstudium spielend schaffen.

Zwischen Sohn und Mutter bestand eine enge Verbundenheit. David erklärte immer wieder, wie dankbar er seiner Mutter wäre. Hatte sie nicht sehr viel für ihn getan? Verwöhnte sie ihn nicht in jeder Hinsicht? Ihre Pension war klein — ihr Mann war ein unbedeutender Beamter beim Finanzamt gewesen —, sie trug alte Kleider, aber für David war das Beste kaum gut genug. Er sollte immer tadellos aussehen und sein Leben genießen.

Um sein Medizinstudium zu finanzieren, mußte sie sich Geld ausborgen; dadurch war sie gezwungen, noch mehr zu sparen. Sie lebte nach einem strengen Budgetplan. Sie vernachlässigte ihr Äußeres und sah mit 45 wie eine alte Frau aus.

David verfügte über ein großartiges Gedächtnis; das Studium fiel ihm leicht. Er promovierte mit den höchsten

Ehren. Seine Mutter sah sich am Ziel ihrer Träume. Aber die Beziehung zwischen den beiden änderte sich, als er ihre Hilfe nicht mehr brauchte. Meistens hatte er reiche Freunde und schämte sich für seine Mutter, die so schlecht aussah und in einer armseligen Wohnung lebte. Wenn sie ihn sehen wollte, hatte er schnell eine Entschuldigung bei der Hand; er mußte so viel im Spital arbeiten und sich Tag und Nacht seinen Patienten widmen.

Durch Zufall traf er eine sehr reiche Frau — für arme Frauen brachte er kein Interesse auf —, und er fand sie äußerst anziehend. Sie war älter als er und schon einmal verheiratet, aber das bedeutete kein Hindernis für ihn. Nach einiger Zeit lebten sie zusammen, und er genoß den Luxus, den die reiche Frau ihm bot. Aber sie war sehr bestimmend und launenhaft. Auch sexuell klappte es zwischen den beiden nicht besonders gut. Sie beklagte sich, daß bei ihm alles zu schnell ginge. Er erwiderte, daß er primär Wissenschaftler sei und nicht professioneller Liebhaber. Sie gab ihm zu verstehen, daß er im Bett ein Versager sei, und erzählte ihren Freundinnen über seine Ungeschicklichkeit. Bald ging die Beziehung zu Ende. David beschloß, sich nur noch mit Frauen zu liieren, die sich unterordneten und die seine Fähigkeiten auf *jedem* Gebiet schätzten.

Als Arzt war er erfolgreich. Sein Gebiet war die psychosomatische Medizin. Seine Untersuchungen machte er sehr gründlich. Immer fand er gewisse Probleme bei den Patienten und betonte, daß er in der Lage wäre, diese zu meistern. Mit seiner tiefen, sympathischen Stimme erschien er sehr aufrichtig. Er erzählte den Patienten, er bildete sich Tag und Nacht fort, um ihnen helfen zu können. Seine Behandlung der reichen Patienten war besonders sorgfältig. Er betonte immer wieder, daß sie ihn jederzeit anrufen könnten, daß er für sie immer erreichbar wäre. Oft hörte man über ihn, daß er sehr menschlich wäre und alles für seine Patienten opferte. Für die armen Patienten hatte er weniger Zeit. Meistens bekamen sie Beruhigungspillen oder andere Medikamente. Ihnen gegenüber zeigte er sich weniger zuvorkommend. Mit älteren reichen Frauen wußte er besonders erfolgreich umzugehen. Er versicherte ihnen immer wieder, wie gut sie aussähen und wie geschmackvoll sie gekleidet wären. Wenn er ihr Alter erfuhr, bemerkte er, daß sie in Wirklichkeit viel jünger wirkten. Er nahm ihre Beschwerden ernst und verlor nie die Geduld mit ihnen. Wenn die Frauen besonders viel Geld besaßen, schickte er ihnen Blumen mit einer kleinen Widmung. Das Resultat war, daß sie zu seiner Ordination kamen, auch wenn sie keine echten Beschwerden hatten. Mit ihm konnten sie so offen über ihre seelischen Probleme sprechen. Wie er sich auf ihre Probleme konzentrieren konnte! Wie klar und weise er alles sah! In der Tat, einige ältere Damen bemerkten, daß er nicht nur Arzt, sondern auch Seelsorger war. Daß seine Honorare sehr hoch waren, störte sie nicht.

Er machte seinen Patientinnen klar, daß das Honorar zum Teil für seine Forschungsarbeiten bestimmt war. Jeder wußte, wie teuer Forschung war und wie viele komplizierte Geräte dafür gebraucht wurden. Er deutete an, daß er an der Beziehung zwischen psychosomatischen Krankheiten und der Entwicklung von Krebs arbeitete — ein äußerst wichtiges Unterfangen. Die Patientinnen waren von seiner Hingabe und Sorge um die Zukunft der Menschheit zutiefst beeindruckt.

Von einer 90jährigen, sehr reichen Patientin erbte er nach ihrem Tod $ 30.000,-. Sie wollte damit seine wissenschaftliche Arbeit unterstützen. Für das Geld kaufte er sich ein Luxusauto. Er dachte immer wieder, daß er sich der Forschung widmen wollte, aber dies hätte Einbußen für sein Einkommen bedeutet; auch war er nicht sicher, ob er wirklich einen wissenschaftlichen Beitrag leisten konnte. In einem Labor zu arbeiten, war viel weniger interessant, als Patienten zu betreuen und ihre Bewunderung zu genießen.

Einer seiner Freunde war ein tüchtiger, aber äußerst geldgieriger Chirurg. Dieser spezialisierte sich auf „Vorbeugungsoperationen“. David schickte ihm viele Patienten. Der Chirurg und David besaßen eine Abmachung, so daß David immer einen Teil des Honorars für die Operation bekam. Dadurch vediente David immer mehr Geld. Durch den Rat eines Patienten, eines Börsenmaklers, investierte er in Rüstungsaktien, was sich als sehr profitabel für ihn herausstellte.

Er zahlte immer mehr Steuern und war deshalb wütend. Die Regierung, so dachte er, nahm das Geld der Tüchtigen, um die Parasiten der Gesellschaft zu unterstützen. Er fand einen ausgezeichneten Steuerberater, der immer wieder neue Wege entdeckte, wie man die Steuerbestimmungen umgehen und so viele Ausgaben wie möglich abschreiben konnte. David las die Börsenberichte und Prognosen mit noch mehr Anteilnahme als die medizinischen Fachzeit-schriften.

In seiner Ordination hatte er eine Assistentin, die besonders tüchtig und attraktiv war. Sie zeigte sich von seinen Fähigkeiten beeindruckt. Er war von ihr sehr angetan und erwägte, ob er mit ihr ein Verhältnis beginnen sollte. Leider gehörte sie nicht zu den vermögenden Leuten. David beschloß, vernünftig zu sein und distanziert mit seiner Assistentin umzugehen.

David wohnte in einem teuren Appartement. Er hatte viele Freunde und Freundinnen und war ein gerngesehener Gast bei den Parties der Reichen. Für seine Mutter fand er kaum Zeit. Er erklärte ihr immer wieder, daß er durch seine große Praxis völlig in Anspruch genommen wäre. Sie brauchte dringend Geld, aber sie war zu schüchtern, um ihren Sohn um Unterstützung zu bitten.

Durch Zufall traf David bei einer Party einen Reporter, der betonte, daß ein sehr breites Publikum an psychosomatischen Problemen interessiert sei. Ein populäres Buch über konstruktives Denken würde sehr erfolgreich sein. David erwiderte, über keine schriftstellerischen Fähigkeiten zu verfügen, worin der Reporter jedoch kein Hindernis sah. Er selbst würde das Buch schreiben; sie würden gemeinsam die Hauptideen und Konzepte des Buches besprechen. David würde offiziell als Autor gelten, und der Reporter würde 60% der Tantiemen bekommen.

Das Buch war schnell geschrieben und ein voller Erfolg. Immer öfter wurde David nun zu Fernsehsendungen eingeladen. Ständig gab es Interviews mit ihm. Auch schrieb er Artikel für populäre Zeitschriften. David beriet viele Eltern, die Schwierigkeiten mit ihren Kindern hatten, besonders auf dem Gebiet der Drogensucht. Er war auch eine Autorität bei Problemen der modernen amerikanischen Frau. Oft sprach er bei Tagungen, bei denen die Manager der Großindustrie zusammenkamen. David erklärte ihnen, wie sie ihren Streß abbauen könnten. Er wurde wegen seines umfangreichen Wissens und seiner Menschlichkeit viel bewundert. Besaß er nicht Verständnis für die große Verantwortung der Führungskräfte in der Industrie? Wurden sie nicht oft mißverstanden, besonders von ihren Familien? Einige gewann er als Patienten. Von ihnen verlangte er ein besonders hohes Honorar.

Manchmal sprach er bei Tagungen der hohen Offiziere der US-Armee. David zeigte sich als Patriot und beteuerte immer wieder, daß die Vereinigten Staaten niemals abrüsten und daß sie nur durch Stärke ihre Mission erfüllen könnten. Die Offiziere fanden den Arzt äußerst interessant und bewunderten seine Haltung. Davids Lieblingsthema vor den Offizieren war Angst im atomaren Zeitalter. Er betonte, daß die US-Offiziere die Lage viel besser kannten als der gewöhnliche Bürger. Sie würden die USA schon richtig verteidigen. Wenn sie Milliarden für die Weltraumrüstung forderten, so wäre das ein sicheres Fundament für die Zukunft. Überhaupt, so betonte David, war die Angst vor dem Weltuntergang ein permanentes Phänomen in der Geschichte. Er erzählte, wie diese Angst schon im alten Ägypten bestanden hatte und wie weit sie im Mittelalter verbreitet gewesen war. Er empfahl ein Leben des Vertrauens — besonders Vertrauen in die Weisheit und Tüchtigkeit der US-Armee.

David wurde immer wohlhabender. Er kaufte sich eine große Villa mit Schwimmbecken und Tennisplatz. Dort hatte er auch seine Ordination. Dienstboten sorgten für sein Wohlergehen; dazu kamen noch Chauffeur und Gärtner. Manchmal fühlte er sich trotz Reichtum und Erfolg einsam. Eine Patientin, die auch reich, aber sehr melancholisch war, interessierte ihn besonders. Mit ihr verbrachte er viel Zeit. Sie gehörte zu einer bekannten Familie, die schon seit zwei Jahrhunderten wohlhabend war. Sie lebte allein, denn sie hatte keine Eltern mehr und auch keine Geschwister. Sie besaß Vertrauen zu David als Arzt und Mann. Er glaubte, daß sie ihn gut ergänzen und glücklich machen würde. Einige Monate später heirateten sie. Das Hochzeitsfest gestaltete sich zu einem großen Ereignis. 500 Gäste waren geladen. Drei Bands spielten. Es war ein Fest für die Top Society. Industriemanager und Generäle, Politiker und prominente Schauspieler waren dabei. Seine Mutter hatte David nicht eingeladen. Er erklärte seiner Frau, daß seine Mutter krank und ein solches Fest für ihre Gesundheit schädlich wäre.

Nun besaß David alles, was er sich je gewünscht hatte.

Eine begehrenswerte Frau, eine elegante Villa und eine ausgezeichnete Praxis. Auch als Schriftsteller war er bekannt. Doch auf diesem Gebiet gab es Schatten in seinem Leben. Der Reporter verlangte immer mehr Geld von ihm, sonst würde er enthüllen, daß David nicht der Autor des Buches sei. Dies war eine Erpressung, aber David zahlte, um seine Reputation nicht zu ruinieren. Die Gesundheit des Reporters war angeschlagen; er war Alkoholiker und hatte Probleme mit dem Herzen. Eines Tages starb er an Herzversagen, als er eine Straße überqueren wollte. David brauchte nun kein Geld mehr zu zahlen.

Er genoß seine Tätigkeit als Arzt. Es war wunderbar, keine echten Probleme zu haben und sich erhaben über andere zu fühlen. Wie interessant war es, die Seele der Patienten zu erforschen und so viele von ihren intimsten Geheimnissen zu erfahren! Er betonte immer wieder, wie wichtig es sei, ehrlich zu bleiben. Vor ihm sollte man keine Hemmungen haben, denn je mehr er erfuhr, umso besser konnte er helfen. In der Tat, sein einziger Zweck bestand darin, Beistand zu leisten. War er nicht Arzt geworden, um das Leiden der Menschen zu lindern? Manchmal glaubte er selbst an seinen Idealismus, so berauscht war er von seiner Eloquenz und Überzeugungskraft.

In seinem Verhalten war er wie ein perfekter Gentleman, immer sorgfältig gekleidet. David konnte es nicht verstehen, daß einige Kollegen wie Hippies aussahen. Das war doch keine Methode, um Vertrauen zu schaffen. Erwarteten die Patienten vom Arzt nicht eine tadellose Kleidung? War nicht absolutes Vertrauen in den Arzt wichtig? War er nicht in vieler Hinsicht wie ein Geistlicher, der weit über den trivialen Problemen stand?

David benützte seine Stimme in einer besonders effektiven Weise. Er sprach in einem eindringlichen Ton, doch gleichzeitig gab er sich sanft. Die Patienten fühlten, wie gut er sie verstand; er strahlte ein Gefühl der Hoffnung aus und konnte, wenn nötig, auch gut trösten. Dann klang seine Stimme salbungsvoll, als ob er eine Predigt hielte. In Wirklichkeit dachte er oft über die Höhe des Honorars nach, das er verlangen konnte.

David war besonders wegen seiner Vorträge über das Alter bekannt. War das Alter nicht eine Phase des Lebens, in der man die inneren Kräfte voll entwickeln und eine universelle Pespektive haben konnte? Wie die meisten alten Menschen in den USA lebten — arm, verbittert und einsam —, davon hatte er keine Vorstellung. Die alten Menschen in seinem Bekanntenkreis gehörten zu den Vermögenden und wurden von ihren Erben umsorgt. Ein Kollege Davids schlug ihm vor, die realen Probleme der Alten kennenzulernen: Ein Pflegeheim wäre dafür der richtige Ort. Dort könnte David auch medizinisch wirken. David besuchte also das Pflegeheim. Er war entsetzt, wie schmutzig es war; er konnte den Gestank kaum aushalten. Die Pfleger waren lieblos, die Ärzte überfordert. Viele Patienten hatten schon den Kontakt mit der Wirklichkeit verloren und irrten in den Gängen umher. Die Verpflegung war nicht besser als in einer Strafanstalt. Er dachte, wenn er im Heim Dienst leistete, würden die Zeitungen über seine selbstlose Tätigkeit berichten. Doch er kam zu der Einsicht, daß die Arbeit im Heim zu wenig geschätzt würde. Was konnte er schon erreichen? Was er auch machte, war zu wenig und stellte eine Vergeudung seiner wertvollen Zeit dar.

David hatte viel Sympathie für die Schwächen seiner Patienten. Seine Kollegen zeigten sich weit weniger tolerant; so betonten sie beispielsweise, was für einen schädlichen Einfluß übermäßiger Alkoholgenuß und Rauchen auf die Gesundheit ausübten; einige seiner Kollegen waren sogar Abstinenzler. Die Patienten waren fast nie stark genug, um Rauchen und Alkohol ganz aufzugeben und zeigten sich — bewußt oder unbewußt — über den Arzt verärgert, weil er ihren Lebensgenuß schmälerte. David empfahl seinen Patienten, sich im Rauchen und Alkohol etwas einzuschränken, ohne dabei extrem zu sein. In der Tat, er unterstrich, daß guter Wein die Gesundheit förderte.

Immer wieder empfahl er Fitneßtraining. Er erzählte, daß er sich ständig körperlich betätige. Diese Behauptung entsprach nicht ganz der Wahrheit, denn außer Saunabesuchen tat David nichts, um seinen Körper zu stärken. Aber er dachte, daß ein Arzt nicht unbedingt nach seinen eigenen Ratschlägen leben mußte. Die Hauptsache war, daß die Patienten an ihn glaubten.

David zeigte nie Unsicherheit in seinen Diagnosen. Er wußte, daß eine solche Haltung den Patienten nur verwirren und den Heilerfolg schmälern würde. Ein Patient war wie ein Kind, das mit Autorität geführt werden mußte. David benützte viele komplizierte Fachausdrücke als Zeichen seiner umfassenden Bildung. Die Patienten sollten sofort begreifen, daß sie einem außerordentlichen Gelehrten gegenübersaßen und sie das Privileg genossen, von ihm behandelt zu werden. Er erzählte immer wieder, wie viele Patienten aus anderen Ländern zu ihm kämen und wie oft er von ihnen Ferngespräche erhielte. Er wollte noch mehr international wirken, aber leider mußte er sich selbst beschränken.

Wie viele seiner Kollegen stellte er sich gegen eine nationale Gesundheitsversicherung. Er erklärte immer wieder, ein solcher Schritt würde die USA untergraben. Für ihn bedeutete die Medizin einen Teil des freien Unternehmertums. Die Tatsache, daß so viele Patienten wegen der hohen Arztkosten verarmten, berührte ihn nicht . Daß die Kindersterblichkeitsrate in den Slums der USA mit der eines Entwicklungslandes vergleichbar war, fand er nicht beunruhigend. Hauptsache, die Kinder der Wohlhabenden erhielten die beste medizinische Betreuung. Für David bedeutete kostenlose medizinische Betreuung hinausgeworfenes Geld. Er war sicher, daß der Patient die Behandlung umso mehr schätzen und schneller gesund würde, je mehr er dafür zu bezahlen hatte. Mit dieser Philosophie unterstützte David alle Organisationen und Politiker, die keine Änderung der medizinischen Vorsorge in den USA tolerieren wollten und die alle progressiven Bemühungen mit jedem Mittel bekämpften.

David kamen nie Zweifel über seine Tätigkeiten und Gefühle. Auch die Art, wie er seine Mutter behandelte, bereitete ihm keinerlei Gewissensbisse. Als sie starb, vergoß er keine Träne. Sicher, sie hatte ihm geholfen, aber dadurch, so argumentierte er, hatte ihr Leben einen Sinn bekommen. Er konnte sich ihr nicht widmen, denn sie gehörte nicht zu seiner sozialen Schicht — und sie war langweilig. David betonte immer wieder, daß man nicht in der Vergangenheit leben konnte; nur die Zukunft zählte. Er selbst lebte für die Zukunft. Dankbarkeit war für ihn ein Fremdwort . . .

David war so sehr von seinen vielen Tätigkeiten in Anspruch genommen, daß die Flitterwochen aufgeschoben werden mußten. Dauernd war er unterwegs: Vorträge, Tagungen und dringende Patientenbesuche in vielen Teilen der USA. Er war so selten daheim, daß er sich fast als Gast fühlte.

Während der verspäteten Flitterwochen unternahmen David und seine Frau eine Reise durch Europa. Meistens logierten sie in einer Suite in den besten Hotels. Während seine Frau sich besonders für Museen interessierte, sprach David mit vielen Kollegen. Er wollte mehr über die neuesten Behandlungsmethoden auf seinem Gebiet erfahren. Mehrmals wurde er von Journalisten interviewt, besonders zum Thema Angst im atomaren Zeitalter. David betonte immer wieder, daß die USA Europa schützen würden und daß die Angst vor der Vernichtung der Menschheit unbegründet sei. Seine Frau wünschte sich, daß er sich mehr für Kultur interessiere, aber er erklärte, daß er sich der Wissenschaft widme und sich daher dauernd weiterbilden müßte.

David konnte es nicht erwarten, wieder in seine Praxis zu kommen. Er war ein unermüdlicher Arbeiter; zu viel Freizeit langweilte ihn. Auch den engen Kontakt mit seiner Frau fand er ermüdend. Überhaupt konnte er auf die Dauer Frauen in seiner Nähe nicht ertragen. Sie wollten immer etwas, was er nicht geben konnte. Seine Frau bildete in dieser Hinsicht keine Ausnahme. Sie wollte immer wieder hören, wie sehr er sie liebe und brauche. Wenn er mit ihr sprach, dachte er oft über medizinische Probleme nach und über die Frage, ob er sein Geld auch optimal angelegt habe.

Einige Zeit nach den Flitterwochen kamen ihre Depressionen wieder. Sie empfing keine Gäste in der Villa und hatte keine Lust, mit David auszugehen. Oft blieb sie tagelang im Bett, im verdunkelten Zimmer. Sie aß sehr wenig und verlor an Gewicht. David war nun nicht mehr der sympathische Arzt. Er erklärte ihr, sie hätte einfach keine Selbstdisziplin und solle sich zusammennehmen.

Mit seinen Patienten ging er gewöhnlich sehr einfühlsam um. Wenn er bei wissenschaftlichen Tagungen über Depression sprach, betonte er, wie sehr sich der Arzt dem Patienten widmen sollte, denn die Gefahr eines Selbstmordes wäre ständig gegeben. Der Patient sollte fühlen, daß er sich völlig auf den Arzt verlassen konnte, daß jemand da war, um mit ihm alle Probleme zu erörtern. Doch David kritisierte seine Frau dauernd, daß sie sich vernachlässige und fast wie ein Skelett aussehe und obendrein die Dienstboten nicht richtig beaufsichtige. Sein Ton ihr gegenüber wurde immer schärfer. Er fing an, sie anzuschreien, worauf sie einen Weinkrampf bekam. Dann änderte er seine Haltung wieder und entschuldigte sich, daß er überarbeitet und dadurch gereizt sei. Er fragte sich, warum er sie überhaupt geheiratet hatte. War es nicht besser, Junggeselle zu sein und keine Verantwortung für jemanden zu tragen? Als Arzt sprach er immer wieder davon, wie wichtig ein starkes Verantwortungsgefühl sei und daß ohne diese Haltung der Mensch immer infantil bleiben würde. Doch das war mehr eine Theorie, die für ihn nicht galt. Er wollte ein unbekümmertes Leben mit gesunden Menschen, die nicht viel von ihm verlangten.

Er tröstete sich mit mehreren Freundinnen. Er war froh, daß er nicht mit ihnen leben mußte. Wenn sie Probleme hatten, konnte er als Wisssenschaftler helfen. Sie brauchten keine dauernde Zuwendung. Sex mit ihnen entspannte ihn. Es war wie ein Saunabesuch — nur kürzer. Dadurch konnte er seine Frau vergessen und sich mit mehr Gleichgewicht seiner Arbeit widmen.

Seine Frau begriff, wie wenige gemeinsame Interessen sie teilten. Sie wollte ein ruhiges Leben führen, während er immer etwas Neues suchte und ohne Parties nicht existieren konnte. Sie war sicher, daß sich mit Geduld und Verständnis ihr Zustand bessern würde, aber David war lieblos. Er verschrieb ihr Medikamente, die ihren Zustand nicht verbesserten.

David wurde als Vortragender immer begehrter. Er hielt Vorlesungen über Probleme der psychosomatischen Medizin in einigen Städten Lateinamerikas. Er blieb in den besten Hotels und vergnügte sich in vielen Nachtklubs. Für die sozialen Probleme in Lateinamerika hatte er kein

Verständnis. Es wäre ein Fehler, so betonte er immer wieder, Politik und Wissenschaft zu mischen.

Er rief seine Frau fast jeden Abend an und versicherte ihr, wie sehr er sie vermisse und wie einsam er sei. Schade, daß sie nicht bei ihm sein könne. Er bemerkte, daß er den ganzen Tag in seinem Zimmer verbringe, um Fachzeitschriften zu lesen und seine Reden zu überarbeiten. Er betonte, er sei ganz sicher, daß sich ihre Depressionen bald bessern würden, so daß sie gemeinsam eine lange Reise unternehmen könnten. Sie sollte konstruktiv denken und nie ihre Zuversicht verlieren. Es klang wie ein Absatz aus seinem Buch.

David verfaßte einige wissenschaftliche Artikel. Darin fanden sich keine originellen Gedanken, aber er verstand es, die Ideen anderer Gelehrter sehr gut zusammenzufassen. Ein Assistent an einer lokalen Universität, der einen ausgezeichneten Stil hatte, half ihm bei der Arbeit. Bald gab David dem Assistenten nur noch die Grundgedanken für einen Artikel. Das Arrangement ähnelte dem beim Verfassen des Buches, doch diesmal brauchte David keine Angst vor einer Erpressung zu haben.

Eines Nachts, als David von einer internationalen Tagung heimkam, fand er seine Frau im Swimming-pool; sie hatte mit einer Überdosis Schlaftabletten Selbstmord verübt.

David spielte die Rolle des untröstlichen Witwers. Seinen Bekannten erklärte er, wie wunderbar seine Frau und wie tiefgreifend ihre Sensibilität gewesen sei, daß er alles getan hätte, um ihr zu helfen, aber daß leider ihre ganze Familie depressiv sei.

Die Patienten und Bekannten Davids bewunderten seine „heroische" Haltung. Er war doch selbst so sensibel und litt mit allen, die Kummer hatten. Er mußte sich doch schonen, um für die Menschheit weiterarbeiten zu können.

Als David das Testament seiner Frau sah, war er schockiert. Sie hatte ihr ganzes Vermögen den Blinden hinterlassen. David konsultierte seine Anwälte. Er war sicher, daß seine Frau nicht mehr zurechnungsfähig gewesen war. Sonst hätte sie ihm alles vermacht. Obwohl er reich war, wollte er auch das Geld seiner Frau erben ...

In den USA gibt es jedes Jahr fast 3 Millionen unnötige Operationen, die die Patienten Unsummen kosten. Tausende Patienten sterben durch die Operationen. David leistete dazu seinen Beitrag. Immer noch schickte er viele Patienten zu dem Chirurgen und zu anderen Operateuren — auch wenn die Patienten keine Operation brauchten. Man konnte nie vorsichtig genug sein. David bekam die Hälfte des Honorars. Wenn die Patienten starben, dann hatte die Wissenschaft versagt; wenn sie überlebten, dann waren sie David für seine Vorsorge dankbar. Er machte viele Spitalbesuche, meistens bei den reichen Patienten. Wie mitfühlend war doch David! Wie positiv seine Haltung! Schon seine Stimme besaß heilende Kraft!

Eine Fußnote: Wir dürfen den Zustand der US-Medizin nicht nur nach Davids Werdegang beurteilen. Die medizinische Forschung wird dort sehr gefördert. Es gibt in den USA mehr Nobelpreisträger der Medizin als in anderen Ländern. Doch das eigentliche Problem in den USA ist — wie fast überall —, daß das Menschliche vernachlässigt wird. Eines ist sicher: Ohne mehr Menschlichkeit wird jeder Fortschritt begrenzt sein.

ABSCHNITT III

15. Die Opportunisten

In meinem Roman *Web of Hate* (Verstrickt in Haß) habe ich die Existenz des Karl Holzhauer (45) zu schildern versucht. Er überdenkt im Jahr 1960 die schwierigen Jahre nach dem Krieg, wie arm er damals gewesen war und wie er kaum für seine Frau Anna hatte sorgen können. Wie angenehm ist dagegen der Wohlstand, wie großartig ist es jetzt, als angesehener Fabrikbesitzer vermögend zu sein! Doch er ist sehr unzufrieden. Seine Haltung und die seiner Bekannten ist zwiespältig in ihren moralischen Grundauffassungen — ein Zeichen dafür, daß die Vergangenheit verdrängt und keinesfalls überwunden ist.

*

Winter 1945 — die Armut und die Entbehrungen von damals erscheinen mir heute unwirklich, wie Szenen aus einem Theaterstück . . .

Ich fand ein Zimmer im westlichen Teil Frankfurts. Die Inhaberin verlangte einen unangemessen hohen Preis, aber ich beklagte mich nicht. Das Haus, das ursprünglich für drei Familien geplant war, beherbergte nun acht, unter ihnen eine Flüchtlingsfamilie aus Ostpreußen mit einem zwei Monate alten Kind.

Es gab keine Kohle, um das Zimmer zu heizen, und eines der Fenster war zerbrochen. Ich dichtete das Fenster mit Pappe ab, aber in der Nacht war es sehr kalt. Ich teilte das Badezimmer mit sechs anderen; es gab kein warmes Wasser, und das Licht war kaputt. Trotzdem war ich nicht entmutigt, denn Anna würde ja bald nach Hause kommen, und alles würde anders werden.

Als Anna dann kam, war sie noch ziemlich schwach, und

der Arzt verordnete ihr eine Woche Bettruhe. Ich hatte den Boden gewachst und einen neuen Tisch gekauft. Das Zimmer sah fast wohnlich aus.

Endlich fand ich eine Anstellung als Sekretär im Steuerressort der Stadt. Ich haßte die Arbeit: das Zahlenaddieren, das Anhören von Beschwerden, das Herumsitzen hinter dem Schreibtisch den ganzen Tag. Manchmal hatte ich starke Kopfschmerzen. Da Anna immer noch schwach war, erledigte ich unsere Einkäufe und stand oft stundenlang Schlange, um Brot oder Kartoffeln zu bekommen.

Annas Zustand besserte sich monatelang nicht. Gelegentlich hatte sie morgens Ohnmachtsanfälle. Ich wollte, daß sie zum Arzt ginge, aber sie sagte, wir sollten nicht unnötig Geld verschwenden. Schließlich gab sie nach. Der Arzt wohnte im alten Teil Frankfurts, was für sie eine Ganztagsreise bedeutete. Sie verließ das Haus um elf Uhr vormittags, war jedoch noch nicht zurück, als ich von der Arbeit kam.

Ich trug meinen Mantel im kalten Zimmer. Ich fühlte mich hungrig und stellte mir vor, wie schön es wäre, wenn wir ein Steak zum Abendessen hätten. Ich konnte den würzigen Geruch in der Nase spüren. Seit ich aus Frankreich zurück war, hatte ich kein Steak mehr gesehen. Hier hatten wir zwei Mahlzeiten am Tag mit Suppe, und abends gab es Kartoffeln.

An diesem Tag fühlte ich mich besonders niedergeschlagen. Es war nicht nur der Hunger oder das schäbige Zimmer oder Annas Zustand; unsere Umgebung in Frankfurt war fast gänzlich zerstört, mit Frauen auf den Straßen, die die Trümmer wegschafften, mit Menschenmengen, die stundenlang auf Fleisch oder einen Laib Brot warteten, mit einbeinigen oder einäugigen Soldaten, mit halbverhungerten Kindern, die oft zu schwach waren, um in die Schule gehen zu können, mit Häusern, in denen acht statt drei Familien wohnten; andererseits gab es Leute, die aus der Situation Profit schlugen und am schwarzen Markt mehr verdienten als je zuvor.

Anna kam um sechs Uhr herum nach Hause. Glücklicherweise hatte sie ein Kilo Kartoffeln erstehen können.

Ich befragte sie über ihren Arztbesuch. Sie vermied meinen Blick. „Es geht mir gut. Kein Grund zur Beunruhigung."

Ich wußte, daß sie irgendetwas verschwieg. „Ich glaube Dir nicht", sagte ich, „was hat er wirklich gesagt?"

Sie starrte mich gespannt an.

„Ich bekomme ein Kind."

Ich sagte kein Wort. Ich dachte an das Geld, das ein Kind kosten würde, wo ich doch kaum Anna ernähren konnte. Es würde mehr Arztrechnungen geben und dann die Ausgaben für Kleidung und Lebensmittel. Ich machte mir selbst Vorwürfe, nicht genug aufgepaßt zu haben. Vielleicht würde Anna abtreiben.

„Du scheinst aber nicht sehr glücklich zu sein." Annas Stimme klang angespannt.

Ich nahm sie in meine Arme. „Die Zeiten sind so unsicher", sagte ich. „Es ist keine gute Zeit, um ein Kind zu bekommen."

„Wir werden es schaffen", sagte sie. „Ich werde arbeiten gehen, wenn es nötig ist."

Mein Stolz war verletzt. „Ich werde genug Geld verdienen. Mach Dir keine Sorgen. Du wirst nicht verhungern."

Ich war total verwirrt. Es war eine schreckliche Zeit, um ein Kind zu bekommen.

Wir sprachen über andere Dinge. Ich wußte, daß Anna gekränkt war, aber ich konnte nichts dagegen tun.

Nach dem Abendessen ging ich spazieren. Amerikanische Stabsfahrzeuge fuhren vorbei, und Militärpolizisten patrouillierten in den Straßen. Eine Prostituierte wollte mit mir ins Geschäft kommen; sie sah aus, als käme sie aus gutem Haus. Sie sagte mir, daß sie vor dem Krieg Musik studiert habe. Wir gingen einige Häuserblocks miteinander. Ich erzählte ihr, daß ich verheiratet sei. Sie sagte, daß ihr Mann in der Nähe von Smolensk gefallen sei und daß ihr Leben seit damals zerstört und es ihr gleichgültig sei, sie werde ihr Glück bei einem amerikanischen Soldaten versuchen, weil sie ein warmes Zimmer und eine Packung Zigaretten wolle.

Als ich nach Hause zurückkehrte, dachte ich noch immer an sie. Anna war noch wach. Ihre Stimme klang beherrscht, als sie zu mir sagte: „Wenn Du das Kind nicht willst, werde ich abtreiben. Vielleicht wäre es besser so."

„Wir werden das Kind haben", sagte ich.

Ich merkte, wie erleichtert sie war. Ich war noch immer bestürzt. Ich mußte einen besseren Posten finden, aber es war schwer, Arbeit zu bekommen.

Anna ging zu Bett, während ich noch die Abendzeitung las. Aus einem Raum drang das ununterbrochene Geschrei des Flüchtlingssäuglings herüber. „So wird das Tag und Nacht sein", dachte ich.

Ich entkleidete mich lautlos, um Anna nicht zu wecken. Der Wind rüttelte am Fenster. Mir war kalt, und ich fühlte mich niedergeschlagen, da ich nicht wußte, wie ich für meine Familie sorgen sollte . . .

Winter 1945 — als ich Major Geilhardt wieder traf . . . Ich ging die Kaiserstraße entlang, als ich hinter mir eine Stimme hörte. Es war Geilhardt. Er sah in seinem neuen braunen Anzug sehr elegant aus. Er sah älter aus, er war fast ganz grau geworden. Wir begrüßten einander.

„Ich dachte, Du wärst noch immer in Rußland", sagte ich.

Ich kam mir neben ihm schäbig vor.

„Ich hatte Glück", sagte er. „Es war ein Wunder, daß ich überlebt habe. Du kannst Dir die Bedingungen in unserem Lager nicht vorstellen. Wir waren alle Offiziere, aber wir mußten Tag und Nacht arbeiten. Wir bekamen nur zweimal am Tag zu essen. Ich hatte seit meiner Kindheit keine körperliche Arbeit mehr verrichtet. In der ersten Woche bat ich um eine Vorsprache beim Kommandanten. Ich protestierte, daß die Behandlung, die wir erfuhren, das Genfer Abkommen verletze. Er sah mich nur an und fragte mich, ob ich Nazi sei. „Natürlich nicht", antwortete ich. Ich weiß, daß er mich getötet hätte, wenn ich ja gesagt hätte. Er erzählte mir, daß wir seine Eltern umgebracht hätten und daß seine Schwester von deutschen Soldaten vergewaltigt worden sei. Ich wollte ihm sagen, daß das völlig belanglos sei. Wir seien Offiziere und hätten nichts mit solchen Ausschreitungen zu tun. Aber ich sagte gar nichts und drückte meine Anteilnahme aus . . . Übrigens — hast Du schon zu Mittag gegessen?"

Ich schüttelte den Kopf. Er lud mich ein. Wir gingen in ein sehr feines Restaurant. Der Portier sah meinen abgetragenen Anzug an; ich fühlte mich fehl am Platz. Der Oberkellner begrüßte Geilhardt wie einen alten Bekannten, und jener gab ihm zehn Mark mit der Bemerkung, daß er einen guten Tisch haben wolle. „Nur das Beste für Sie, Herr Major", antwortete der Kellner. Ich befand mich in einer anderen Welt. Ich war seit einem Jahr nicht mehr in einem Restaurant gewesen. Ich wünschte nur, Anna hätte dabei sein können. Ein Kellner kam und fragte, ob wir vor dem Essen etwas trinken wollten, und wir bestellten einen Cocktail. Wir nahmen vier Aperitifs und tranken auf das Wohl unseres Regiments. Ich verschlang das Essen. Ich kann mich heute noch an das Menü erinnern. Wir begannen mit Spargelsuppe, aßen dann Steaks, Pommes frites und Erbsen, dann Apfelstrudel, hinterher gab es Kaffee und Brandy. Ich aß zwei Stück Apfelstrudel und hätte fünf weitere essen können. Ich sah mich um. Die Gäste waren vor allem Amerikaner, die einen zufriedenen und wohlgenährten Eindruck machten. Sie lebten in einer anderen Welt.

Nach dem Essen fragte Geilhardt den Kellner, welche Zigarren sie hätten, und bestellte vier von der teuersten Marke aus Havanna. Er gab mir zwei zum Mitnehmen. Er versicherte mir zu wissen, was ich durchmache. Ich beschloß, sie für eine besondere Gelegenheit aufzubewahren oder, was noch besser war, sie für Tauschzwecke zu benutzen. Dafür konnte ich mir eine neue Aktenmappe kaufen.

Wir unterhielten uns die ganze Zeit über unser Regiment. Er erzählte, daß er nach der Gefangenschaft in Westberlin gelandet sei. Dort änderte sich sein Leben. „Durch einen Zufall", so betonte er, „lernte ich auf der Party eines Geschäftsfreundes — ich hatte ihn schon vor dem Krieg gekannt — dessen Schwester kennen. Sie war zehn Jahre älter als ich, aber eine charmante Frau und außerdem reich. Wir heirateten und zogen nach Frankfurt. Wir haben beschlossen, hier zu bleiben."

Geilhardt bezahlte und gab dem Kellner ein großzügiges Trinkgeld. Beim Verlassen des Restaurants fragte ihn der Kellner, ob alles zu unserer Zufriedenheit gewesen sei, und Geilhardt stellte fest, daß das Fleisch ein wenig zu zäh gewesen sei. Der Kellner versprach, das weiterzuleiten.

Geilhardt winkte ein Taxi herbei. Die Fahrt mit dem Taxi war ebenfalls ein Luxus für mich. Wir hielten vor einer stattlichen Villa in einem Vorort von Frankfurt. Ein Diener öffnete die Tür und führte uns ins Wohnzimmer, das doppelt so groß war wie unsere Wohnung.

Geilhardt fragte, ob seine Gattin zu Hause sei, und sagte, daß er einen Freund mitgebracht habe. Sie kam in einem teuren schwarzen Kleid die Treppe herab. Er küßte sie auf die Wange. Sie hätte seine Mutter sein können, so alt sah sie aus. Der Schmuck, den sie trug, hätte ausgereicht, um zwei Villen dafür zu kaufen. Sie bemühte sich, wohlwollend zu sein, weil ich offensichtlich ein Freund ihres Mannes war. Sie starrte auf die abgetragenen Stellen meines Hemdes, und ich fühlte mich unbehaglich. Nach wenigen Minuten entschuldigte sie sich, da sie ein Treffen im Bridge Club habe, und verließ uns. Nachdem sie gegangen war, bot mir Geilhardt etwas zu trinken an, und wir tranken beide einen Scotch. Er erklärte, was für ein Glückspilz er sei, weil sie ihn geheiratet habe. Ihr Vater war gestorben und hatte eine große Firma hinterlassen, die er jetzt leitete. Sie stellten Fahrräder her. Er sagte, daß er einen guten Geschäftsführer habe und folglich nicht oft ins Büro gehen müsse. Er fügte hinzu, daß er seine Frau nicht liebe. Es war eine Vernunftehe, und er hatte eine Sekretärin, die seine anderen Bedürfnisse befriedigte. Er beschrieb die Körperformen der Sekretärin. Seiner Beschreibung nach war sie eine Kreuzung zwischen einem Filmstar und einem Fotomodell. Er erzählte, daß er vorsichtig sein müsse, da seine Frau in letzter Zeit Verdacht geschöpft habe. Was die Angelegenheit sehr schwierig machte, das waren die hohen Ansprüche seiner Frau. Er klagte, daß es nicht leicht sei, zwei Frauen zu befriedigen. Wenn er mit seiner Frau zusammen war, stellte er sich vor, daß sie seine Sekretärin sei. Er fügte hinzu, daß er ein guter Schauspieler geworden sei.

Unvermittelt wechselte er das Thema und fragte mich, ob ich mich an Faust erinnere. Natürlich erinnerte ich mich, und ich wollte ihm sagen, was ich von Faust hielt, aber ich unterdrückte diese Regung. Ich wollte ihn nicht verärgern.

„Faust und ich“, sagte Geilhardt, „waren gute Freunde. Ich weiß, daß er ein wenig sadistisch veranlagt war, aber jeder hat seine Schwächen. Er war ein wunderbarer Saufkumpan. Was der in sich hineinschüttete und vertrug! Oft verbrachten wir unseren Urlaub miteinander. Er hatte einen unbegrenzten Vorrat an Mädchen — alle Größen, alle Formen und alle Nationalitäten. Er konnte mit Frauen umgehen. Ich erinnere mich, wie wir einmal in Warschau zwei Mädchen anredeten. Meine war sehr unwillig und wollte nicht mitmachen. Er sagte zu ihr, daß sie in einem KZ landen würde, wenn sie mich nicht richtig behandeln würde. Das machte sie schnell willig."

Ich wollte über die andere Seite von Fausts Charakter sprechen, aber das war unter diesen Umständen nicht angebracht.

Geilhardt fuhr fort: „In einem Urlaub führten wir ein besonders ausschweifendes Leben. Wir wohnten in einem kleinen Hotel nicht weit von Berlin. Wir waren vollkommen sicher, da das Hotel kein militärisches Angriffsziel war. Als wir den Luftangriff auf Berlin sahen, erkannten wir, wie wertvoll das Leben ist. Jeden Abend hatten wir andere Mädchen, und wir betranken uns regelmäßig. Wir schliefen dann den ganzen Tag. Die Parties dauerten gewöhnlich bis vier Uhr morgens oder länger. Hohe SS-Offiziere besuchten uns und brachten einige Mädchen mit. Nach einiger Zeit glaubte ich, daß ich nie wieder körperliches Verlangen empfinden würde. Aber am Abend war ich immer wieder bereit. Nach einer Woche war ich völlig erschöpft; meine Sinne waren wie betäubt."

Ich fragte Geilhardt, wie es Faust ergangen sei.

„Ich habe gehört, daß er Selbstmord beging", bemerkte Geilhardt traurig. „Als sich unsere Armee ergab, nahm Faust Gift. Er war ein tapferer Mensch, und ich vermisse ihn sehr."

Eine gute Art, einen Mörder loszuwerden, dachte ich. Es

tat mir leid, daß Faust geendet hatte, ohne von einem Gericht bestraft worden zu sein. Aber ich behielt den Gedanken für mich.

Ich wechselte das Thema und fragte Geilhardt, wie viele Angestellte er habe. Er antwortete, er habe über hundertfünfzig. Ich fragte ihn, ob er Verwendung für mich hätte.

Er änderte seine Haltung. „Ich würde Dir ja gerne helfen, Karl. Aber wir haben über hundert Bewerber. Wir haben jetzt keine offenen Stellen."

Ich sagte ihm, daß ich für einen sehr niedrigen Lohn arbeiten würde und daß ich mit jeder Stelle zufrieden wäre.

Wir tranken noch etwas. Auf Geilhardts Läuten hin brachte der Diener einen silbernen Behälter mit Eiswürfeln.

Geilhardt sah auf die Uhr. „Ich vergaß, daß ich eine geschäftliche Verabredung habe. Einer meiner Anwälte kommt in wenigen Minuten. Kann ich ein Taxi für Dich bestellen?"

Ich antwortete, daß ich nicht sehr weit weg wohne und daß ich es vorzöge, zu Fuß zu gehen. Er brachte mich zur Tür.

„Es hat mich gefreut, alte Erinnerungen aufzufrischen", sagte er. „Das nächste Mal bring Deine Frau mit, und wir machen eine Party."

„Solltest Du eine freie Stelle haben, benachrichtige mich bitte." Ich schrieb ihm meine Adresse auf und gab sie ihm.

„Ich werde die Sache im Auge behalten und mich wieder bei Dir melden."

Ich bedankte mich fürs Mittagessen. Ich brauchte zwei Stunden, um nach Hause zu kommen.

Geilhardt hat mich nie angerufen . . .

Nachdem ich Geilhardt gesehen hatte, war ich mehr

denn je entschlossen voranzukommen. Einmal würde ich genauso reich sein wie er und eine noch luxuriösere Villa besitzen.

Ich nahm mir vor, schrittweise vorzugehen. Große Ziele vor Augen zu haben brachte einen zur Verzweiflung. Als wir am Verhungern waren, dachte ich an die erste Mahlzeit. Als wir wie vertriebene Flüchtlinge hausten, dachte ich an die Wohnung, die wir mieten würden: sie war klein, aber verglichen mit dem Zimmer, in dem wir wohnten, war sie eine Villa. Als ich 1946 mit geborgtem Geld von Annas amerikanischen Verwandten mein Geschäft aufbaute, dachte ich an den Tag, an dem ich einen Mitarbeiter haben würde.

Im Jahr nach dem Krieg sagten viele Journalisten voraus, daß Deutschland nie wieder auferstehen würde, daß es dazu verdammt wäre, ein Ödland inmitten Europas zu sein, daß die Verwüstungen zu groß und die Verluste zu schwer wären; daß ein für alle Mal unser Vaterland am Boden zerstört wäre. Wie unrecht sie hatten! Wir waren von dem unbändigen Willen erfüllt zu überleben. Ich arbeitete Tag und Nacht in meiner Fabrik. Anna half mir im Büro.

Rückblickend ist mir unklar, wie ich es schaffte. Allein der Gedanke an jene Zeit deprimiert mich. Es gab viele Nächte, in denen ich keinen Schlaf fand. Wir gingen nie aus. Anna hatte keinerlei Hilfe. Selten gab es Fleisch zum Abendessen. Einmal feierten wir unseren Hochzeitstag mit einem Kinobesuch. Das war unser einziger Luxus. Ich brauchte mit der Straßenbahn anderthalb Stunden, um ins Büro zu gelangen. Ich besaß zwei Anzüge, einen für das Geschäft und einen für den Sonntag. Der Werktagsanzug war ziemlich abgetragen, aber er war wenigstens sauber. Ich trug immer eine Aktenmappe unterm Arm. Sie gab mir ein gewisses Statusgefühl. Ich war auf dem Weg nach oben . . .

Ich bin eine Stütze der Gesellschaft geworden. Ich gebe Wohltätigkeitsvereinen großzügige Spenden. Wenn ich auf der Straße einen Bettler sehe, gebe ich ihm immer eine Mark — manchmal sogar zwei. Einmal bat mich ein Kriegsveteran, der im Krieg ein Bein verloren hatte, um etwas Geld, und ich gab ihm zwanzig Mark . . .

Anna ist noch immer schön, meine Gefühle für sie sind jedoch weniger stark. Sie gleichen eher der Milde des Herbstes als dem frischen Frühling. Im Büro habe ich eine junge Sekretärin, die nicht älter als siebzehn sein kann. Sie hat eine fabelhafte Figur und trägt gewöhnlich ein enganliegendes schwarzes Kleid. Schon ihr Gang bereitet mir Herzklopfen. Manchmal lasse ich sie länger zum Diktat dableiben und frage mich, ob ich mit ihr eine Affäre anfangen soll. Einmal habe ich sie geküßt; es war ein langer, schmachtender Kuß. Da läutete jedoch das Telefon und brachte mich in die Wirklichkeit zurück.

Ich überlegte, ob ich das Mädchen wirklich gernhätte oder ob ich nur in das Alter käme, in dem ich meine Männlichkeit beweisen mußte. Viele meiner Freunde, die Geschäftsleute sind, haben eine Geliebte. Das gibt ihnen ein gewisses Ansehen und Erfüllung. Sie unterhalten sich über diese Freundinnen, wie sie früher über Politik geredet haben.

Meine Freunde sind gewöhnlich ihren Frauen gegenüber sehr großzügig. Das soll ihre Untreue ausgleichen. Es gibt in unseren Kreisen tatsächlich wenig Ehescheidungen. Hie und da gibt es eine, die einen Skandal verursacht. Das ist dann ein großer Tag für die Zeitungen. Ich finde, Geschäftsleute sollten diskret sein. Ihr Privatleben geht niemanden etwas an. Sie können ihren Spaß haben, aber sie sollen den Schein wahren.

Das Zusammensein mit Anna gab mir in letzter Zeit keine Befriedigung mehr. Ich weiß nicht, was mir fehlt. Oft, wenn ich mit ihr schlafe, denke ich an meine Sekretärin. Ich überlege mir dann, wie sie reagieren würde. Mein Zusammensein mit Anna ist nicht mehr als Pflichterfüllung. Ich täusche vor, daß sie mich erregt. Verstellt sie sich auch? Spielen wir beide? Sie sagt, daß ich nicht zärtlich genug sei. Sie fragt mich, warum ich immer eine Maske trüge. Ich sage ihr, daß sie unrecht habe und ich ganz ich selbst sei . . .

In letzter Zeit bin ich reizbar. Ich verstehe es nicht, da es keinen ersichtlichen Grund dafür gibt. Ich sage Anna, daß wir sparen müssen, obwohl wir genug Geld haben. Ich schreie die Kinder an, wenn sie am Tisch zu viel reden. Ich brülle meine Mitarbeiter an, wenn sie zu spät kommen.

Ich fürchte mich vor dem Alter. Was mich am meisten beängstigt, ist Krankheit. Jedesmal, wenn im Fernsehen von Krebs die Rede ist, schalte ich ein anderes Programm ein. Wenn ich in einer Zeitung einen Artikel über Krebs sehe, werfe ich die Zeitung weg. Einmal nahm ich eine Broschüre der Krebsforschungsgesellschaft mit und las über die Symptome dieser furchtbaren Krankheit. Nun untersuche ich jeden Tag meinen Körper, indem ich nach Knoten und Muttermalen taste, die ihre Form verändert haben könnten.

Vor drei Monaten hatte ich Schmerzen beim Schlucken und einen schweren Husten. Ich war überzeugt, Kehlkopfkrebs zu haben. Da ging ich zum Arzt, und er fand heraus, daß es Grippe war und daß ich eine Streptokokken-Infektion hatte. Ich fühlte mich so erleichtert wie jemand, der zum Tode verurteilt war und dessen Strafe im letzten Augenblick aufgehoben wird.

Neulich starb einer meiner Freunde an einem Herzinfarkt. Er war in meinem Alter. Seitdem beobachte ich den

Rhythmus meines Herzschlages genauer. Mir fällt auf, daß ich schnell außer Atem komme. Wenn ich die Treppen hinaufsteige, schlägt mein Herz rasend schnell. Jeden Tag liest man in der Zeitung Artikel über führende Geschäftsleute, die einen Herzinfarkt oder eine Herzattacke haben. Die Hauptursache ist offensichtlich Streß. Das ist mein Problem: ich bin angespannt, bevor ich zur Arbeit gehe und wenn ich im Büro bin. Ich bin angespannt, wenn ich mit dem Chauffeur fahre und wir im Verkehr aufgehalten werden. Vor dem Abendessen nehme ich gewöhnlich einen Aperitif, was mich für eine Weile entspannt. Ich könnte nicht ohne Schlaftabletten schlafen, und manchmal würde ich den Tag nicht ohne Beruhigungsmittel überstehen . . .

Vor nicht allzu langer Zeit hatte ich eines Nachts einen Traum, der zum Alptraum wurde. Ich wurde im Gestapo-Hauptquartier festgehalten. Ich saß auf einem Sessel,und vor mir standen drei Gestapo-Beamte, die mich stundenlang verhörten. Wenn ich nicht die richtigen Antworten gab, schlugen sie mich. Nachts war ich in einer schäbigen Zelle ohne Toilette. Sie war voll Schlangen, die immer näher kamen. Ich stand auf dem Bett und rief den Wärter. Ich schrie lauter und lauter, aber es kam niemand. Dann wechselte das Bild, und ich befand mich in einem Gerichtssaal. Der Staatsanwalt, der wie Faust aussah, verhörte mich. Seine Fragen folgten rasch aufeinander. Schließlich brach ich zusammen und gestand. Ich bekannte mich zu Verbrechen, die ich nie begangen hatte. Dann befanden wir uns im Hof. Der Henker wartete bereits. Faust stand direkt hinter mir.

Ich wachte schweißgebadet auf, und Anna fragte, was mit mir los sei. Ich sagte, es sei nur ein Traum gewesen, und ich beschloß, am nächsten Abend stärkere Schlaftabletten zu nehmen. Ich hatte genug von Alpträumen.

Vor kurzem las ich *Das Tagebuch der Anne Frank*. Danach konnte ich nicht einschlafen, so bewegt war ich vom Schicksal des jungen Mädchens. Ich dachte an Hilde und fragte mich, wie es ihr wohl ergangen sei. Verfolgung war wirklich das Werk von Verbrechern, von SS-Verbrechern.

Am nächsten Tag stellte ich einen jüdischen Flüchtling ein, der nach Deutschland zurückgekehrt war, und gab ihm ein gutes Gehalt. Manche der Angestellten im Büro mögen ihn nicht und sagen, daß er zu ehrgeizig sei, aber sie haben nur Vorurteile. Um ihm zu zeigen, wie tolerant ich bin, lud ich ihn sogar zum Abendessen ein. Wir hatten nur ihn zu Gast, weil unsere Freunde das nicht verstanden hätten. Anna war ihm gegenüber sehr wohlwollend. Er hatte seine Eltern in einem Konzentrationslager verloren. Er ist ein eher schüchterner Mensch von vierzig Jahren und nicht verheiratet. Ich sagte ihm, er solle sich hier niederlassen und das Leben genießen. Bedrückt meinte er, daß er sich in Deutschland fehl am Platz fühle. Ich erwiderte, daß das unsinnig sei und daß wir in Deutschland heutzutage außerordentlich tolerant seien. Ich muß ihn wieder einmal einladen, aber leider haben wir nicht sehr viel gemeinsam, und ich möchte nicht von meinen anderen Angestellten beschuldigt werden, jemanden zu bevorzugen. Wenn er nur besser gekleidet wäre. Er sieht aus, als ob er in seinen Kleidern schliefe. Angesichts unseres heutigen Wohlstandes gibt es für niemanden eine Entschuldigung, der nicht tadellos gekleidet ist.

Vor einem halben Jahr gab ich einen großen Empfang. Wir stellten zusätzlich zwei Küchenhilfen ein und hatten das beste Buffet der ganzen Stadt. Es kamen über hundert Gäste, darunter hohe Beamte der Stadtverwaltung. Ich kündigte an, daß ich dem städtischen Waisenhaus eine Schenkung von 75.000 DM machen werde, und alle Gäste lobten meine Großzügigkeit.

Der Empfang war ein grenzenloser Erfolg. Es wurde mehr Champagner konsumiert als auf allen Parties, die ich in letzter Zeit besucht hatte. Wir hatten natürlich die übliche Anzahl betrunkener Gäste, aber sie wurden von unseren Bediensteten auf höchst diplomatische Weise behandelt. Es wurde für diese Party extra ein Orchester engagiert, das beliebte Melodien spielte. Da ich laute Musik verabscheue, wurde nur leise gespielt.

Vor der Party überlegte ich eine Zeitlang, ob ich meinen jüdischen Angestellten einladen solle. Da ich keine Vorurteile habe, wäre das eine angemessene Geste gewesen. Aber dann entschied ich mich dagegen. Er hätte sich vielleicht nicht gut gekleidet und sich auch nicht wohlgefühlt. Auch hätten meine Freunde, die weniger liberal sind als ich, das nicht gutgeheißen.

Ich lud Major Geilhardt ein, hauptsächlich aus geschäftlichen Gründen. Ich war daran interessiert, seine Fabrik zu kaufen. Ich hatte ihn seit 1945 nicht mehr gesehen. Er kam mit seiner Frau, die ihr Haar gefärbt hatte und sich ein Face-lifting hatte machen lassen. Auf Umwegen erfuhr ich, daß Geilhardt ultra-nationalistische Bewegungen tatkräftig unterstützte. Er sah noch immer gleich aus, nur war er zerstreuter geworden und hatte mehr Falten im Gesicht. Er entschuldigte sich, weil er mich nicht angerufen hatte, und sagte, daß er so viele Probleme in der Firma gehabt habe. Er behauptete, daß er auf meinen Erfolg stolz sei und daß wir bald einmal zusammenkommen müßten, um unsere Kriegserinnerungen auszutauschen.

Die Gäste bewunderten das prächtige Haus, die wertvollen Gemälde und die vielen Antiquitäten. Irgendwie machte ihre Bewunderung diesen Abend erst lohnend für mich. Ich freute mich schon auf den ausführlichen Bericht in der Zeitung.

Bevor der Abend zu Ende ging, spielte das Orchester

„Deutschland, Deutschland über alles." Ich bemerkte, daß Geilhardt und viele andere Gäste Tränen in den Augen hatten. Als er ging, sagte er: „Die Hymne erinnert mich an unsere Siege. Waren das nicht große Zeiten? Wir werden der Welt zeigen, daß der Krieg nicht vergeblich war. Weißt Du, Karl", fügte er hinzu, „wenn ich jünger wäre, ginge ich zur Armee. Diesmal würde ich sicher General werden."

16. Lebensgestaltung: Ideal und Wirklichkeit

In einer Umfrage hat Professor Erich Schaber 227 Personen über den Sinn des Lebens und über Lebensgestaltung befragt. Die Antworten waren höchst bemerkenswert.

14 Jahre, weiblich:

Zuerst will ich mein berufliches Ziel erreichen, dann ein eigenes Heim besitzen. Reisen scheint mir auch wichtig zu sein, um die Welt kennenzulernen. Ich möchte nicht zu früh heiraten, wenn, dann möglichst reich.

15 Jahre, männlich:

Derzeit besteht der Sinn meines Lebens darin, meine Zukunft nach meinen Wünschen und Vorstellungen zu gestalten. Ich versuche, einen vernünftigen Kompromiß zwischen meiner Freizeit und meinen Verpflichtungen zu finden. Meine Verpflichtungen bestehen darin, für die Schule zu lernen und in der Familie mitzuhelfen. Meine Freizeit gestalte ich mir mit mehreren Dingen. Wenn ich genug Zeit zur Verfügung habe und auch genug Geld, baue ich mir gerne elektronische Geräte. Da ich mich auch für Geschichte interessiere, lese ich viele Bücher (besonders über den Zweiten Weltkrieg). Meine übrige Literatur besteht aus Kurzgeschichten, Fachzeitschriften für Elektronik, Sachbüchern über Technik, Forscher usw.

16 Jahre, weiblich:

Im Moment bin ich in einer „positiven“ Phase, das heißt, ich bin gerade glücklich über fast alles: Vielleicht ist es Gott, an den ich glaube und mich halte, aber ich nenne es nicht so. Früher war es der reine Sinn, nichts anderes (schon eher übertrieben), jetzt sind es fast ausschließlich seine „Lehren“. Und zwar versuche ich immer mehr, die Menschen zu verstehen und zu lieben (Liebe = Nächstenliebe). In jedem Menschen findet man etwas, das wert ist, daß man sich damit beschäftigt. Der Sinn, warum ich leben will, ist der, daß ich die Menschen immer mehr verstehen und lieben lernen möchte. Auch strebe ich danach, verzeihen, trösten, verstehen und helfen zu können, wo man mich braucht. Und dann möchte ich mit mir selbst zufrieden sein; alles, was ich tue, vor mir selbst verantworten können. Viel lernen (nicht gerade im schulischen Sinn), sehen, kennenlernen. Das ist auch sehr wichtig: Daß ich immer unterwegs bin mit meinen Gedanken und nie auf einem Platz stehenbleibe. Noch ein wichtiger Sinn ist der, daß ich einen ganz bestimmten Menschen gern habe, vielleicht sogar richtig liebe, der mich versteht und ich ihn; oder besser, wir versuchen einander ganz zu verstehen. Das ist etwas ganz Wichtiges, weil es etwas Konkretes, ganz Genaues und nichts Vages ist.

16 Jahre, weiblich:

Ich finde, ein Mensch sollte nicht nur auf ein berufliches Ziel hinarbeiten, sondern sich auch kleine Vergnügen (Kino oder einmal einen Tag Nichtstun) gönnen. Wenn einer dauernd arbeitet oder lernt, wird ihm sein Leben bald sinnlos vorkommen. Aber auch dauernde Vergnügen werden auf die Dauer fad. Mir gibt es zum Beispiel irrsinnig viel, wenn ich jemandem helfen kann, und der bedankt sich bei mir. Um ein erfülltes Leben zu führen, muß man, glaube ich, lernen, sich über nette Worte, Gesten usw. zu freuen. Man glaubt gar nicht, wie einen ein nettes Wort aufbauen kann.

19 Jahre, männlich:

Ich glaube, jeder Mensch hat sich schon einmal Gedanken darüber gemacht, was der Sinn seines Daseins ist. In der heutigen Zeit wird den materiellen Werten viel Bedeutung beigemessen; ich bin aber der Meinung, daß die Gefühle wichtiger sind. Natürlich ist auch für mich die Grundlage einer gesicherten Existenz, genügend zu verdienen, um ein gutbürgerliches Leben führen zu können. Ich will einmal eine Familie gründen und meiner Frau und meinen Kindern all das bieten, was zu ihrem Glück beiträgt. Eben dieses Glücklichmachen von Menschen kann einem Leben Sinn geben. Aber für mich ist es auch sehr wichtig, daß es jemanden gibt, der bereit ist, mich glücklich zu machen.

21 Jahre, männlich:

Als Musiker besteht der Traum vom sinnreichen Leben darin, die Menschen wachzurütteln; Gefühle und Eindrücke, so wie ich sie erlebe, zu vermitteln, den Zuhörer seinen Alltag vergessen zu lassen.

Als Mensch besteht für mich der Sinn des Lebens darin, von meiner Umwelt verstanden zu werden, jemanden zu finden, der mich als Mensch akzeptiert; das Gefühl zu haben, geliebt zu werden, und jemandem das Gefühl zu geben, auch geliebt zu werden. Ich sehe, da ich noch jung bin, auch ein wenig im Genuß einen Sinn. Ich glaube, es ist manchmal gar nicht so schlecht, nach dem Motto zu leben: Erlaubt ist, was gefällt. Natürlich nicht nur nach diesem Motto, aber manchmal. Ich habe mir auch vorgenommen zu untersuchen, ob die Vorurteile der „Erwachsenen" richtig sind. Die Schaffung eines eigenen Weltbildes ist ebenfalls ein Ziel, für das es sich lohnt zu leben.

Zusammenfassend ist zu sagen: Man sollte mit offenen Augen durch die Welt gehen, sich eine möglichst objektive Meinung über alle Dinge bilden und vor allem die Ängste abbauen, speziell die Angst vor dem Tod ...

Anschließend folgen noch einige Zitate von Personen, die ich fragte: „Was verstehst Du unter dem Sinn des

Lebens?" Als Antworten bekam ich einige interessante Meinungen zu hören: „Auf eine ereignisreiche Vergangenheit zurückzublicken und auf eine interessante Zukunft vorauszublicken" (19, männlich). „Geld zu verdienen, eine eigene Wohnung zu haben, Familie zu gründen, Kinder zu haben" (18, weiblich). „Zu genießen, wann und wo sich die Möglichkeit dazu ergibt" (21, männlich). „Solange es Alkohol und Zigaretten gibt, ist mir alles andere egal" (19, männlich).

34 Jahre, weiblich:

Zunächst muß ich versuchen, so zu leben, daß ich mich selbst annehmen kann, das heißt, ich muß versuchen, ein Bild von mir zu machen, das meinen Vorstellungen von einem *guten* Menschen entspricht. Mich selbst mögen kann ich nur, wenn mir das Leben gelingt, wenn ich also so lebe, daß mein kritisches Ich mit mir zufrieden sein kann und meine Mitmenschen mich anerkennen, achten und sogar lieben können.

36 Jahre, weiblich:

Ich bin ein Relikt. Das soll heißen, daß ich meinem Leben den Sinn gegeben habe, eine Lebensform aufrechtzuerhalten, die im Aussterben begriffen ist: Hausfrau sein, dasein, das Haus, die Wohnung, den Garten beleben. Greifbar, auch verfügbar für Mann, Kind, Eltern, Freunde sein. Ein Mensch sein, der Beruf und das „Leben" nicht trennen muß, da selbst Schriftsteller, die, um zu arbeiten, ihr Domizil nicht verlassen müssen, ihr Arbeitsrefugium benötigen. Eigentlich eine glückliche Kombination, das Hausfrauenleben, leider im Zug der Gesellschaftsentwicklung aus der Mode gekommen. Und da heute kaum jemand wagt, nicht mit dem Trend zu gehen, also nicht „in" zu sein, sind die Nur-Hausfrauen nicht gefragt, und es fällt gar nicht leicht, den Sinn des eigenen Lebens als echte Lebensaufgabe anderen begreiflich zu machen.

Daß die Sorgen von Kindern möglichst gleich erledigt werden sollten, ist allgemein bekannt; kaum eine berufstätige Mutter kann dies ihren Kindern ermöglichen. Mein Dasein hat also Sinn. Ein Haus, eine Wohnung, die durch die Hausfrau ständig „lebendig" gehalten werden, deren Anwesenheit es allen möglich macht, überraschend zu kommen, behalten durch das „Da-Sein" ihren ursprünglichen Wert, wo Wohnung noch mit Heim gleichzusetzen ist. Dieser Da-Seins-Sinn erstreckt sich natürlich weit über die Räumlichkeiten hinaus. Eigene Zeiteinteilung, Budgetplanung, Arbeitsplanung ermöglichen mir eine Lebensführung, die mir mein Leben erfüllt erscheinen läßt.

Ich hoffe, daß ich eine vernünftige Lebensanschauung, Gefühl für das Gute und Schöne weitervermitteln kann. Für Harmonie in unserer Familie zu sorgen, erscheint für mich von Wichtigkeit, und ich glaube nicht, daß ich bei einer grundsätzlich anderen Lebensführung dafür in ausreichendem Maß sorgen könnte.

38 Jahre, männlich:

Langsam glaube ich, den Sinn gefunden zu haben. Das Wort „Sinn" ist aber ein so abstraktes, daß ich es kaum erklären kann. Es ist etwas so Vollkommenes, daß man es nicht mehr hinterfragt, man fühlt es einfach. Für mich ist der Sinn ein Erlebnis, es läßt sich leichter erleben als erklären. Es gibt in meinem Leben Erlebnisse, die ich als sinnvoll bezeichnen würde, es gibt andere, die ich nicht so benennen könnte. Um vom Abstrakten ein wenig zum Konkreten zu kommen: Sinn bedeutet es für mich, wenn ich nach Hause komme und meine kleine Tochter wartet auf mich. Aber auch, wenn ich in meinem Beruf mit einem Jugendlichen spreche, der selbstmordgefährdet ist, und er immer mehr Vertrauen bekommt und ich merke, wie er mit sich selbst ein bißchen ins reine kommt, so gibt mir das für mich eine gewisse Daseinsberechtigung.

42 Jahre, männlich:

Die Beantwortung Ihres Briefes bedarf vorerst einer eingehenden Beantwortung der Frage, wodurch und vor allem ob das eigene Leben wirklich umfassend erfüllt und bereichert verbracht wird. Nach Abwägung meiner Situation möchte ich diese Frage für mich bejahen, obwohl das Leben in jedem Falle Kompromisse abverlangt.

Wenn ich also von meinen eigenen Erfahrungen und Kriterien ausgehe, so möchte ich Beruf und Familie als meine beiden dominierenden Lebensinhalte nennen. Dabei nehme ich nicht für mich in Anspruch, Überragendes auf dem einen oder anderen Gebiet zu leisten. Aber vielleicht sind gerade die erreichbaren Leitbilder gute Lebenshilfen für die Mehrzahl der Jugendlichen. Im Beruf habe ich die Ehrlichkeit und das Bemühen als unabdingbare Voraussetzungen zur Erfüllung erkannt. Bereits auf der Stufe der Berufsausbildung sollte die ehrliche Selbstanalyse eigene Stärken und Schwächen aufzeigen, damit diejenigen Tätigkeiten gefunden werden, auf denen nach Beendigung der Ausbildung überdurchschnittliche Leistungen aufgrund der Eignung erbracht werden können.

46 Jahre, männlich:

Die Frage nach dem Sinn des Lebens werden wir nie beantworten können, und das ist gut so, denn diese offene (nie beantwortbare) Frage trägt und prägt das menschliche Leben. Auch wenn der klügste Mensch ein Leben lang an dieser Frage arbeitet, so wird er sie nicht beantworten können, und war sein Leben dann sinnvoll? Diese Frage läßt sich auch nicht wie viele schwierige Fragen verkehrt herum lösen, etwa mit der Frage nach dem „Unsinn“ . . . Ich kann daher nur sagen, was mir auf dieser Welt als sinnvolles Tun erscheint. Etwa die alte Mönchsregel: beten und arbeiten — natürlich in einer breiten Auslegung. Beten kann auch ein freundliches Wort zum Nachbarn, ein helfender Griff sein, jemandem eine Stunde zuhören, karitative Tätigkeit usw.

48 Jahre, männlich:

Es ist eine gewisse Anmaßung und ein Irrtum zu glauben, daß der Mensch einen Lebenszweck braucht oder hat. Niemand wird zum Beispiel behaupten, daß ein Kohlkopf oder ein Hase einen Lebenszweck zu erfüllen hat (siehe auch Sigmund Freud). Da ich an die Evolutionslehre (Darwin) glaube, bin ich nicht der Ansicht, daß sich der Mensch qualitativ von anderen Lebewesen (Tier und Pflanze) unterscheidet. Der Mensch unterscheidet sich meiner Meinung nach nur quantitativ von anderen hochentwickelten Lebewesen (Säugetiere) und zwar in bezug auf Intelligenz, Gewissen und Instinkte und nicht im Prinzip. Der Mensch sollte sich seiner Grenzen bewußt sein und sollte im Rahmen seiner Möglichkeiten alles tun, um seine Talente zu entwickeln, und versuchen, sein Bestes zu geben, zum eigenen Nutzen, zum Nutzen seiner Familie und zum Nutzen des Vaterlandes. Die geistige Entwicklung der Menschheit geht in der Richtung vom Glauben an Geister, Zauberei und Naturgewalten zu immer mehr Klarheit und immer genauerem Erkennen der Natur. Jeder Mensch hat die Pflicht, im engsten Kreise an dieser Aufklärungsarbeit mitzuwirken. Für einen Menschen, der an die Evolution glaubt, ist es selbstverständlich, daß er sich fortpflanzen will, da dies eine Form der Unsterblichkeit darstellt.

50 Jahre, weiblich:

Ich stelle mir unter einem erfüllten Leben — es mag für mich komisch klingen — das einer Hausfrau und Mutter vor. Es war mir nicht beschieden. Am Abend komme ich in eine leere komfortable Wohnung. Manchmal zeichne ich meinem kleinen Neffen Autos. Es sind schöne Stunden. Vielleicht wollte ich zuviel?

50 Jahre, weiblich:

Auf materielle Dinge lege ich fast überhaupt keinen Wert. — Eigentlich gar keinen. Nein! Geld ist nicht alles im Leben. Danach sollte man nicht den Sinn des Lebens richten. „Sinn des Lebens" — darüber haben schon viele nachgedacht und sind doch zu keinem Ergebnis gekommen. Ich glaube, man sollte sich darüber nicht den Kopf zerbrechen. Man ist einfach da und versucht das Beste aus seinem Leben zu machen.

Als Mutter hat es für mich den Sinn, daß ich für meine Kinder und meinen Mann da bin. Ich habe einen Garten, ein Haus, Tiere, die ich versorgen muß, und ohne diese Faktoren könnte ich mir ein Leben gar nicht mehr vorstellen. Zur Bereicherung zählt für mich der Urlaub mit meiner Familie. Ich freue mich immer sehr auf Ferienreisen und andere Verschönerungen des Lebens wie Theater, Tanz oder andere Unterhaltungen.

50 Jahre, männlich:

Die überwiegende Mehrzahl der Menschen von heute steht in folgenden großen Abhängigkeiten, Beziehungen und Bindungen, in denen ihr Ich zu wirken hat:

1. Beruf — Gesellschaft

2. Ehe — Familie.

Im Berufsleben hat heute der Mensch nur wenige positive Möglichkeiten, um dieses Drittel seines Lebens zu einer Erfüllung mitzugestalten. Nur zu oft herrschen äußere Zwänge vor, die dem einzelnen wenig Spielraum für seine eigene Persönlichkeit geben. Trotz der unbestreitbaren Bemühungen zur Verwirklichung einer humanen Arbeitswelt und der schon auf diesem Gebiet — auch mit Hilfe der Gesetzgebung — erzielten Fortschritte, wird für viele Menschen die Härte des Berufslebens ein Hindernis zur Erfüllung des eigenen Lebens. Es ist daher bei vielen Mitbürgern der Zweck „Broterwerb“ in der Berufstätigkeit vorherrschend. Hier gilt es, den Broterwerb, selbst bei Ausübung der niedrigsten Tätigkeiten, durch eine „Sinn-Implantation“ aus dem ethisch-moralischen Wertkreis auch zur Lebenserfüllung zu heben. — Die Erfüllung im Bereich Beruf ist zu erreichen:

— durch Arbeitslust und Zielstrebigkeit,

— durch wohlausgewogenen Ehrgeiz im Vorwärtsstreben,

— durch Beseitigung negativer Einflüsse aus der Arbeitsumwelt,

— durch Erreichen der positiven Zielsetzungen (Erfolgserlebnis),

— durch Vorgabe ethischer Wertinhalte,

— durch Mut zum Leistungswillen,

— durch Erkennen der Notwendigkeit des Tätigseins.

Im Bereich 2 — Ehe und Familie — sind die Erfordernisse, die dem Menschen Erfüllung und Bereicherung bringen sollen, eher alltagsbezogen. Die Harmonie, aber auch die geistige Auseinandersetzung mit dem Partner und der Familie wird ein Element davon sein. Die Sorge und die Freude, erlebt am Geschehen im engsten Kreis, ist in ihrer Sinnhaftigkeit oft unmittelbarer Erfüllungsinhalt.

55 Jahre, männlich:

Da der Mensch nur einmal lebt, sollte es sein höchstes Ziel sein, dieses Leben einmalig zu leben. Daher sollte er alle Seiten des Lebens kennenlernen und durchleben. Das heißt nicht, in den Tag hinein leben, inaktiv sein, sondern das Leben auch gestalten. Das ist davon abhängig, welche

Bildung der Mensch bekommen konnte, in welcher Umwelt er aufwuchs und welches Rüstzeug er für das Leben mitbekommen hat.

57 Jahre, männlich:

1. Je älter ich werde, desto mehr erfasse ich die Weisheit des Ausspruches von Arthur Schnitzler: „Der Sinn des Lebens ist nicht das Ziel, sondern der Weg."

2. Ebenso aus der Erfahrung: Vorsicht vor der Illusion von „großen Würfen", vielmehr Einsicht, daß viele kleine pragmatische Schritte notwendig und nicht verächtlich sind. (Siehe Karl Steinbuch: „Man muß auch den Mut haben, sich hin und wieder die Hände schmutzig zu machen.")

3. Die Frage nach dem Leitbild ist noch schwieriger zu beantworten. Dazu nur eine Bemerkung: Ebenso wichtig wie diese Frage ist aber das ehrliche Bemühen, nicht alles zusammenzuschlagen, was sich an Resten der europäischen Tradition noch in unsere Zeit gerettet hat.

Ich habe großes Verständnis für die Suche der Jugend nach Leitbildern, meine aber, daß man in einer Zeit, in der die Massenmedien auch diese manipulieren, besonders vorsichtig zu Werke gehen sollte. Denn ich halte weder Kennedy noch Martin Luther King, schon gar nicht Niki Lauda oder Jochen Rindt für Leitbilder.

Über 60 Jahre, weiblich:

Ich bin mit der heutigen Zeit, das heißt mit den heutigen Menschen, nicht mehr zufrieden, und ich sehe ein, daß die materiell gute Zeit nicht unbedingt zu begrüßen ist. Mir ist es als Kind materiell schlecht gegangen, aber es war eine volle, schöne Zeit; vielleicht hat es mich beglückt zu sehen, wie sich meine Eltern um uns gesorgt und gemüht haben. Wir hatten viele Freuden, weil wir bescheiden waren und weil wir gezwungen waren, selbst etwas dazu beizutragen, daß es der Familie gut geht. Ich habe zum

Beispiel schon mit 14 Jahren Nachhilfestunden gegeben, war wahnsinnig stolz auf mein selbstverdientes Geld, habe in der Guntramsdorfer Stoffabrik einen Dirndlstoff gekauft und mir selbst ein Dirndl genäht — und noch heute weiß ich das Muster und die Freude daran.

Die Kriegszeit will ich nicht so sehr betrachten, denn sie war ein Ausnahmezustand, der nie mehr kommen soll. Nach dem Krieg war es wieder eine materiell schlechte Zeit, doch eine Zeit, die den ganzen Menschen gefordert hat in jeder Hinsicht. In der Hinsicht nämlich, zu arbeiten und zu helfen: es war eine Zeit, in der man sich mit echten Existenzproblemen zu plagen hatte, und wenn man sie lösen konnte, war man beglückt. Und dann kam langsam der Wohlstand. Ich müßte also jetzt, in meinem Alter, recht froh sein, daß es mir „gut geht". Aber dann dürfte ich nicht nachdenken, was da alles so daran hängt, an dem „Gut-gehen".

64 Jahre, weiblich:

Mit der Frage, wie ich mein Leben verbringe . . ., mußte ich mich schon vor Jahren befassen. Genau damals, als mein Mann in Pension ging und nun eine ganz andere Lebensweise anfing. Leider fiel der Ruhestand meines Mannes mit einer sehr schweren Krankheit zusammen, die erforderte, die Lebensgewohnheiten gänzlich umzugestalten. Da auch ich nicht gesund bin, konnten wir unsere Maßnahmen bezüglich Gesundheit, Freizeit und Arbeitseinteilung koordinieren. Also Stillstand — Verzicht auf alles. Keineswegs.

1. Arbeit: Da wir Haus und Garten haben, fällt viel Arbeit an. Dazu werden wir in unseren Handlungen langsamer und benötigen zu allem immer mehr Zeit. Dafür werden wir aber nicht gehetzt, kein Mensch drängt uns, und so ist die Arbeit keine zu große Last, sondern füllt nur einen

großen Teil des Tages aus. Die Beschäftigung im Garten macht uns Freude und erhält uns beweglich, mit einem anderen Wort: fit. Wir gehen wohl noch spazieren, aber meist halten wir uns im Garten auf und das nicht nur bei schönem Wetter, das aber ist gesund. Damit ist auch der zweite Teil, Freizeitgestaltung, zum Teil schon beantwortet. In ruhigen Stunden lesen wir. Nun kann ich, Gott sei Dank, endlich das lesen, was ich will. Fach- und Mußliteratur fallen weg, und jetzt lese ich in Ruhe viele Bücher, die mir Freude machen, die ich früher nur überflogen oder kaum verstanden habe. Viele Themen aus Zeitung, Radio und Fernsehen finden ihre Ergänzung im Nachschlagen und -lesen. Jetzt erst merke ich, wieviel mir im Studium geboten wurde und was ich nicht genützt habe. Einiges kann ich nachholen. Das Fernsehen spielt in unserer Freizeitgestaltung eher eine untergeordnete Rolle, viele Tage beschränken wir uns auf Nachrichten und Sportsendungen.

Da wir in Klosterneuburg wohnen, fällt uns der Besuch von Theater und Konzerten schon etwas schwer (Kartenbesorgung — Heimfahrt). Vier- bis fünfmal im Jahr besuche ich Konzerte oder die Oper, die Theaterbesuche enttäuschen mich meist, da ich mich mit dem Inhalt der modernen Stücke oft nicht zurechtfinde oder nicht einverstanden bin. — Und dann habe ich noch ein Hobby. Jedes Kind, das Schwierigkeiten in der Schule hat, kann ohne jede Bezahlung zu mir kommen, und ich helfe nach. Das kostet mich viele Stunden, macht mir aber große Freude, und den Kindern ist geholfen. Wie ich ja überhaupt glaube, daß Menschen in älteren Jahren der Jugend irgendwie helfen sollen. Die Jugend ist dafür dankbar, man bekommt Kontakt und versteht sie besser und hat mit ihr keine Schwierigkeiten. — Und nun zum letzten Punkt.

2. Maßnahmen zur Gesunderhaltung: Zweimal im Jahr spannen wir gänzlich aus und fahren auf Urlaub, meist in

eine Kuranstalt. Dort tun wir alles, um wieder Kräfte zu sammeln. Da machen wir auch weite Spaziergänge und „genießen“ die Natur. Diese Eindrücke bleiben das ganze Jahr und sind Gesprächsthema für viele Stunden und im Beisammensein mit Gästen.

65 Jahre, männlich:

Das Leben gleicht einer Folge von Wellenbergen und Wellentälern. Im Wellental darf der gegenseitige Glaube an das Aufwärts nicht fehlen, wie es umgekehrt nötig ist, zu guten Zeiten nicht übermütig zu werden und zu glauben, es bleibe immer so!

Ein Zeichen der heutigen Jugend ist die Sucht nach Geld geworden. Viele sehen Geld als Allheilmittel an. Meistens sind jene Menschen von Geltungsbedürfnissen und Minderwertigkeitskomplexen geplagt und wollen ihre geistigen Mängel dadurch egalisieren und kommen auf krumme Wege, von denen es kein Zurück gibt. Bestehen kann der Mensch nur dann, wenn er sein Bestes gibt, seinen geraden Weg geht, sich seinem Beruf und seiner Familie opfert und damit sein Dasein umfassend erfüllt und so bereichert. Man möge bedenken, wie viele Menschen durch Krankheit usw. nicht in der Lage sind, ein normales Leben zu führen. Unterstütze sie, sie werden dir dafür dankbar sein. – Schauen wir nie auf jene, denen es besser geht, denn auch sie kann das Schicksal ereilen. Kein Mensch ist vor dem Tode glücklich zu preisen. Versuchen wir dem Leben das Schönste abzuschauen, sehen wir nicht nur unsere Rechte, sondern vorerst unsere Pflichten. Dann dienen wir am besten unserer Heimat, schließlich ist die Familie die kleinste Zelle unseres Staates.

65 Jahre, weiblich:

Über den Sinn des Lebens haben schon viele gescheite Köpfe nachgedacht, aber keine zufriedenstellende Antwort gefunden. Wir werden ins Leben hineingestellt, müssen unsere Pflicht erfüllen, und niemand fragt danach, wie wir es schaffen. Vesucht man aus dem täglichen Trott auszubrechen, wird man als Außenseiter behandelt. Eine große Erfüllung des Lebens sehe ich in der Arterhaltung, aber ob es auch sinnvoll ist? Wer weiß es. Deine Frage nach Bereicherung des Lebens versteht sich bestimmt nicht nach materiellen Dingen. Meine seelisch-geistige Bereicherungsmöglichkeit ist sehr beschränkt. Ein gelegentlicher Besuch einer noch älteren Frau, Seniorentreffen, Kulturvorträge, Theaterbesuch und Lesen. Damit muß man schon zufrieden sein. Wie soll der Mensch leben? Er kann es meistens nur so, wie man ihn leben läßt. Man wird in eine Rolle hineingezwängt, und die muß man dann spielen.

66 Jahre, männlich:

Ohne Zweifel ist es eine der wichtigsten Aufgaben der Erzieher, die Jugend wieder zur Verantwortung zu erziehen, das heißt mit anderen Worten, daß sie lernen muß, selbst entscheiden zu können und auch zu wollen. Sie muß selbst in den ungezählten Situationen des Lebens entweder das Richtige finden oder unter Umständen wissen, was das geringere von zwei Übeln ist. Nur dann wird sie nicht einem Konformismus oder einem Totalitarismus verfallen. Eine solche Erziehung zur Verantwortung wird in den jungen Menschen zu einer Gewissensbildung führen. Die Stimme unseres Gewissens ist aber andererseits der Ort der Sinnfindung im Leben. Ist es doch ohne Zweifel so, daß wir nur dann auf ein erfülltes Leben im Alter zurückschauen können, wenn wir in unseren Taten, in unseren Reden und Werken einen Sinn erkennen können. Dieser Sinn kann aber nicht ein so kurzfristiges Geschehen wie eine augenblickliche Zweckerfüllung sein – zumindest wird hier oft der Sinngehalt zu wenig und zu unbefriedigend sein. Sinn werden wir in unserem Verhalten und unseren Werken nur dann finden können, wenn unser Sein (wovon sich auch das Wort „Sinn“ ableitet) auf etwas Hinter-den-Dingen-Seiendes ausgerichtet war. Man könnte vielleicht auch mit anderen Worten kurz sagen, daß unsere Jugend wieder religiös werden muß, religiös im Sinne der Hochreligionen aller menschlichen Kulturen.

70 Jahre, weiblich, schwerkrank im Spital:

Für mich war mein ganzes irdisches Dasein nur dazu da, um mich auf mein wahres Leben, auf das Leben nach dem Tod, vorzubereiten. Ich glaube, daß ich es immer vestanden habe, ein gutes Leben zu führen. Ich habe mich bemüht, für andere Menschen da zu sein ...

88 Jahre, weiblich:

Manchmal war das Leben schön, manchmal traurig. Wie ich meinen Buben, den Schneckerl, im Krieg verloren habe und wie mein Mann gestorben ist, da war es traurig, aber sonst war es schön. Ich habe einen guten Mann gehabt und brave Kinder. Jetzt sind sie auch alle gut verheiratet. Gearbeitet haben wir viel, aber Hunger gelitten haben wir nie. Jetzt wohn' ich eben allein und muß mir alles ganz genau herrichten und merken, wo ich alles hinstell'. Wissen Sie, ich seh' nur mehr Schatten, drum kann ich auch nichts mehr aufschreiben, nur erzählen. Die Frau Doktor hat gesagt, in zwei bis drei Monaten werd' ich blind. Ich muß mir alles herrichten geh'n, aber ich werd's schon schaffen. Leben S' wohl! – Anmerkung: Das Schicksal war ihr gnädig, sie starb vor ihrer Erblindung ...

Und das Fazit? Betrachtungen über den Sinn des Lebens sind weniger von Theorien abhängig als von eigenen Erfahrungen. Das heißt, wenn wir erfolgreich sind, haben wir meist eine lebensbejahende Philosophie; wenn nicht, dann scheint das Leben eine Vergeudung zu sein. — Nach Charlotte Bühler gibt es drei Kategorien von Menschen:

1. diejenigen, die ein erfülltes Leben leben, leider nur eine kleine Minderheit;
2. diejenigen, die resignieren, und
3. diejenigen, die fühlen, daß sie ihre Hauptziele verfehlt haben.

Natürlich sind wir meistens nicht so ehrlich wie das 14jährige Mädchen, das erklärt, daß es einen reichen Mann heiraten wolle. Seine Einstellung ist typisch für die Konsumgesellschaft, die materielle Interessen fördert.

Aus den Antworten der Jugend geht hervor, daß sie immer mehr Wohlstand erwartet. Für sie ist der Zweite Weltkrieg nur ein Ereignis, das sie in Geschichtsbüchern gelesen und über das sie von ihren Eltern und Großeltern gehört haben.

Aufschlußreich ist auch, daß soziale und politische Interessen nur selten vertreten sind. Ein Grund dafür ist sicher, daß die Umfrage von meist bürgerlich eingestellten Menschen beantwortet worden ist, die ein sicheres Einkommen haben und wirtschaftlich zufrieden sind. In einem Wort: es besteht für sie kein Grund zur Rebellion. Aber der fundamental konservative Ton ist typisch für ein Land wie Österreich.

Sehr wichtig in den Antworten sind Hinweise auf Erziehung. Meistens sind traditionelle Kategorien gegeben, besonders wenn die klassische Bildung betont wird. Auch hier fehlt eine starke Opposition; selbst der kritisch Eingestellte wird oft zum Konformisten, wenn er Erfolg als wünschenswertes Ziel betrachtet.

Partnerschaft spielt eine große Rolle in den Antworten. Erwartet wird, durch Liebe ein glückliches Dasein zu erreichen. Die Familie wird immer noch als die wichtigste

Institution betrachtet. Eine Umfrage in den USA würde ein anderes Ergebnis bringen, denn dort ist die Bewegung der „Women's Liberation" besonders stark, und immer mehr Menschen beschließen, allein zu leben.

Sehr viele Antworten der Umfrage, besonders von Personen im mittleren Alter, zeigen, wie viel Vergnügen das Zusammenleben bieten kann; besonders Frauen finden ihre Erfüllung in persönlichen Beziehungen und in der Sorge für Mann und Kinder. Man könnte einwenden, daß diese Haltung mehr für Österreich als für andere deutschsprachige Länder gültig sei, aber es scheint, daß nach der Studenten-Rebellion im Jahr 1968 viele ihre Illusionen über politische Änderungen verloren und sich statt dessen in eine private Sphäre zurückgezogen haben.

Das Leistungsprinzip wird noch immer betont. Es bedeutet die Entwicklung guter Gewohnheiten, positive Einstellung zur Arbeit und dauerndes Vorwärtsstreben. Immer wieder wird behauptet, wie gefährlich Nichtstun ist, daß es zu einer parasitären Lebensweise führt, die sich für den einzelnen und die Gesellschaft verhängnisvoll auswirkt.

Viele Antworten sind typisch mittelständisch. Ehrgeiz und Zielstrebigkeit sind die Motive, die die mittlere Generation betont; die Jugendlichen haben oft andere Werte, wollen eher genießen und für den Augenblick leben. Alkohol spielt bei ihnen eine große Rolle als Mittel zur Auflockerung und auch zur Flucht aus der Wirklichkeit.

Drogensucht spielt in der Umfrage eine weit geringere Rolle. In den USA dagegen würde sie fast im Zentrum stehen. Besonders unter den Jugendlichen dort wird immer mehr Marihuana geraucht, auch beginnt man mit dem Drogenkonsum früher als in den deutschsprachigen Ländern.

Das Problem Einsamkeit ist bewußt oder unbewußt in einigen Antworten enthalten. Es hat viele Dimensionen:

von den anderen nicht akzeptiert oder verstanden zu werden, erfolglos zu bleiben, andere Werte und Schwerpunkte zu haben, das Fehlen eines richtigen Partners, der Verlust eines nahestehenden Menschen, mit den Trends der Zeit nicht in Einklang zu sein, in eine leere Wohnung heimzukommen, Schmerzen einer schweren Krankheit zu ertragen — alle diese Gefühle zeigen, wie schwierig die Lebensgestaltung für jedermann sein kann.

Viele Ideale lassen sich beobachten; wie wichtig zum Beispiel Anteilnahme und Mitgefühl sind. Aber die Wirklichkeit für so viele ist, wenn man zwischen den Zeilen liest, anders, besonders für die Älteren. Statt Anteilnahme haben sie Isolierung erlebt, statt Mitgefühl eine passive Umgebung, statt unvergeßliche Erlebnisse nur graue Routine. Besonders wegen wirtschaftlicher Beschränkungen sind die Hoffnungen auf einen gewissen Wohlstand nicht erfüllt worden. Je älter man wurde, um so stärker waren die Einschränkungen — nicht nur finanziell, sondern auch in der Weiterbildung, sozial und ästhetisch. Kurz, man hat die Rolle gespielt, in die man hineingezwungen war oder die man sich selbst gewählt hat, aber alles ohne große Begeisterung. Das Leben war eher eine Pflichtübung als das große Engagement.

Andere Antworten älterer Menschen lassen erkennen, daß für sie die Erinnerung an den Krieg noch sehr lebendig ist. War es nicht eine Zeit der Not, eine Phase, die große Opfer forderte? Viele verloren Hab und Gut, vor allem aber die engsten Familienangehörigen — eine Tatsache, die sie nicht überwunden haben. Immer wieder wird erwähnt, daß die Jugend es heute zu leicht habe und deshalb ihre Privilegien nicht schätze.

Konkret wird die Distanz zwischen Jugend und Alter noch dadurch verschärft, daß für die erste Gruppe soziale Sicherheit selbstverständlich ist; man erwartet, daß die politische Stabilität andauert. Für die ältere Gruppe bleibt dagegen die Erinnerung an die Nazi-Diktatur — bewußt oder unbewußt — lebendig.

David Riesman unterscheidet in seinem Werk *The Lonely Crowd (Die einsame Masse)* zwischen einer von innen und einer von außen bestimmten Lebensweise. Aus den Antworten geht deutlich hervor, daß die Älteren mehr von innen bestimmt sind, während die Jugend — wie in fast allen Zivilisationen — stärker extravertiert lebt. Sie erwartet viel mehr vom Leben, während sich die Älteren schon eingeschränkt haben und dauernd die Wichtigkeit der Gesundheit betonen. Nur nicht krank sein, nur niemandem zur Last fallen, nur keine unerwarteten Ereignisse, die zu viel Streß bedeuten würden!

In einer Antwort wird deutlich, daß Alter endlich die Möglichkeit bedeutet, wirklich Freizeit zu haben, zu lesen, den Garten zu bearbeiten und die Familie zu genießen. In diesem Fall war der Mann noch am Leben — was oft leider nicht der Fall ist.

Folgende Fragen stellen sich: Wird die Automatisierung, die rapide voranschreitet, große wirtschaftliche Probleme bringen? Wird die internationale Konkurrenz die Wettbewerbsfähigkeit Österreichs beeinflussen? Kann auf die Dauer der hohe Lebensstandard aufrechterhalten bleiben? Wird die Inflationsrate weiter niedrig gehalten werden können? Wird das Energieproblem neue Strukturen und neue Einstellungen fordern? Wird der Geist der Koexistenz oder der Ungeist des kalten Krieges die Zukunft bestimmen?

Wir dürfen nicht vergessen, daß das demokratische Verständnis vieler Österreicher noch beschränkt ist, wie zum Beispiel die Gestalt des „Herrn Karl" zeigt, daß ein Reservoir an Provinzialismus besteht, daß Minderheiten nicht gerade großzügig behandelt werden und traditionelle Vorurteile noch nicht überwunden sind.

Die apolitischen Antworten der Umfrage weisen gewisse Nachteile aus, wenn wir demokratisches Bewußtsein schätzen. Sie zeigen, daß in einer Krise wahrscheinlich nur wenige den Mut haben würden zu rebellieren. Das Obrigkeitsdenken ist noch immer stark verankert, und zu wenig wird getan, um es zu überwinden.

Wenn man starke Emotionen und Leidenschaften vom typischen Österreicher erwartet, wird man enttäuscht sein; Österreich bleibt ein Land, in dem Konflikte nicht offen ausgetragen werden, in dem man sich arrangiert und Protektion wie Parteizugehörigkeit äußerst wichtig sind. Mit einem Wort: Das konventionelle bürgerliche Leben mit seinen Vorteilen und Grenzen ist charakteristisch für das Land. Es bedeutet, daß manche seiner kreativen Bürger in einer inneren Emigration leben oder ins Ausland gegangen sind, wo sie mehr Möglichkeiten zur Entfaltung erwartet haben.

Bezeichnend ist, daß die Selbstmordrate hoch ist. Als Grund dafür kann gelten, daß Emotionen unterbewertet werden, daß die Distanz zwischen Phantasie und Wirklichkeit erheblich ist und eine oberflächliche Höflichkeit keinen Ersatz für Gemeinschaft bietet. Schon in jungen Jahren kapseln sich viele Österreicher ab. Je älter sie werden, um so weniger Kontakte haben sie, um so stärker fühlen sie ihre Entfremdung. Es kommt vor, daß jemand schon viele Tage tot ist, bevor er vermißt wird.

Wirkliche Lebensbejahung und leidenschaftliches Interesse sind nicht dominant in einem Land, das Ordnung und den Status quo betont, das mehr von Anpassung als von Rebellion geprägt ist. Gegenüber anderen Ländern, besonders in der dritten Welt, ist der Anteil der Älteren weit höher. Sie sorgen für eine konservative Lebenshaltung.

Doch viele im Ausland beneiden Österreich. Ist die Kriminalität nicht gering gegenüber Ländern wie den USA,

Italien oder England? Ist die soziale Sicherheit nicht stärker ausgebaut? Ist die Lage Österreichs heute nicht besser als in der ersten Republik? Ist das Land nicht international als Vermittler geschätzt?

Könnte man nicht erwarten, daß die Jugend vielleicht doch eine kooperative Haltung durchsetzen und die Wand des Bürokratismus und Formalismus durchbrechen wird mit einer mehr lebensbejahenden und dialog- und kontaktfähigen Philosophie? Aber es ist auch möglich, daß diese Haltung in einer Atmosphäre von Selbstzufriedenheit verlorengeht. Typisch erscheint da die Antwort einer Sozialarbeiterin (59): „. . . Das könnte man als Sinn des Lebens zusammenfassen: Gesund sein, ein wenig arbeiten, ein wenig Freude haben, eine wenig Freude schaffen, alles getragen von anständiger Gesinnung, liebevoll gefördert vom Vater Staat."

17. Klaudas Einfluß

Gerhard Klauda war nur 35, als er 1976 starb, doch in den kurzen Jahren seines Lebens wurde er ein Symbol der Menschlichkeit. Seine Arbeit wurde international anerkannt, und er erhielt die höchsten Auszeichnungen der Republik Österreich. Viele Journalisten von Europa, Amerika und Afrika haben ihn interviewt, um über die Arbeit des „jungen Schweitzer" zu berichten. Sein ganzes Leben war ein Einsatz für die Schwachen der Gesellschaft. Egoismus war für ihn ein Fremdwort.

Seine Eltern, die ihn sehr ermutigten, berichten, wie er sich schon als Kind für die Hilflosen einsetzte. Wenn er Taschengeld bekam, schenkte er es einem armen Schulkameraden. Sehr früh faßte er den Entschluß, in der Medizin tätig zu werden. War das nicht der beste Weg, um sich zu erfüllen? War das nicht die beste Methode, um das Leid der Welt zu vermindern?

Seine Tätigkeit war so aufreibend, daß seine Gesundheit gefährdet war. Er schonte sich nie. Manchmal schlief er nur vier Stunden. Täglich konnte er 14 Stunden arbeiten. In seinem Zentrum war er Direktor, Handwerker, Sozialarbeiter, Berater, Lehrer, Koch und Organisator.

Trotz internationaler Anerkennung blieb er bescheiden. Ruhm war für ihn nur Mittel zum Zweck. Dadurch konnte er mehr helfen und effektiver sein. Dadurch konnte er die Not in den Entwicklungsländern dramatisieren. Dadurch konnte er auch an das Gewissen der Menschheit appellieren.

Er hätte ein erfolgreicher Arzt werden können. Er war hoch intelligent, einfühlend und besonders in wissenschaftlichen Fächern talentiert. Schon als Kind hat er sich für Forschung interessiert. Er wäre sicher bei seinen Patienten ausgezeichnet angekommen. Das Resultat wäre ein luxuriöses Leben gewesen mit vielen Reisen ins Ausland und Vorträgen für wissenschaftliche Kongresse. Doch er wählte ein Leben der Armut. Er teilte das Schicksal der Ausgestoßenen: der Leprakranken. Er bettelte für sie. Gewöhnlich hatte er nur zwei Mahlzeiten am Tag. In jeder Hinsicht lebte er mit den Kranken. Für ihn wurden sie Bruder und Schwester, für die er sich total engagierte.

Persönlich hatte er weder Geld noch irgendeinen Besitz. Oft hat er im Schlafsack auf dem Erdboden geschlafen. Er sagte zu mir: „Zuerst ist es schwierig, auf dem Boden zu schlafen, dann gewöhnt man sich daran. Jetzt kann ich überall einschlafen. Komfort bedeutet nichts. Man wird nur verwöhnt dadurch." Man kann in gewisser Hinsicht Klauda mit Albert Schweitzer vergleichen. Beide verifizierten ihre Ideale durch ihren Lebensstil. Beide arbeiteten mit den untersten Schichten der Gesellschaft. Beide betrachteten Armut als Zeichen der Verbundenheit mit den Unterdrückten. Beide waren Symbole der Demut und vollständig bedürfnislos. Beide strahlten eine innere Freude aus.

Viele Bekannte betrachteten Klauda als einen Fanatiker. Es war schon richtig, etwas für andere Länder zu tun, aber in Äthiopien zu bleiben, das war unnötig. War nicht Klauda besessen von seinen Ideen? War er nicht sehr einseitig? War seine Arbeit nicht eine Vergeudung seiner wissenschaftlichen Talente, die er nie in Äthiopien verwirklichen konnte?

Ich habe Gerhard Klauda im Jahre 1970 das erste Mal in Salzburg getroffen. Ich fragte ihn, warum er diese Karriere gewählt habe. Er antwortete: „Als ich 17 war, habe ich Asien per Autostopp besucht. In Indien sah ich, wie Menschen auf den Straßen zusammenbrachen und starben. Keiner kümmerte sich um sie. Ich habe indische Dörfer besucht, wo das Schicksal der Unberührbaren genauso schrecklich war wie vor hunderten Jahren. Gewiß, es gab Gesetze gegen Diskriminierung, aber die wurden nicht eingehalten. Ich sah, wie die Frauen der Unberührbaren vergewaltigt wurden und wie oft man die Männer tötete. Am schlimmsten war die Armut in den Dörfern. Es war alles hoffnungslos. Bombay und New Delhi waren Abstraktionen für die ländlichen Bewohner von Indien, die fast noch in der Steinzeit lebten mit all den Krankheiten und Seuchen, die man sich vorstellen kann. In Neuguinea sah ich Leprapatienten zum ersten Mal. Wieder erlebte ich die Indifferenz der Umwelt. Ich sah überall den Kontrast zwischen den Reichen in Luxushotels und dem Leben der Armen in den Slums. Ich fragte mich: Was ist meine Verantwortung? Was soll ich tun? Kann ich passiv bleiben? Später, nachdem ich wieder nach Österreich zurückgekehrt war, sprach ich mit vielen Professoren. Sie betonten, daß ich meine Zeit dem Medizinstudium widmen sollte. Ich erzählte von den Leprapatienten. Ich konnte sie nicht im Stich lassen. Ich hatte das Gefühl, helfen zu müssen. Die Professoren dachten, daß ich eine idealistische Phase durchmache, daß ich bald praktischer sein würde, aber sie haben sich getäuscht. Ich kann einfach nicht praktisch denken."

Meine nächste Frage war über sein Lebensziel und warum er die Leprakranken so intensiv betreue. Seine Antwort war: „Ich will kein oberflächliches Leben: Geld, Ruhm, Reputation, auch Wissen allein bedeuten nichts. Als ich die Leprakranken in Addis Abeba gesehen habe, wie sie als Opfer eines irrationalen Vorurteils behandelt wurden, da begriff ich, daß ich eine existentielle Verantwortung für sie habe. Als ich meine Arbeit anfing, lebten sie in Erdlöchern und Hütten auf einem Friedhof. Sie waren die Ausgestoßenen und Verachteten der Gesellschaft. Es ist wichtig, gebraucht zu werden. Und in meiner

Arbeit werde ich wirklich gebraucht — von Jungen und Alten, von Gebildeten und Analphabeten. Für mich sind die Leprakranken eine permanente Herausforderung."

Gerhard Klauda sprach zu vielen Gruppen in Europa, um Geld für seine Projekte zu sammeln. Medizinische Hilfe jedoch war nicht genug. Er startete ein Rehabilitationszentrum — Adis Alem — für Leprakranke und gründete Agrar-Genossenschaften, um die Armut zu bekämpfen.

Die Leprakranken wurden als Schlosser, Gärtner, Tischler, Weber, Korbflechter und Teppichknüpfer beschäftigt. Dauernd wurden sie ermutigt, ihre Fähigkeiten zu erweitern. Ihre Kinder wurden in einer kooperativen Schule unterrichtet. Er organisierte Musik- und Therapiegruppen. Seine Idee war, daß Therapie für den Kranken total sein muß und daß ästhetische Erweiterung genauso wichtig ist wie soziale und medizinische Hilfe.

Klauda organisierte Straßendemonstrationen, um die Bevölkerung über die Leprakrankheit aufzuklären. Diese Aktionen waren zuerst nicht populär, und Klauda wurde mehrmals von der Polizei geschlagen.

Ich fragte ihn einmal, welche Fähigkeiten besonders wichtig seien, um soziale Reformen zu erreichen. Seine Antwort war: „Ausdauer. Man muß immer wieder versuchen, das Ziel zu erreichen. Rückschläge sind unvermeidlich. Dann kommt der Test für uns. Geben wir nach oder fangen wir wieder an? Werden wir passiv oder wird unsere Begeisterung für die Sache noch stärker?

Um ehrlich zu sein, als die Polizei mich prügelte, war die Versuchung stark, die Arbeit mit Leprakranken aufzugeben. Warum sollte ich mich für andere aufopfern? Warum sollte ich so weit von meiner Heimat leben? Warum sollte ich für gute Taten bestraft werden? War nicht die Herausforderung zu groß, um von mir bewältigt zu werden? Doch ich beschloß weiterzumachen, selbst wenn die Resultate unscheinbar waren. Ich begriff, daß ich nur durch Ausdauer Erfolg haben würde."

Klauda versuchte, auch die Intellektuellen des Landes für seine Sache zu gewinnen und veranstaltete Ausstellungen und Symposien über die Leprakrankheit. Selbst die Methode des Straßentheaters wurde von Klauda genützt, um die öffentliche Meinung konstruktiv zu beeinflussen, nicht nur für Leprapatienten, sondern auch für andere Mitglieder der Gesellschaft, die Opfer der Diskriminierung waren.

Sein Ziel war, eine Reform der äthiopischen Gesellschaft zu erreichen, so daß soziale Verantwortung statt Feudalismus das Land dominieren würde.

Besonders aktiv war er auf dem Erziehungssektor. Er war ein geborener Lehrer, der Geduld nicht nur mit seinen Freunden, sondern auch mit anderen, die seine Arbeit nicht anerkennen wollten, hatte. Er organisierte Kurse, um die hygienischen Zustände der Leprakranken zu verbessern. Er tat dies nicht nur in der Hauptstadt des Landes, sondern auch in abgelegenen Dörfern, in die Europäer fast nie hinkamen. Er zeigte Müttern, wie sie die Säuglinge besser betreuen und wie sie ihre Familie besser ernähren konnten. Er interessierte sich besonders für den Kindergarten. War nicht Vorschulerziehung Fundament für das ganze Leben? War nicht Vorschulerziehung eine Chance, einen neuen Lebensstil zu entwickeln?

Er gründete kleine Lernzentren, in denen Leprapatienten nicht nur Fundamente der Erziehung vermittelt wurden, sondern auch Impulse für permanente Weiterentwicklung. Einige Schüler wurden später Lehrer, die in Dörfern den Analphabetismus bekämpften und die zeigten, daß die Leprakrankheit kein Dahinvegetieren bedeutet. Andere Schüler wurden Sozialarbeiter, die sich durch unbürokratische Haltung und Hingabe für die untersten Schichten der Gesellschaft auszeichneten.

Das Ziel Klaudas war Erziehung gegen Resignation. Selbsthilfe und kooperative Aktion sollten nicht nur die Schule, sondern die ganze Gesellschaft prägen. Er betonte immer wieder, daß Hoffnung Substanz des Lebens sei und daß kein Problem und keine Krankheit ohne eine positive Haltung verbessert werden könne. Er selbst war ein Symbol der Ermutigung. Ob er mit Jungen oder Alten sprach, mit Analphabeten oder Professoren, mit Bauern oder Politikern, mit Gesunden oder unheilbar Kranken — immer strahlte er Zuversicht aus.

Viele Wohlfahrtsorganisationen haben seine Arbeit unterstützt. Auch in Äthiopien bestand immer größeres Interesse für Klauda, besonders unter den Studenten. Allmählich änderte sich auch die Haltung der Regierung gegenüber den Leprakranken.

Einmal waren wir zusammen Gäste bei einem Abendessen, das in Wien von einem Diplomatenehepaar gegeben wurde. Gerhard war Ehrengast. Er trug wie immer verbeulte Hosen, ein altes Hemd und eine grüne Militärjacke. Die anderen Gäste waren sehr elegant angezogen. Die Speisen waren ausgezeichnet. Das Haus selbst mit Schwimmbecken und Tennisplatz hatte jeden möglichen Luxus. Alles war ein krasser Kontrast zu Gerhards Umgebung in Äthiopien.

Nach dem Essen wurde Klauda mit großem Lob vorgestellt, aber er blieb, wie immer, bescheiden. Er betonte, daß seine Arbeit nur ein Anfang sei und daß er Spenden mehr als Anerkennung brauche. Er sprach im Detail über die Leprakrankheit und ihre medizinische und soziale Auswirkung. Er sagte unter anderem:

„Es gibt ungefähr 15 Millionen Leprakranke in der Welt

... 250.000 davon sind in Äthiopien.

... 15.000 leben in Addis Abeba.

... Die Krankheit kann in jeder Phase gebessert werden.

... Tabletten, die nur 20 Schilling im Monat kosten, können zur vollständigen Heilung beitragen."

Er erzählte, wie er einen Leprapatienten in ein modernes Hospital in Addis Abeba eingeliefert hatte. Die Ärzte hatten versprochen, alles zu tun, um dem Patienten zu helfen. Eine Stunde später war der Leprakranke wieder auf dem Friedhof. Das Versprechen wurde nicht gehalten, denn das Vorurteil auch von ärztlicher Seite gegenüber dem Leprapatienten war zu groß.

Danach zeigte er Bilder von der Umgebung von vielen Leprakranken, wie arm sie waren und wie sie betteln mußten, um Nahrung und Geld zu bekommen. Er berichtete, wie Mütter ihre Kinder verstümmelten, damit sie erfolgreichere Bettler sein konnten. Die Kinder waren vielleicht sechs Jahre alt, aber sie sahen viel älter aus, fast wie Opfer in einem Konzentrationslager.

Ich werde die Bilder von vielen Leprapatienten nie vergessen können. Ihre Gesichter waren geprägt von Verzweiflung und Demütigung. Einige hatten keine Ohren, andere keine Beine. Einige waren blind, andere hatten Geschwüre am ganzen Körper und sahen mehr tot als lebendig aus.

Sein Vortrag endete mit Bildern von seinem Rehabilitationszentrum, besonders von einem Kindergarten. Die junge Lehrerin — Lono — war eine ehemalige Patientin. Jetzt war sie geheilt und strahlte Zufriedenheit und Erfüllung aus. Die Kinder dort würden ein ganz anderes Leben als ihre Eltern haben. In jeder Hinsicht war sein Zentrum eine Oase der Menschlichkeit. Seine letzten Worte waren: „Ich werde bald nach Äthiopien zurückkehren. Ich fühle mich nie wohl, wenn ich zu viel esse und zu viel Überfluß erlebe. Ihr könnt helfen, Leben zu retten. Ihr könnt solidarisch handeln, so daß Menschlichkeit und Liebe keine Abstraktion bleiben.

Solidarisch zu denken, ist schwierig. Wo wird es gelehrt? Wo wird es gefördert? Sicher nicht in den Schulen. Dort herrscht der Leistungsdruck. Jeder für sich selbst, ist das Motto. Kommunikationsträger helfen nicht. Wir sehen das Unglück der Schwachen, aber wir fühlen es nicht, und wir wollen es nicht zur Kenntnis nehmen. Sensationen und Oberflächlichkeiten lenken uns ab. Wir sprechen von Liebe, aber ohne Tat ist Liebe nur ein Wort.

Die Bilder, die ich gezeigt habe, sind von unseren fernen Nachbarn. Mit wenig Geld können wir ihren Zustand ändern. Es ist ein Zufall, daß wir hier sind und sie dort, daß wir zu viel zu essen haben und sie verhungern, daß wir alle Chancen haben und sie zu wenig Möglichkeiten, ein lebenswertes Leben zu gestalten. Diesen Menschen beizustehen ist unsere Verantwortung und Test unserer Gesinnung."

Der Abend wurde für Klauda ein großer finanzieller Erfolg. Wir sahen uns am nächsten Tag wieder, und er berichtete, wie er mit den Spenden sein Zentrum ausbauen und neue Schulen gründen würde. Er plante auch Zweigstellen von Adis Alem in anderen Städten von Äthiopien.

Er erzählte, daß Schulkinder in Norwegen und Schweden viele Spenden schickten. Am meisten beeindruckt war er von einer achtzigjährigen Pensionistin aus Wien, die selbst kaum genug zum Leben hatte und doch noch Geld für seine Projekte gab. Mit der Pensionistin wechselte er viele Briefe, und er besuchte sie, sooft er in Wien war . . .

Er hat immer Argwohn gegen Experten gehabt. Er betonte, daß viele internationale Experten nur in den besten

Hotels anzutreffen seien und daß sie wenig Mitgefühl für die sozialen Probleme der Entwicklungsländer hätten. Für die Experten waren die Einheimischen Objekte, die man studiert und klassifiziert, aber die man kaum als Menschen schätzt. Klauda betonte dagegen die Bedeutung von kleinen Gruppen und lokalen Initiativen. Er glaubte, daß der einzelne ein kreatives Potential habe, das er nicht erfülle und verwirkliche und das oft von der konventionellen Erziehung zerstört werde. Er erzählte immer wieder von Analphabeten, die trotz mangelnder Bildung große Weisheit hatten und viele konstruktive Vorschläge für die Verbesserung seines Zentrums machten.

Er berichtete einmal von einem Erlebnis im Inneren von Äthiopien. Er hatte sich verirrt und hatte im Wald einen Mann getroffen, der in einer Hütte lebte. Der alte Mann sah, daß Klauda hungrig war, und teilte seine karge Mahlzeit mit ihm. Wie anders war die Haltung des alten Mannes als die von vielen Europäern! Wie spontan er reagierte! Klauda betonte, daß Zivilisation viel technischen Fortschritt gebracht habe, daß der Mensch dadurch aber oft von seinem Nachbarn entfremdet würde. Immer wieder berichtete er von einzelnen Menschen in Äthiopien, die Herzensgüte zeigten und die in tiefer Verbundenheit mit anderen lebten.

Trotz der verheerenden Zustände, die er in Äthiopien erlebte, blieb er ein Optimist. War nicht die wissenschaftliche Entwicklung noch am Anfang? War nicht Feudalismus immer noch eine Herausforderung in vielen Teilen der Welt? War nicht trotz der Rückschläge echte Demokratie und Mitverantwortung die Welt der Zukunft?

Um eine neue Weltordnung zu schaffen, ist eine permanente Aufklärung notwendig. Gerhard Klauda betonte immer wieder, daß das Gewissen der Menschheit aufgerüttelt werden müsse. Nur dann könnten Krankheiten wie

Lepra eliminiert werden. Nur dann könnte das Ideal von einer Welt verwirklicht werden . . .

Vor kurzem sprach ich zu einer Jugendgruppe über Gerhard Klauda. Nach der Rede war zuerst kein Kommentar. Dann bemerkte Hans (15), ein Gymnasiast: „Ich frage mich, was ich tun kann. Ich bin ziemlich gut in der Schule. Ich habe genug Taschengeld. Meine Eltern sind glücklich verheiratet. Um ehrlich zu sein, ich bin kein Missionar-Typ wie Schweitzer oder Klauda."

„Vielleicht könntest Du doch etwas tun", entgegnete ich.

Er dachte nach. „Ich habe einen Bruder. Er ist zwei Jahre jünger als ich. Er ist nicht sehr gut in der Schule, besonders in Englisch. Ich werde ihm bei seinen Hausaufgaben helfen."

Sabine (15), eine Hauptschülerin, berichtete: „Ich lebe nur für meinen Freund. Wir sehen uns jeden Tag. Wenn ich alt genug bin und er eine Stellung hat, werden wir heiraten. Bis jetzt, um ehrlich zu sein, habe ich wenig über die Not der Welt nachgedacht. Manchmal habe ich ein schlechtes Gewissen. Denn ich bin glücklich, und so viele andere haben ein trostloses Leben. Doch vielleicht ist mein eigenes Glück nicht genug. Ich werde die Angelegenheit mit meinem Freund besprechen, und vielleicht können wir etwas zusammen tun . . . Es fällt mir gerade etwas ein: Ich habe eine Großtante, die einen Schlaganfall gehabt hat. Es geht ihr jetzt etwas besser, und sie ist in einem Pflegeheim untergebracht. Meine Eltern sagen, daß sie kaum Zeit haben, sie zu besuchen. Zusammen mit meinem Freund können wir vielleicht etwas für die Großtante tun."

Gerda (16), eine Berufsschülerin, bemerkte: „Mein Vater ist gestorben, als ich noch klein war. Seit dieser Zeit muß meine Mutter arbeiten. Sie opfert alles für mich. Leider hat sie andere Ansichten als ich auf jedem Gebiet. Wir streiten uns besonders, weil sie meinen Freund nicht mag. Ich werde versuchen, mehr Verständnis für sie zu zeigen und sie nicht als Dienstmädchen zu behandeln. Ich werde auch mehr im Haushalt helfen."

Johanna (15), eine Hauptschülerin, sagte: „Bei uns im Haus lebt eine alte Frau. Sie muß über 80 sein. Sie hat keine Familie. Ihren Mann hat sie schon vor Jahren verloren. Es ist schwer für sie, einzukaufen, denn sie ist gehbehindert. Ich werde sie besuchen und mit ihr sprechen und manchmal für sie einkaufen gehen."

Robert (13), ein Schüler einer Hauptschule, erklärte: „Die Schule hat mich nie interessiert. Dagegen kann ich Fußball Tag und Nacht spielen. Ich lebe für Fußball. In der Zeitung lese ich nur den Sportteil. In unserer Nachbarschaft haben wir ein gutes Fußballteam. Wir sind alle sehr befreundet. Der Sohn unserer Hausbesorgerin, eine Türkin, spielt auch Fußball. Er möchte zu unserer Mannschaft gehören. Die anderen sind dagegen. Sie wollen nichts mit einem Gastarbeiter zu tun haben. Sie sagen, daß er sich nicht richtig wäscht und daß er immer schlecht angezogen ist. Aber er ist ein feiner Kerl. Ich werde mich für ihn einsetzen."

Karl (15), ein Gymnasiast, sagte: „In unserer Nachbarschaft wohnt ein blinder Mann. Er ist schon sehr alt. Er lebt ganz allein. Wir haben alle Mitleid mit ihm, aber wir haben kaum Kontakt. Ich werde ihn besuchen und ihm vorlesen. Vielleicht wird ihm das Freude machen . . ."

Nach einigen Monaten haben wir uns wieder getroffen. Hans berichtete: „Ich habe jetzt ein anderes Verhältnis zu meinem Bruder. Ich verstehe ihn viel besser, und er bespricht seine Probleme mit mir. Lehren macht mir Spaß. Vorher dachte ich immer, daß ein Lehrer ein langweiliges Leben führt. Aber das ist nicht richtig. Vielleicht werde ich

Lehrer werden. Ich werde versuchen, menschlich zu sein und Geduld mit meinen Schülern zu haben."

Sabine erzählte: „Zuerst war mein Freund nicht begeistert von dem Projekt. Er sagte, daß wir so wenig für meine Großtante tun könnten und daß wir unsere Freizeit nicht vergeuden sollten. Aber ich war energisch, und wir haben sie besucht. Es war zuerst ein Schock, so viele alte Menschen zu sehen, und die meisten waren so einsam! Man konnte sich kaum vorstellen, daß sie je jung waren. Die Großtante hat sich sehr gefreut, daß wir kamen, und sie war sehr nett zu meinem Freund. Sie war gar nicht langweilig. Wir besuchen sie mindestens einmal in der Woche. Mein Freund kommt immer mit, und er hat ihr auch Blumen gebracht. Bald wird sie wieder zurück in ihre Wohnung gehen. Dann werden wir ihr bei ihrer Hausarbeit helfen. Mein Freund interessiert sich jetzt für Altenhilfe. Er ist reifer geworden. Dadurch, daß wir zusammen der Großtante helfen, ist unsere Liebe füreinander noch tiefer geworden."

Gerda berichtete: „Meine Mutter und ich haben noch immer Probleme. Sie denkt, daß ich zu viel ausgehe. Aber ich helfe jetzt mehr daheim, und ich verstehe sie besser. Früher haben wir nie ein wirklich tiefgehendes Gespräch gehabt. Jetzt habe ich gelernt zuzuhören. Ich schätze sie auch mehr. Ich frage mich oft: Was hätte ich getan, wenn ich meinen Mann so früh verloren hätte? Wäre ich so aufopfernd wie meine Mutter gewesen? Ich interessiere mich jetzt sehr für Entwicklungshilfe. Wenn ich mit meiner Ausbildung fertig bin, möchte ich gerne in Indien tätig sein. Dort gibt es so viele Menschen, die arm sind und die verhungern. Vielleicht kann ich etwas tun. Ich weiß nicht, ob ich stark genug dafür bin. Ich liebe Abwechslung und Vergnügen. Trotzdem, ich habe auch eine andere Seite, und ich denke, wir sollten alle mehr für die Menschheit tun. Mein Freund denkt, daß mein Interesse für Entwicklungshilfe nur ein vorübergehender Impuls ist. Ich glaube, er hat unrecht."

Johanna erzählte von ihren Kontakten mit der alten Frau: „Sie ist sicher nicht die interessanteste Person, die ich getroffen habe. Sie wiederholt sich oft. Sie ist sehr altmodisch. Aber sie strahlt so viel Güte aus. Und sie ist so dankbar für alles. Wenn ich für sie einkaufen gehe, will sie mir immer etwas schenken. Oft denke ich darüber nach, wie ich in ihrem Alter sein werde. Werde ich eine verbitterte alte Frau oder werde ich großzügig und liebevoll sein? Werde ich Verständnis für die Jugend haben? Ich bin auch aktiver in unserer Jugendgruppe geworden. Vielleicht kann ich meinen Freund aktivieren, für die Schwachen der Gesellschaft mehr zu tun. Natürlich ist es leichter, Pläne zu schmieden, als wirklich tätig zu sein. Ich selbst habe die besten Absichten, doch so oft bin ich träge."

Robert sagte: „Der Türke ist ein enger Freund geworden. Er ist jetzt Torhüter in unserer Mannschaft — ein prima Fußballer. Es hat schon gedauert, bis er akzeptiert wurde, aber jetzt können wir uns das Team ohne ihn nicht vorstellen. Oft besuche ich ihn. Seine Mutter ist besonders nett. Vorher war sie nur eine Hausbesorgerin, die ich nicht beachtete; jetzt ist sie jemand, den ich sehr schätze. Vielleicht werde ich bald die Türkei besuchen. Ich werde auch Türkisch lernen . . . Wenn jemand über Gastarbeiter schimpft, dann verteidige ich sie und versuche, Vorurteile zu bekämpfen."

Karl sagte: „Der blinde Mann hat mein Leben verändert. Jetzt bin ich viel dankbarer und bewußter geworden. Ich erlebe alles anders. Der Blinde ist ein Vorbild geworden. Er hat auch meine ganze Einstellung zur Schule geändert. Früher war die Schule eine Qual und ein Zeitverlust. Jetzt lerne ich mehr und sehe ein, wie wichtig das Wissen ist. Ich möchte in ein Gymnasium wechseln, denn mein Ziel ist, Augenarzt zu werden. Vielleicht kann ich viele vor der Erblindung retten. Es ist ein langes und schwieriges Studium, aber ich glaube, ich kann es schaffen. Meine Eltern denken, daß ich nicht genug Ausdauer habe und daß ich einen leichteren Weg vorziehen werde. Mein Vater sagt immer: ‚Nur materielle Ressourcen sind wichtig.' Aber er hat unrecht. Es gibt andere Sachen, die viel wichtiger sind, wie Freundschaft, Liebe und Hingabe, die Fähigkeit, zu teilen. Das alles habe ich von dem blinden Mann gelernt. Jetzt weiß ich: ich will der Menschheit helfen."

Leider ist die Reaktion der Gruppe außergewöhnlich. Auch, ob ihr Idealismus bestehen bleibt, ist ungewiß, denn das Statusdenken wird immer stärker und fördert einen engstirnigen Lebensstil.

ABSCHNITT IV

18. Kinder als Herausforderung

Das Jahr 1979 wurde als das Jahr des Kindes gefeiert. Wie sieht es heute mit dem Kind aus? Zum Teil hat sich seine Situation gebessert. Millionen Kinder in den Entwicklungsländern haben jetzt die Möglichkeit, eine Schule zu besuchen. Das Vorurteil gegenüber der Erziehung von Mädchen ist geringer geworden.

Viele Anstrengungen werden gemacht, um das Analphabetentum zu bekämpfen. Auch mit der Gesundheitserziehung ist es aufwärts gegangen, so daß die meisten Kinder heute hygienischer leben als zuvor. Kinderarbeit ist weniger bemerkbar, und es werden internationale Versuche unternommen, besonders durch die UNO, die Ausbeutung der Kinder zu überwinden.

Aber wir dürfen uns keinen Illusionen hingeben. Die Behandlung der Kinder ist ein Spiegelbild der Gesellschaft; sie hängt eng mit unseren Wertvorstellungen zusammen. Wir dürfen nicht vergessen, daß Rousseau, der mit seinen pädagogischen Schriften viel zur Humanisierung der Erziehung beigetragen hat, seine eigenen Sprößlinge in einem Waisenhaus untergebracht hat. Ich kenne einige Psychologen, die sich intensiv mit Kindern beschäftigen. Theoretisch, wie Rousseau, sind sie ausgezeichnet, doch in der Praxis verzeichnen sie Mißerfolge; sie können ihre Ideale nicht anwenden und sind kaum imstande, erfolgreich gegen den Konsumzwang, der ihre Kinder beherrscht, anzukämpfen.

Leider gibt es zu wenige Lehrer wie Janusz Korczak, den großen polnischen Pädagogen, der vorlebte, wie man mit Kindern umgehen soll, der von Güte und Menschlichkeit beseelt war und seinen Glauben an das Gute nie verlor. Korczak war kein Theoretiker der Liebe; er analysierte nicht nur. Er lebte mit den Kindern und beschäftigte sich besonders mit den armen und den verwahrlosten. Er betonte, daß das Kind ein Prüfstein der Zivilisation sei. Wurde es gut behandelt, dann kam Fortschritt; aber fast überall bildeten die Kinder eine unterdrückte Minderheit.

Wie kann man Kinder am besten beeinflussen, wie sie kreativ entwickeln? Korczaks Antwort war, daß alles mit der Aufklärung der Erwachsenen anfangen müsse, daß sie Zeit haben müßten für die Kinder, um ihre Welt zu verstehen, und daß es keinen Ersatz für Zuneigung gebe. In den Institutionen, in denen Korczak wirkte, betonte er den Geist der Demokratie und der Selbstverwaltung. So hielten die Kinder selbst Gericht und bestimmten ihr eigenes Programm. Das bedeutete nicht Anarchie, sondern ist der Versuch, die Kinder auch Fehler machen zu lassen, um ihren Reifungsprozeß zu intensivieren.

Für Korczak war Kultur nicht eine Pflicht, sondern ein Privileg. Besonders betonte er die Wichtigkeit des Theaters. Seine Kinder, die die Schrecken des Warschauer Ghettos erlebten, wurden immer wieder daran erinnert, daß es auch eine andere Welt gab — eine Welt der Kunst, der Wahrheit und der Menschlichkeit. So sahen die Kinder ein Theaterstück von Tagore, dem indischen Nobelpreisträger, *Das Postamt*, das in seiner Poesie einen starken Kontrast zur schrecklichen Wirklichkeit darstellte.

Korczak war Mediziner, er hätte viel Geld als Arzt verdienen können. Statt dessen wählte er die Armut und teilte alles mit seinen Kindern. Im Ghetto schlief er mit zwölf Kindern in einem kargen Saal. Nachts mußte er oft aufstehen, um den Kindern beim Verrichten ihrer Bedürfnisse zu helfen. Alles das tat er gerne. Kein Opfer war ihm zuviel, keine Anstrengung zu groß, denn er war erfüllt von seiner Aufgabe.

Einige Psychologen, besonders orthodoxe Freudianer,

werden wahrscheinlich die Diagnose stellen, Korczak sei zu stark von einem strengen Über-Ich bestimmt gewesen. Vermißte er nicht sehr viele Vergnügungen? War sein Leben nicht puritanisch geprägt? War er nicht abnorm in seinem Engagement für Kinder?

Dieser Standpunkt ist meiner Meinung nach falsch, denn Korczak fand Erfüllung in seiner Arbeit — eine Erfüllung, die nur wenige von uns finden. Die Kinder im Waisenhaus waren seine Familie. Für sie opferte er sein Leben. Er hätte sich retten können, hätte leicht eine Möglichkeit gehabt unterzutauchen, statt dessen ist er mit den Kindern gegangen, um ihnen beizustehen und ihnen in den schwierigsten und grauenvollsten Tagen ihres Lebens Hoffnung zu geben.

Diejenigen, die ihn bei seinen Kindern sahen, als sie zum Umschlagplatz marschierten, haben es nie vergessen. Korczak war verantwortlich dafür, daß das ganze von den Kindern wie ein Ausflug verstanden wurde. So marschierten sie fast fröhlich mit grünen Flaggen in den Händen. Er selbst führte zwei kleine Kinder, war Vater und Mutter für sie. Selbst das Krematorium Treblinka konnte seinen Geist nicht zerstören; bis zuletzt glaubte er an den Menschen und an eine bessere und konstruktivere Zukunft.

Das Prinzip Hoffnung war eines von Korczaks Hauptthemen. Im Jahre 1913 hatte er *Slawa (Herrlichkeit)* geschrieben und fast schon einen utopischen Geist gefordert. Er glaubte an die Macht der Phantasie. In seinem Buch beschreibt er einen Jungen, der Chirurg werden will, es aber nur bis zum Pfleger in einem Spital bringt. Ein anderer will Staatsmann werden und die Geschichte der Menschheit beeinflussen, doch aus ihm wird ein unbedeutender Gewerkschaftsfunktionär. Korczaks Schlußfolgerung war: Schon allein die Hoffnung kann das Leben heben, und niemand soll Angst davor haben, von einer besseren Zukunft zu träumen, selbst wenn diese Zukunft nicht eintrifft.

Korczak sah immer das Positive im Kinde. Er war Optimist, denn oft hatte er erfahren, wie ein Kind mit antisozialen Neigungen zum konstruktiven Mitglied der Gemeinschaft wurde. Korczak schrieb: „In den Lebensläufen ist die Kindheit der Berg, von dem der Strom des Lebens seinen Anfang, seinen Anlauf und seine Richtung nimmt."

Das bedeutet, daß wir das Kind viel ernster nehmen und es nicht nur schulisch, sondern auch emotional und sozial fördern sollten, daß wir durch Kinder uns selbst besser verstehen lernen. Es bedeutet andere Schulen, die weniger bewerten und mehr anregen, Schulen, in denen das Kind im Zentrum steht, nicht aber ein abstrakter und meistens unbrauchbarer Lehrplan. In dieser Hinsicht war er genial. Sein Interesse für Drama, Poesie, Geschichte, Psychologie war genauso ausgeprägt wie für Medizin und Pädagogik. Er unterrichtete viele Studenten und bestritt ein populäres Radioprogramm. Er forderte mehr Aufklärung, um das Leben der Erwachsenen und der Kinder kreativer zu gestalten.

Von John Dewey lernte er, wie wichtig eine progressive Einstellung ist. Lernen wir nicht am besten, wenn wir konkret handeln und den hierarchischen Geist überwinden? War nicht eine neue Erziehung die beste Methode der Reform? War sie nicht der effektivste Weg zu einer besseren Gesellschaft? Zugleich betonte er die Notwendigkeit sozialer Reformen. Ausbeutung, Krieg, Armut, Vorurteil, Haß, Provinzialismus — das waren die Feinde, und nur relativ selten wurden sie effektiv bekämpft.

Er forderte mehr Achtung für den Arbeiter. Für ihn gab es keinen Unterschied zwischen Kopfarbeit und manueller Tätigkeit, zwischen technischer und ästhetischer Erziehung. Wissensvermittlung allein genügte nicht. Die richtige Antwort war nicht so wichtig wie die Tatsache, ein produktives Mitglied der Gesellschaft zu sein. Produktiv zu sein, bedeutet laut Korczak nicht nur, daß das Kind einen Beruf lernt und gute Arbeitsgewohnheiten ausbildet, sondern daß es auch ein Gefühl für seine Kameraden entwickelt. Er forderte die älteren Kinder auf, sich den Bedürfnissen der jüngeren zu widmen. Selbst ein Fünfjähriger konnte schon eine erzieherische Funktion ausüben, wenn er einen Dreijährigen betreute. Für Korczak bedeutete die Schule eine Möglichkeit, Solidarität zu entwickeln — eine Solidarität, die das Leben lebenswerter machen sollte für Erwachsene und Kinder.

In *Wie man ein Kind lieben soll* beschreibt Korczak, wie sehr der Erwachsene mit sich selbst beschäftigt ist, so daß er die Bedürfnisse des Kindes kaum verstehen kann; wie unterschiedlich sich das Kind verhalten kann, wenn es mit dem Vater oder der Mutter, dem Großvater oder der Großmutter zusammen ist; wie verschieden es auf gütige oder unbarmherzige Lehrer reagiert. Wie anders benimmt sich das arme Kind im Vergleich zum Sprößling der Reichen. Und Kinder unter sich, betonte Korczak, sind anders als in ihren Beziehungen zu Erwachsenen. Er beobachtete auch, was für gute Schauspieler die Kinder sein können, wie sie ihre Gefühle unterdrücken, besonders in der Schule, wo sie die Lehrer oft durch scheinbare Anpassung täuschen.

Korczak glaubte, daß Kinder ein viel größeres kognitives Potential haben, als Erwachsene vermuten. Aber meistens wird dieses Potential durch Einschüchterung seitens der Eltern und Lehrer verschüttet. Zu viel wird Kindern verboten, nur damit Erwachsene es leichter haben. Und viel hängt von den Stimmungen der Erwachsenen ab; so wissen die Kinder oft nicht, was erlaubt und was verboten ist. Korczak war überzeugt, daß zu viele Tabus für Kinder bestehen — eine Tatsache, die ihre gesamte Entwicklung hemmt. „Wir müssen das Kind lehren“, schreibt er, „nicht nur die Wahrheit zu lieben, sondern auch die Lüge zu erkennen, nicht nur Respekt zu haben, sondern auch Kritikfähigkeit zu entwickeln, nicht nur zu akzeptieren, sondern auch zu rebellieren.“

Immer wieder betonte er, wie wichtig es sei, bewußter über den eigenen Status und die eigenen Emotionen nachzudenken; wenn wir als Sklaven erzogen werden, können wir kaum unsere Existenz ändern; wir können Kindern kein Gefühl der Freiheit geben, wenn wir selbst unterdrückt sind.

Er war ein großartiger Beobachter. Wo er auch war, ob im Ersten Weltkrieg, ob in Waisenhäusern, im Klassenzimmer, im Studium, in Vorlesungen, im Spiel mit Kindern, im Dialog mit Eltern oder im Ghetto unter den Nazis — er sah genau und hatte immer ein Tagebuch bei sich. Antworten interessierten ihn viel weniger als Fragen. Er glaubte, daß in der Vergangenheit der Pädagoge von zu vielen leeren Formeln beherrscht wurde, so daß er weder die Welt der Erwachsenen noch die der Kinder verstehen konnte.

Überhaupt war Korczak kein unbeteiligter Forscher. Er sah zu viel Ungerechtigkeit und Unterdrückung, um passiv zu bleiben. Seine Pädagogik war eine Aufforderung zur Aktion. Erziehung bedeutete nicht Anpassung, sondern Weg zur Erneuerung. *Wie man ein Kind lieben soll* ist eine klassische Studie geworden. Sie ist das Gegenteil von Rousseaus *Emile*. Das Kind, betont Korczak, sei nicht von der Zivilisation verdorben. Aber Zivilisation könne entweder das Leben eines Kindes zerstören oder es schöpferisch gestalten.

Als Warschau von der deutschen Luftwaffe und Artillerie verwüstet wurde, war Korczak unterwegs, um Kinder zu beschützen. Kinder, die verwundet waren, brachte er ins Krankenhaus, denen, die Nahrung brauchten, brachte er Brot. Wenn sie weinten, versuchte er, sie zu trösten. Er kümmerte sich kaum um die eigene Sicherheit. Bomben fielen rings um ihn, und doch war immer sein erster Gedanke, wie er den Kindern beistehen könnte.

Die Wirklichkeit des Warschauer Ghettos war furchtbarer, als irgendein Buch das je beschreiben könnte. Fast eine halbe Million Menschen war ursprünglich dort untergebracht. Oft teilten zwanzig ein Zimmer. Die hygienischen Zustände waren grauenhaft. Jeden Tag starben viele Menschen, meistens durch Hunger. Kinder sahen wie Greise aus. Sie versuchten, Brot in das Ghetto zu schmuggeln, und manche wurden von den deutschen Polizisten erschossen. Ein Mädchen erklärte, sie wolle lieber ein Hund sein; denn die Eroberer liebten Hunde und haßten die Kinder.

In seiner Broschüre *Die Zerstörung des Warschauer Ghettos* beschreibt Anton Szymanowski, wie ein Mann, dessen Frau schon abtransportiert ist, seine Kinder verliert, wie sie in ein Vernichtungslager kommen. Er muß zusehen, wie sie auf einem Wagen weggefahren werden. Seine älteste Tochter will bei ihm bleiben. Sie ruft dem Vater zu: „Hilf mir!" Er kann nicht helfen. — Eine Frau hat einen kleinen Buben bei sich. Ein Polizist schlägt sie und tritt sie so fest, daß sie das Bewußtsein verliert. Als sie wieder zu sich kommt, ist ihr Kind verschwunden . . .

Trotzdem verlor Korczak nie seinen Glauben an den Menschen. Die Barbarei erschütterte ihn nicht. Für ihn war dergleichen nur eine Episode auf dem langen Weg zur wahren Menschlichkeit. Im Jahre 1978, hundert Jahre nach der Geburt von Korczak, beschloß die UNESCO, ihm das Jahr zu widmen. War er nicht der Anwalt der Kinder, der seine Ideale durch sein Opfer bestätigt hatte?

Sind wir seit dem Tode Korczaks kinderfreundlicher geworden? Die Tatsachen sind ernüchternd:

In Deutschland werden jedes Jahr 200 Kinder zu Tode gequält. 15.000 Kinder werden mißhandelt, die Dunkelziffer ist fast zwanzigmal höher. Häufig werden Vergehen gegen Kinder nicht gemeldet; denn viele Deutsche befürworten noch immer Härte in der Erziehung.

In Österreich laufen immer mehr Kinder von zu Hause weg. Der Grund ist nicht nur eine schlechte Atmosphäre daheim, sondern Angst wegen schlechter Noten, auch das Gefühl, daß niemand sie mag.

In den deutschsprachigen Ländern leiden fast ein Viertel der Kinder unter den hohen Anforderungen der Schulen. Sie sind Opfer der unsinnigen Lehrpläne und des Ehrgeizes ihrer Eltern.

Das Familienleben in den USA ist besonders konfliktreich; das führt dazu, daß viele Kinder den Psychiater brauchen. Oft besteht aber eine Wartezeit von einem Jahr, bis die Therapeuten und Beratungsstellen Zeit für das Kind haben.

Die Kinderheime haben sich zwar etwas verbessert, in vielen herrscht aber eine lieblose Atmosphäre. Das Kind lebt dadurch in einer trostlosen Umgebung; oft versucht es wegzurennen und wird mit Gewalt zurückgebracht. Viele Erziehungsheime sind Brutstätten der Gewalt, Vorbereitung für ein kriminelles Leben.

Immer mehr beobachten wir die Zunahme von Selbstmorden bei Kindern und Jugendlichen. Besonders gefährlich ist die Situation in Deutschland, wo ein ausgeprägter Leistungsdruck — Ausdruck einer bewußten oder unbewußten Kinderfeindlichkeit — ist.

60 Millionen Kinder in Afrika, Asien und Südamerika arbeiten oft 60 Stunden in der Woche. Sie werden in jeder Hinsicht ausgebeutet und als Objekte behandelt.

590 Millionen Kinder müssen sich mit unhygienischem

Trinkwasser begnügen, eine Tatsache, die immer neue Erkrankungen hervorruft.

420 Millionen Kinder leben in einer menschenunwürdigen Behausung (Blechhütten, Erdlöcher). Meistens ist das in Entwicklungsländern der Fall, aber in Teilen Europas und den USA erleben Kinder von Obdachlosen, Arbeitslosen, Gastarbeitern und anderen sozialen Randgruppen fast das gleiche Schicksal.

In einer österreichischen Volksschulklasse kommt ein Lehrer auf 24 Kinder, dagegen gibt es in Obervolta nur einen Lehrer für 534 Kinder.

Millionen Kinder in den Entwicklungsländern haben nicht genug zu essen. Sie können sich geistig nicht voll entwickeln, weil ihnen wichtige Vitamine und Spurenelemente fehlen. Andere werden blind, viele leiden unter Krankheiten wie Leprose.

Kinder von Süchtigen in Europa, USA und Asien leiden unter Entziehungssymptomen. Sie büßen für das Verfehlen ihrer Eltern.

Die Armut in gewissen Teilen der Welt, besonders in Asien, ist so groß, daß Eltern ihre Kinder verstümmeln, damit sie als Bettler erfolgreich sind.

Kinderbanden sind keine Seltenheit mehr. Sie terrorisieren viele Städte, besonders in Südamerika. Sie imitieren die erwachsenen Verbrecher und spezialisieren sich besonders auf Raub und Erpressung.

In Krisengebieten wie Nordirland spielen Kinder Krieg. Ihr Ehrgeiz ist es, Terrorist zu werden. Frieden ist für sie ein Fremdwort; sie kennen nur die Welt der Gewalt.

Fast überall blüht das Geschäft mit Kriegsspielzeug. Für viele Kinder bedeutet Weihnachten nicht ein Fest der Versöhnung, sondern die Möglichkeit, neue Spieltanks und -pistolen auszuprobieren. Das Resultat ist die Überzeugung, daß Konflikte nicht friedlich gelöst werden können und nur militärische Stärke effektiv ist. Kurz, sie werden konditioniert, militärisch zu denken und militärisch zu handeln.

Das Fernsehen ist in vielen Ländern ein Medium, das besonders von Kindern bevorzugt wird. So jung, wie sie sind, schauen sie zu, wie Menschen gelyncht und verbrannt werden, so daß Folter für selbstverständlich gehalten wird und eine wirksame Sensibilisierung nicht stattfindet. Da sie kaum zwischen Wirklichkeit und Phantasie unterscheiden können, wird ihre emotionelle Entwicklung gehemmt und oft durch sadistische Leitbilder geprägt. Hinzu kommt, daß der geistige Horizont durch Werbespots nivelliert wird, eine Tatsache, die zu Konsumzwang und Verwöhnung führt; das Kind fordert immer mehr und wird zusehends unzufrieden.

Durchschnittlich verbringt die amerikanische Familie pro Woche 27 Stunden vor dem Fernsehschirm. Nicht einmal eine halbe Stunde wird für das Gespräch „geopfert". Konkret bedeutet das immer weniger effektive Zuwendung dem Kind gegenüber. Das Fernsehen wird zu einer Beruhigungspille für das Kind – ein Ersatz-Babysitter.

Kinder sind die Hauptopfer des chaotischen Zusammenlebens. In den USA endet fast die Hälfte aller Ehen mit der Scheidung – eine Ziffer, die in Teilen von Kalifornien noch höher ist. Kinder werden zwischen den Eltern hin- und hergerissen und erleben diesen Zustand meist als Verlassenheit und Einsamkeit.

Besonders schwierig ist das Familienleben der Minderheiten in den USA (Schwarze, Puertorikaner usw.). Die Arbeitslosenrate ist bei ihnen doppelt so hoch wie bei den Weißen.

Besonders kinderfeindlich sind die Satellitenstädte, zum Beispiel das Märkische Viertel in Berlin. Es gibt zu wenig Spielplätze. Die Schulen sind überfüllt. Ältere Kinder terrorisieren die jüngeren.

Wenn Versuche in der BRD gemacht werden, behinderte Kinder in einem Ort anzusiedeln, kommt gewöhnlich eine negative Reaktion mit folgenden Begründungen: „Wir wollen keine Schwachsinnigen unter uns." „Hitler hat recht gehabt, wenn er sie vergast hat." Ironische Fußnote: Der Deutsche Tierschutzbund zählt 600.000 Mitglieder, dagegen hat der Deutsche Kinderschutzverband nur 150.000 Mitglieder.

19. Die notwendige Aufklärung

Arnold Toynbee, der große englische Historiker, schreibt: „Die Menschen sollen die einzigen Lebewesen sein, die einander bis auf den Tod bekämpfen und nicht nur die kämpfenden Männer, sondern auch Frauen, Kinder und Greise niedermetzeln. Diese ausgesprochen menschliche Art von Grausamkeit wurde gerade in Vietnam verübt, und sie wurde in den vergangenen fünftausend Jahren in berühmten Kunstwerken gefeiert, zum Beispiel in den homerischen Gesängen und auf der Trajanssäule."

Immer wieder wird die Menschheit vom Fanatismus, der zu barbarischen Taten führt, bedroht. Warum ist dieses Verhalten so übermächtig? Ein Grund dafür ist gewiß, daß der Mensch leicht zu verführen ist, seine eigene Sicht der Ereignisse über alle anderen Meinungen zu stellen, um dann auf seinem Standpunkt zu beharren.

Wir beobachten, wie eines der wichtigsten Elemente der Erziehung, der Geschichtsunterricht, benützt wird, nicht etwa, um ausgewogene Haltungen und Urteile zu bewirken, sondern um zu indoktrinieren. Auch das Fernsehen hat bisher wenig dazu beigetragen, eine redliche Aufklärung zu fördern. Immer wieder beobachten wir einseitige Berichterstattung. Wie notwendig wäre es, distanzierte und besonnene Berichte über die Krisensituationen in der Welt zu bringen; statt dessen wird wie über ein Fußballspiel gesprochen — je gefährlicher die Situation, um so spannender, als ob die atomare Auseinandersetzung nicht eine ständig drohende Gefahr wäre. Immer wieder werden Vorurteile geweckt. Die eigene Sache wird nahezu als heilig empfunden, die des Gegners verteufelt. Der Geist des finstersten Mittelalters kehrt wieder.

Wie unverantwortlich sich die Presse verhalten kann, illustrierten die Aktionen des Geheimrats Dr. Alfred Hugenberg, der viel zur Zerstörung der Weimarer Republik beigetragen hat. Er hetzte gegen diejenigen, die Versöhnung mit Frankreich wollten, verleumdete progressive Staatsmänner, wetterte gegen alle, die Deutschland „verrieten", weil sie den Versailler Vertrag unterzeichnet hatten, und verdammte die Demokratie. Er wollte die Herrschaft der Reaktion und benützte Fanatiker, um seine Ziele zu erreichen.

Hinter jedem Fanatiker steht gewöhnlich ein Hugenberg, der genau weiß, was er will, der lügt und manipuliert, dessen Machtlust keine Grenzen kennt — was oft zum Krieg führt. Auch dürfen wir den Einfluß der Monopole, für die Krieg ein großes Geschäft ist, nicht ignorieren.

Ich fragte einmal einen Reporter in den USA, warum seine Zeitung so einseitig über Krisen berichte. Er antwortete: „Unsere Leser sind nicht an komplexen Analysen interessiert. Sie wollen klare Antworten."

„Aber hat die Zeitung nicht auch eine moralische Verantwortung? Soll sie nicht zur Aufklärung beitragen? Soll sie nicht objektiv und ausführlich berichten?"

„Das überlassen wir Zeitungen wie *New York Times*, *Washington Post* und *Christian Science Monitor*. Unsere Leser wollen nicht verunsichert werden."

„Ist das nicht eine gefährliche Sache?"

„Vielleicht. Aber das ist nicht unsere Sorge. Wir müssen Zeitungen verkaufen."

„Und wenn dadurch internationale Konflikte intensiviert werden?"

„Ich arbeite nicht für die UNO, sondern für den Herausgeber der Zeitung. Was er will, wird gemacht. Seine

Vorurteile sind meine Vorurteile, seine Werte sind meine Werte."

„Haben Sie keine Skrupel, sich so zu unterwerfen?"

„Manchmal schon. Aber dann denke ich, daß ich eine Familie zu ernähren habe, daß mein neues Haus noch nicht bezahlt ist und daß mein Sohn Geld braucht, um eine gute Universität zu besuchen. Dabei vergehen die Skrupel, und ich werde wieder realistisch."

„Haben Sie ein Gefühl für die Menschheit?"

„Das ist nur ein abstrakter Begriff. Ich lebe für mich und für meine Familie!"

In den USA fragte ich einen Fernsehintendanten, warum bei ihm die Nachrichten so schlecht wegkämen. Er antwortete: „Wir haben zwei Hauptprogramme, eines läuft am frühen Abend; wegen der vielen Neuigkeiten müssen wir alles sehr kurz bringen. Im Spätprogramm können wir dann ausführlicher berichten."

„Wenn Sie in Krisensituationen immer Meinung und Gegenmeinung präsentieren würden, wäre das nicht ein guter Beitrag?"

„Unser Publikum ist dafür nicht reif genug. Es verlangt einen eindeutigen Standpunkt."

„Selbst wenn dieser Standpunkt einseitig ist?"

„Ja."

„Führt das nicht zur Hysterie, zu einem Gefühl, daß Konflikte nur mit Gewalt gelöst werden können?"

„Wir versuchen, unser Programm so populär wie möglich zu halten."

„Denken Sie nicht auch über die Tatsache nach, daß Krisen sich erweitern können?"

„Ich schon. Aber ich kann die Richtung der Programme und die Tendenz der Berichterstattung nicht allein bestimmen. Das ist Sache eines Gremiums, das versucht, so viele Zuschauer wie möglich für unsere Berichterstattung zu gewinnen."

Aufgeklärtheit setzt eine ausführliche Information über die Ereignisse voraus, anders kann man zum Beispiel eine Krise in ihrer geschichtlichen Dimension gar nicht erkennen. Doch der Durchschnittsbürger liest seine Sensationsblätter, ist vornehmlich an Skandalen interessiert, hört die Nachrichten nur im Radio und sieht kurz die Neuigkeiten im Fernsehen an. Kommt einmal die andere Seite zu Wort, ist er schon so konditioniert, daß er deren Meinung gar nicht mehr wahrnimmt oder wahrnehmen will.

Besonders in einer ernsten Krise ist die Vernunft nur noch eine Fußnote. Dann wird die Opposition geächtet und jeder, der eine andere Meinung vertritt, mit Argwohn betrachtet. Gewalt wird respektabel. Hysterie breitet sich wie ein Großfeuer aus. Alles konzentriert sich auf die Krise. Tag und Nacht wird darüber berichtet. Es wird gezeigt, wie emotional die Bürger der betroffenen Länder reagieren. Generäle werden interviewt, die behaupten, für jede Eventualität gerüstet zu sein. Allgemeine Meinung ist: Nur nicht nachgeben, nur keine Schwäche zeigen. Entweder wir behaupten uns — oder der Gegner. Wir müssen Stärke demonstrieren. Kreuzzugsstimmung breitet sich aus.

Wir glauben uns heute weit entfernt von der Atmosphäre der Kreuzzüge. Aber ist das wirklich so? Die Kreuzzüge wurden unternommen in dem Glauben, das Heilige Land vor den Heiden zu retten. „Gott will es", sagte man. Diejenigen, die daran teilnahmen, waren von den verschiedensten Motiven geleitet: Die Ritter wollten Ruhm, die Fanatiker glaubten, sie würden in den Himmel kommen, die Kaufleute witterten Profite, die Schuldner wollten ihren Gläubigern entkommen, die weltlichen Herrscher wollten ihre Macht erweitern. Bezeichnend für den ersten Kreuzzug war, daß zuerst Juden gejagt und getötet wurden — Tausende wurden verbrannt —; dann kamen die Christen in Ungarn an die Reihe — auch sie durchlebten furchtbare Leiden. Als dann 1099 Jerusalem erobert wurde, fand ein solches Gemetzel statt, daß die Kreuzzügler buchstäblich bis zum Knie im Blut standen. Schließlich dankten sie Gott für den Sieg.

Diese Mischung von Greueltaten und Festgottesdienst ist keineswegs selten. In Neuengland zum Beispiel wurden im 17. Jahrhundert oft Hexen gehängt, wonach dann gewöhnlich ein Pfarrer sprach, um Gott zu danken, daß er das Land von einer Plage erlöst habe. Die Puritaner waren in England eine Minderheit gewesen, die oft verfolgt wurde. In Neuengland verfolgten sie nun ihre Gegner umso vehementer — ein Zeichen, daß sie nichts dazugelernt hatten.

Die Inquisition ist kein einmaliges Ereignis in der Geschichte der Menschheit. Die Ideologie, welche die Inquisition bewegte, war klar: Die Wahrheit ist absolut, sie kann keine Zweifel tolerieren. Besser ist es, die Unwahrheit auszurotten als sie zu erlauben, denn das würde die Gefährdung des Seelenheils von Millionen bedeuten. Man kann nicht wachsam genug sein, denn Ketzerei ist überall eine Gefahr. Sie auszurotten ist heilige Pflicht.

Es war die große Zeit der Denunzianten. Kinder verleumdeten ihre Eltern, Bruder sagte gegen Bruder aus, der Freund verdächtigte den Freund. Die Motive waren oft von wirtschaftlichen Interessen bestimmt; durch die Inquisition konnte man eine lästige Konkurrenz loswerden.

Die Art der Tortur war vielfach: Auspeitschen, Folterstock, glühende Kohlen, glühende Zange, Spanische Stiefel, Abhacken der Hand usw. Der Angeklagte würde alles zugeben, auch ketzerische Gedanken, die er nie gehabt hat. Der Prozeß wurde — wie gegen Savonarola — immer wieder durch Opportunisten bestimmt; falsche Zeugenaussagen waren erlaubt. Meist stand das Urteil sowieso schon vorher fest. Die Exekution feierte man gewöhnlich wie ein Fest. Manchmal nahmen Hunderttausende daran teil. Besonders wichtig war es, daß der Verurteilte nur langsam verbrannte; je mehr er leiden mußte, desto größer war die Begeisterung der Zuschauer.

Dazu einige Ereignisse in kurzen Daten:

— In Spanien war der Großinquisitor Torquemada (1420—1498) verantwortlich für über 10.000 Opfer des Scheiterhaufens.

— 1568 wurde gegen die Niederlande ein Ausrottungsbefehl seitens der Inquisition erlassen. Hunderttausende Niederländer waren davon betroffen.

— 1572 wurden in Frankreich in einer Nacht 20.000 Hugenotten niedergemetzelt.

— Zwischen 1618 und 1648 waren Millionen Menschen in Europa Opfer der Intoleranz. Ganze Gegenden wurden bis zu 90% entvölkert.

— Im Jahre 1648 wurden in Polen fast 200.000 Juden umgebracht.

— Hunderttausende Hugenotten flohen nach 1685 aus Frankreich. Als Flüchtlinge erlitten sie die gleichen Tragödien wie die Flüchtlinge unserer Zeit.

— Im 17. Jahrhundert wurde fast eine Million Menschen als Hexen verbrannt.

Diese Greueltaten wurden in unserem Jahrhundert bei weitem übertroffen. Denken wir an die Millionen Opfer des Ersten Weltkrieges oder an die Ausrottung der Armenier in der Türkei oder an die unzähligen Opfer in Bürgerkriegen. Besonders blutig waren die Auseinandersetzungen zwischen den Moslems und den Hindus, als Indien unabhängig wurde. Wie viele Unberührbare in Indien im Laufe dieses Jahrhunderts getötet und gelyncht worden sind, kann man kaum abschätzen. Hunderttausende Chinesen wurden in Indonesien entweder getötet oder in Konzentrationslagern gefangen gehalten.

In relativ kurzer Zeit vernichtete Hitler 6 Millionen Juden und Hunderttausende von Roma und Sinti sowie Millionen Polen und Russen. Der Zweite Weltkrieg forderte über 55 Millionen Tote.

Über 300.000 Opfer forderten die Atombomben von Hiroshima und Nagasaki. Heute ist das Arsenal der Großmächte so gewachsen, daß die Destruktivität millionenfach größer geworden ist. Viele militärische Experten betrachten heute die Bomben von Hiroshima und Nagasaki als „altmodisch". Atomare Waffen benötigen keine Flugzeuge mehr, um zu ihrem Ziel zu gelangen. Raketen und U-Boote sind effizienter. Immer mehr wird computergesteuert und automatisiert.

Auf dem Gebiet der Folter hat die moderne Wissenschaft ebenfalls „Fortschritte" erzielt, besonders durch Drogen und die Anwendung von Elektroschocks an besonders schmerzempfindlichen Stellen des Körpers. Die Psychologie hat die Möglichkeiten des psychischen Terrors verschärft.

Durch Brutalität wird der Mensch heute konditioniert, den Krieg als natürlichen Zustand hinzunehmen. Es fängt mit dem Kriegsspielzeug für Kinder an. In Jugendbüchern lesen sie dann über die Heldentaten, die im Krieg verübt wurden, als wären es dramatische Spiele. Selten werden die Jugendlichen darauf aufmerksam gemacht, was diese „Heldentaten" wirklich sind. Werden sie älter, können sie Filme im Fernsehen und im Kino sehen, in denen Menschen nicht nur einfach ermordet werden — das würde zu wenig einbringen —, vielmehr werden sie gelyncht, erschlagen, verbrannt — und alles ganz realistisch.

In dem Film *The Warriors* hat man versucht, die Atmosphäre der jugendlichen Banden in New York darzustellen. Im Central Park findet ein Treffen der Jugendlichen statt. Ein Anführer, der sie zu einigen versucht, wird erschossen, und eine Bande, eben jene Warriors, wird fälschlicherweise dafür verantwortlich gemacht. Sie müssen ihren Weg nach Hause finden. Was sie dabei erleben, wird haargenau dargestellt: Sie sind genauso brutal wie ihre Verfolger; einem Jugendlichen wird mit einem Baseballschläger der Kopf eingeschlagen, ein anderer wird vor eine U-Bahn gestoßen, der Zug braust über ihn hinweg. Alles wird nüchtern gezeigt als Teil des täglichen Lebens dieser Bande — ein bißchen gemixt mit romantischen Ingredienzien. Wo bleibt der Respekt vor dem Leben, wo auch nur eine Andeutung von Sensibilität? Ihr größter Stolz ist, eine Jacke mit dem Emblem ihres Klubs zu tragen. Für diese Jacke würden sie ihr Leben geben. Es ist das Zeichen eines primitiven Stammes.

Nur wenige Jahrzehnte nach dem Zweiten Weltkrieg sind Kriegsbücher der große Schlager. Viele deutsche Generäle haben ihre Memoiren geschrieben, um zu zeigen, wie man den Krieg gewonnen hätte, wenn Hitler weniger extrem gewesen wäre und auf sie gehört hätte. Sie sprechen über Menschenverluste wie über finanzielle Abschreibungen. Der Krieg wird zum Schachspiel.

Atomare Tests haben schon viele Opfer verursacht. Die genaue Zahl der betroffenen Menschen bleibt ein militärisches Geheimnis; man will die Bevölkerung nicht verunsichern.

Ein mutiger Reporter in den USA, Paul Jacobs, hat einen dokumentarischen Fernsehfilm gedreht über eine kleine Stadt in Utah, die in der Nähe der Wüste von Nevada liegt, wo viele Atomversuche stattgefunden haben. Der Bevölkerung war gesagt worden, daß die Versuche unschädlich und zu weit weg seien und daß nach den Berechnungen der besten Wissenschaftler keine Gefahr für ihre Gesundheit bestünde. In diesem Ort ist jetzt eine Leukämieseuche zu beobachten. Jacobs interviewte die Kranken und andere Überlebende. Jeder hat Angst vor Krebs. Jacobs ist selbst an Leukämie gestorben, ein Opfer der Atomversuche. Sein letztes Interview — er war schon vom Tod gezeichnet — war eine Warnung an die Menschheit . . .

Dringender denn je brauchen wir Aufklärung. Schon in Griechenland hatte Aristophanes, der große Komödiendichter, versucht, für den Frieden zu werben. Immer wieder betonte er, daß Krieg nur das Elend des Volkes intensiviere. In *Lysistrata* forderte er die Frauen der Athener auf, jeden sexuellen Kontakt mit ihren Männern zu vermeiden, um sie zum Frieden mit den Spartanern zu zwingen. In der Renaissance setzte sich Erasmus von Rotterdam in *Lob der Torheit* besonders für den Frieden ein. Er war das Gegenteil von Machiavelli. Für den Humanisten Erasmus war der Mensch entwicklungsfähig. Könnte er nicht durch mehr Wissen toleranter werden? Könnte er nicht lernen, in einer Atmosphäre des Verständnisses zu leben? Erasmus betonte, wie wichtig es sei, daß die Herrscher moralisch beispielhaft leben — eine Forderung, die sich leider nur selten erfüllt hat.

Das 18. Jahrhundert war das Jahrhundert der Aufklärung. Hexenverbrennungen und Inquisition hörten auf, Ghettos wurden geschlossen, Freiheit wurde als Fundament des Lebens anerkannt und die Grundlagen der Demokratie gestärkt. Es war die Hoffnung der Aufklärer, durch besseres und tieferes Verständnis der Geschichte die Zukunft neu zu gestalten. Weg vom Aberglauben, von der Barbarei, von der Unterdrückung des menschlichen

Geistes! Die neue Phase der Geschichte sollte eine Epoche des Friedens und der Brüderlichkeit werden. In diesem Geist schrieb Condorcet: „Es gibt keine Grenzen für die Vervollkommnung der menschlichen Kräfte."

Doch diese Hoffnung ist nicht erfüllt worden. Denken wir nur an Hitler und Stalin, die jede Form der Menschlichkeit und des sozialen Bewußtseins bekämpften . . .

In unserer Zeit hat besonders George Bernard Shaw zur Aufklärung beigetragen, eine Aufklärung, die, wie er hoffte, nicht zum Machtmißbrauch und zu einer falschen Utopie, sondern in eine neue Phase sozialen Verhaltens führen würde. Die Labour Party in England hat seinen Einfluß besonders gespürt, aber auch hier wuchsen die Bäume nicht in den Himmel; oft waren die Politiker der Labour Party, wie etwa Ramsay MacDonald, mittelmäßig und weit von der Größe und dem Universalismus eines Shaw entfernt.

Schon als Jugendlicher hat Shaw die Häßlichkeit der Slums in Dublin kennengelernt. Dort sahen Frauen schon in jungen Jahren wie Greisinnen aus. Das Leben des einzelnen war wertlos; man ermordete ihn für ein paar Pennies. Familien hausten mit zehn Kindern in einem Zimmer ohne sanitäre Einrichtungen. Der Alkoholismus grassierte wie eine Seuche. Im 18. und 19. Jahrhundert sind Hunderttausende von Iren an Hunger gestorben. Millionen sind in die USA ausgewandert, denn die wirtschaftlichen Zustände in Irland waren desolat. Als Ire beurteilte Shaw England äußerst kritisch. Die Eroberungen hatten nur zur Ausbeutung geführt. Hinter dem imperialen Pomp sah Shaw die Habgier der Mächtigen und die Ohnmacht der Unterdrückten. Wenig beeindruckt war er von den „Prinzipien" der englischen Demokratie. Waren sie nicht eine Maske für Gleichgültigkeit, eine Entschuldigung für dauerndes konkretes Versagen? Wie Bertrand

Russell stand Shaw in Opposition zu den „Patrioten". Es war ihm bewußt, daß der Weltkrieg 1914/1918 nicht aus edlen Motiven geführt wurde, sondern von wirtschaftlichen Interessen diktiert war. Immer wieder betonte er die Torheit des Krieges — womit er sich recht unpopulär machte.

Für Shaw war Sozialismus mehr als eine Ideologie. „Fabianism" war ein Weg der Reform — eine grundlegende Reform, die sich auf alle Institutionen und Lebensbereiche ausdehnen sollte. Besonders interessierte er sich für die Erwachsenenerziehung, womit er nicht Kurse in Volkshochschulen meinte, sondern Bewußtseinsänderung; die Demokratie sollte eine Realität, der Krieg eine Unmöglichkeit werden.

Oft betonte er, wie wichtig es sei, daß der einzelne sich weiterbilde. In diesem Prozeß war die Schule unwesentlich. Denn meistens war sie von Engstirnigkeit und Vorurteilen beherrscht und produzierte eine parasitäre Elite nach der anderen. Am meisten lernte George Bernard Shaw im Britischen Museum, wo er unzählige Bücher las, und wenn er Diskussionen mit Gleichgesinnten wie Sidney und Beatrice Webb führte. Er war alles andere als bescheiden. Er sagte, daß er sich oft selbst zitiere, um den eigenen Ausdruck zu verbessern. Wenn Emerson recht hat, daß es die wirkliche Aufgabe des Lehrers sei, zu provozieren, dann war Shaw einer der großen Lehrer der Menschheit.

In seinen Bühnenstücken hat er versucht, den Menschen ihre Dummheiten bewußt zu machen, um sie für neue Werte zu öffnen. Er war der geborene Skeptiker. Für Absolutismus in Politik, Wirtschaft und Wissenschaft hatte er nur Verachtung übrig. In *Der Arzt am Scheideweg* prangerte er die Modeärzte an. In *Pygmalion* betonte er, wie Menschlichkeit durch soziale Vorurteile gefährdet wird. In *Die heilige Johanna* zeigt er, wie ein einfaches Bauernmädchen durch ihren aufrichtigen Glauben den Staat „gefährdet". Später wird sie heiliggesprochen, will wieder zur Erde zurück, kann das aber nicht und fragt Gott, wie lange es dauere, bis die Heiligen dieser Welt geschätzt und empfangen würden.

In *Kapitän Brassbounds Bekehrung*, das Shaw ein Stück für Fanatiker nennt, wird der Kapitän von Lady Cicely Wainflete überzeugt, daß Barmherzigkeit und Großzügigkeit wichtiger seien als Rache. Er wird vernünftig und sieht ein, wie wichtig es ist, sich nicht von negativen Emotionen leiten zu lassen. Weil sie sehr charmant ist, vollzieht sich dieser Bekehrungsprozeß leicht und amüsant.

In *Major Barbara* sind die Hauptfiguren Andrew Undershaft, ein Rüstungsfabrikant, und dessen Tochter Barbara, Major der Heilsarmee. Beide sind Symbole ihrer Weltanschauungen, er für die Welt der Gewalt, sie für die der Liebe. Als Erbe setzt Undershaft Adolphus Cusins ein. Adolphus ist Professor für Griechisch, ein Mann mit festen ethischen Grundsätzen; er will nur Waffen an die Guten verkaufen, aber Undershaft weiß, daß Geld und kommerzielle Möglichkeiten seinen Schwiegersohn bald verderben werden und daß er bald seine Grundsätze vergessen wird: aus Opportunismus.

Shaw hat sich eingehend mit dem Problem der Macht auseinandergesetzt, besonders in *Cäsar und Cleopatra*. Cäsar erscheint abgeklärt, ein reifer Mann, der keine kriegerischen Auseinandersetzungen sucht, sondern eher der Diplomatie vertraut. Er versucht Cleopatra zu seiner Anschauung zu bekehren; doch die wartet schon auf einen jüngeren und vitaleren Liebhaber. Besonders eindrucksvoll sind die Nebenfiguren wie der poetische Sizilianer Appollodorus und der provinzielle Britannus, der sich dauernd über die Gebräuche der Ägypter entrüstet — Prototyp für die Vorurteile des modernen Engländers, dessen Moral Engstirnigkeit reflektiert.

Das sind nur einige Beispiele von Shaws Kunst. Er war in erster Linie ein Rebell, der besonders durch Marx und Ibsen geprägt wurde. Er benützte die Bühne primär nicht, um zu unterhalten, sondern um den Zuschauer nachdenklich zu machen, damit er seine Voreingenommenheiten überwinde. Immer wieder, besonders in seinen Vorreden zu *Major Barbara* und *Mensch und Übermensch* und im einleitenden Essay zu *Androklus und der Löwe*, versucht er, eine falsche Moral zu bekämpfen, die viktorianische. Sie war von Unterwürfigkeit beherrscht. Jede Form der offenen Sexualität wurde abgelehnt. Doch soziale und wirtschaftliche Ausbeutung betrieb man intensiv, und Krieg wurde im nationalen Interesse als selbstverständlich und glorreich betrachtet.

Shaw wollte eine neue Gesellschaft, in der Aufrichtigkeit herrscht, in der Hunger und Unterdrückung unbekannt sind und Fortschritt zur Realität wird. Er betonte, daß der Künstler der Vermittler einer neuen Lebenseinstellung sein müsse. Nur die Diagnose zu stellen, sei zu wenig, nur zu beschreiben, ungenügend, nur das Schöne zu betonen, Flucht vor der Realität. Solange die Menschheit von so vielen Gefahren bedroht sei, solange falschen Göttern gehuldigt werde und Heuchelei dominiere, solange eine falsche Konzeption der Wissenschaft bestehe und Fanatiker immer wieder den Frieden bedrohen, dürfe der Künstler nicht abseits stehen. In seinem Eifer für die Aufklärung benutzte Shaw jedes Medium seiner Zeit: Bühne, Bücher, Zeitschriften, Zeitungen, Film, Radio und immer wieder Interviews. Man hielt ihn oft für einen Zyniker. Tatsächlich war sein Zynismus nur der Reflex auf seine Enttäuschung über mangelnde Kreativität und Menschlichkeit.

20. Wege zur Expansionstherapie

Als ich an der Fareed-Holmes-Stiftung in Los Angeles tätig war, wurde mir bewußt, wie viele Patienten unter depressiven Zuständen leiden. Man schätzt, daß heute ungefähr acht Millionen Amerikaner schwer depressiv sind und dringend Hilfe brauchen. Noch mehr Millionen leiden unter lavierten depressiven Zuständen, die sie selbst nicht erkennen. In vielen anderen Ländern steigt die Rate der Depressionen — eine Krankheit, die besonders in der Leistungsgesellschaft akut wird.

Depression ist nur zu oft der Ausdruck eines ziellosen Lebens. Ein amerikanischer Student sagte zu mir:

„Nichts im Leben macht mir Freude. Die Universität langweilt mich. Ich fühle eine innere Leere, die immer bestehen und sich wahrscheinlich mit zunehmendem Alter noch verstärken wird. Ich werde keinen Selbstmord verüben, denn ich bin ein Feigling. Vielleicht wird ein Wunder geschehen, und ich werde mich ändern, aber ich glaube kaum, denn Depressionen sind in meiner Familie sehr häufig, und zwei nahe Verwandte sind deswegen in einer psychiatrischen Anstalt."

Der Psychiater der Stiftung hatte mit Medikamenten versucht, den Zustand des Studenten zu bessern, und hatte zunächst auch Erfolg. Aber dann kam die graue Stimmung zurück. Dabei hatte der Student einen hohen Intelligenzquotienten und war in seinem Fach Soziologie sehr erfolgreich; er lernte leicht und verfügte über ein ausgezeichnetes Gedächtnis. Aber, wie gesagt, das Studium machte ihm keine Freude.

Einmal lud ich ihn ein, mit mir in einen Jugendklub zu gehen. Der Klub befand sich in einem Slumviertel, rings herum herrschte Verwahrlosung. Der Klub war gut geführt; der Direktor strahlte Optimismus aus. Der Student interessierte sich so sehr für die Arbeit mit den Jugendlichen, daß er freiwillig daran teilnahm. Hier war eine Herausforderung für ihn; hier war die Praxis für seine soziologischen Theorien; hier konnte er helfen und wurde gebraucht. Nach einiger Zeit war er Assistent des Direktors.

Als ich ihn wiedersah, erkannte ich ihn kaum. Er strahlte Lebensbejahung aus, hatte Pläne für die Erweiterung des Klubs. Er war verantwortlich für das Summer Camp, wo auch die kleineren Kinder die Chance hatten, sich zu erholen und etwas zu erleben, das weit weg war von der Slums-Atmosphäre. Er sagte zu mir: „Ich bin wie neugeboren. Vorher war ich nur mit mir selbst beschäftigt. Andere waren nur da als Objekte. Wenn sie sprachen, hörte ich kaum zu. Meinen eigenen Worten glaubte ich kaum. Armut, Delinquenz, Leben in einem Slum — das waren Abstraktionen für mich wie Statistiken, die man in einem Buch liest. Jetzt betrachte ich das alles als Herausforderung, zu reformieren und für den anderen da zu sein."

Ein anderer Fall war eine Verkäuferin, dreißig Jahre alt, sehr labil, ein Selbstmordversuch. Auch die Mutter war schwer depressiv, dazu sehr unglücklich in ihrer Ehe. Die Verkäuferin war monatelang in einer psychiatrischen Klinik. Ohne Erfolg. Sie war liiert mit einem sehr attraktiven jungen Mann, der allerdings nicht beständig war und andere Freundinnen hatte. Immer wieder betonte er, wie sehr er sie liebe; nach seinen Eskapaden kam er dann wieder zu ihr zurück. Sie wußte, daß die Beziehung neurotisch war, konnte sich aber nicht von ihm trennen.

Durch die Fareed-Holmes-Stiftung wurde sie ermutigt, an einer Gruppentherapie teilzunehmen. Zuerst war sie vollständig apathisch und beteiligte sich kaum an den

Sitzungen. Aber der Leiter der Gruppe war ein ausgezeichneter Psychologe; immer mehr interessierte sie sich für das Leben der anderen, immer stärker konnte sie sich mit ihnen identifizieren. Neue Horizonte wurden durch die Gruppe geöffnet — Horizonte der Einsicht und der Begegnung. Sie erkannte auch, daß ihr Fall keineswegs einmalig war. Nach einiger Zeit war ihre Depression kein übermächtiges Problem mehr. Sie wußte, daß weiterhin Phasen der Melancholie eintreten würden, wußte aber auch, daß sie diese Phasen meistern konnte.

In Los Angeles kannte ich eine ältere Frau, die gelähmt war und die meiste Zeit in ihrem Bett verbrachte. Sie war nie reich gewesen, und ihr Mann war in relativ frühem Alter gestorben. Ein Sohn lebte in New York und besuchte sie nur selten. Doch all diese Einschränkungen hatten ihre Lebensbejahung nicht zerstört. Tatsächlich war sie dauernd von Menschen — jungen und alten — umgeben. Sie besaß die wunderbare Fähigkeit zuzuhören. Immer sah sie das Positive in den anderen. Wenn einer Erfolg hatte, freute sie sich aufrichtig; wenn Mißerfolg eintrat, war sie großartig im Trösten. Ihr Rat zeigte Einsicht und Menschenkenntnis. Niemals war sie schockiert und niemals verurteilte sie.

Schon als Kind hatte sie viel gelesen, und ihre Krankheit hatte diese Gewohnheit noch intensiviert. Sie sagte zu mir:

„Wenn ich lese, dann bin ich in einer anderen Welt, dann bin ich nicht mehr krank, dann reise ich und bin in meiner Phantasie im antiken Griechenland oder in der Renaissance oder im Rußland Tolstois oder im China der Zeit des Konfuzius. Durch das Lesen vergesse ich, daß ich eine alte Frau bin und oft Schmerzen habe und im Bett liegen muß. Als ich jung war, war mir manchmal langweilig; ich konnte mich nicht richtig beschäftigen. Jetzt habe ich eine lange

Liste von Büchern, die ich mit Leidenschaft lesen werde. Ich freue mich auf die Besuche, denn das Leben eines jeden ist wie ein Roman, und indirekt kann ich daran teilnehmen und helfen, das Leben meiner Freunde und Bekannten ein wenig zu bereichern."

Ich kenne eine Krankenschwester, die bei anderen besonders gut ankommt. Es ist nicht ihr Wissen, das sie auszeichnet, auch nicht ihre Schönheit, denn sie ist über 50 und körperlich wenig attraktiv. Aber sie besitzt eine starke Ausstrahlung. Ihre Patienten lieben sie. Schon wenn sie in das Krankenzimmer tritt, fühlt sich der Patient besser und ermutigt. Was gibt ihr diese Kraft? Es ist eine Mischung aus schöpferischem Denken und Hingabe. Sie liebt Menschen und schätzt sich selbst, ohne arrogant zu sein. Sie weiß, wie sehr ihr Einsatz gebraucht wird und wie andere von ihr abhängen.

Sie betreut eine ältere Frau, die allein lebt und oft verzweifelt ist. Die Frau ruft mindestens fünfmal am Tag an, wiederholt sich oft; und doch verliert diese Krankenschwester nie ihre Geduld. Sie erklärte mir einmal: „Mit Menschen zusammen zu sein, ist ein Privileg, keine Last. Wenn wir ihre Möglichkeiten sehen, nicht immer nur ihre Begrenzungen, können wir auch toleranter sein."

In diesem Zusammenhang denke ich an eine Frau in New York, eine Schriftstellerin (49). Ihr Mann, ein Regierungsbeamter, war vor einiger Zeit gestorben und hatte nur eine dürftige Pension hinterlassen, so daß sie vor finanziellen Problemen stand. Sie hatte drei Kinder; der älteste Sohn war 16, der zweite 14, das Mädchen 6. Es war interessant zu beobachten, wie die Buben für das kleine Mädchen sorgten und wie sie dadurch viel reifer als die meisten ihrer Klassenkameraden wurden. Einige dieser Klassenkameraden lebten in reichen Verhältnissen. Das hatte aber nicht zu einem Gefühl der Zufriedenheit geführt. Im Gegenteil, sie wollten immer mehr haben und schätzten kaum, was daheim geboten wurde. Die Mädchen kauften ein Kleid nach dem anderen, die Burschen besaßen die teuersten Motorräder und Stereo-Anlagen. Trotzdem langweilten sie sich meistens. Das Leben war fad. Einige hatten es schon mit Drogen versucht, andere betranken sich regelmäßig.

Die Söhne der Schriftstellerin fanden das Leben interessant und sahen es als eine dauernde Herausforderung. Sie hatten Respekt vor ihrer Mutter. Nicht daß sie strenge Autorität verkörperte, sie wirkte vielmehr durch ihr Verständnis. Leider hatte sie nur mäßigen Erfolg mit ihren Büchern und mußte deshalb auch Nachhilfestunden geben. Die Buben arbeiteten im Sommer, um das Familienbudget aufzubessern. Sie waren alles andere als egozentrisch, jeder fühlte sich als Teil eines Teams. Die Atmosphäre in diesem Haus war heiter. Die Schriftstellerin besaß die Fähigkeit, immer wieder das Konstruktive in einer Situation zu erkennen. Musik war ihre große Leidenschaft — eine Tatsache, die sich auch auf ihre Kinder auswirkte. Wenn Geld übrig blieb, wurde es für Platten und Bücher ausgegeben. Es gab viele Parties; die Besucher brachten Wein mit, die Schriftstellerin sorgte für Brötchen. Die Parties verliefen sehr lebendig, die Gespräche äußerst interessant. Manchmal las die Schriftstellerin aus ihren Werken vor. Maler brachten ihre Bilder, Wissenschaftler erzählten von ihren Forschungen, Schauspieler lasen aus einem Bühnenstück vor. Alles war ungezwungen und spontan. Ich fragte die Schriftstellerin einmal nach ihrer Lebensphilosophie. Sie antwortete:

„Ich versuche, jeden Tag voll auszuschöpfen. Ich denke wenig an die Vergangenheit, zum Beispiel an die Tatsache, daß es meinen Eltern so viel besser ging und daß sie keine finanziellen Sorgen hatten. Ich konzentriere mich auch nicht auf die Zukunft, denn wer weiß, was morgen kommen wird. Ich lasse mich nicht entmutigen, selbst wenn ein Manuskript nicht veröffentlicht wird und ich Schwierigkeiten mit meinem Verleger habe. Ich versuche meine Kinder so zu erziehen, daß sie selbständig sein können und doch den anderen schätzen. Sie wissen, daß sie mit all ihren Problemen zu mir kommen können und daß ich nie schockiert sein werde. Ich versuche sie für viele Aspekte des Lebens zu interessieren, damit sie niemals einseitig werden. Wenn jugendliche Besucher kommen, sind sie immer einbezogen und können mitdiskutieren wie die Erwachsenen. Ich glaube, es ist ein großer Fehler, wenn man Kinder isoliert; so entstehen immer wieder Ghettos: ein Kinderghetto, ein Jugendghetto, ein Altersghetto ... Wenn sie in der Schule entmutigt werden, versuche ich auszugleichen. Ich selbst war eine schlechte Schülerin, viel zu verträumt, und ich erzähle ihnen von meinen eigenen Schwierigkeiten ... Wenn ich schreibe, bin ich manchmal etwas gereizt. Es geht oft sehr langsam. Dann wissen sie, daß ich mich voll konzentrieren muß und nicht gestört werden will. Sie sind sehr rücksichtsvoll — eine Tatsache, die ich sehr schätze. Jeder von uns hat Pflichten. Jeder hilft im Haushalt, auch die Kleine. Dadurch fühlen wir uns viel stärker als Gemeinschaft ... Die Kinder haben gelernt, wie wichtig es ist, nicht von materiellen Dingen abhängig zu sein. Für Weihnachten hat sich der Älteste eine Vivaldi-Schallplatte gewünscht, sein Bruder ein Buch über die Griechen und das Mädchen ein Märchenbuch von Andersen. Selbst wenn wir mehr Geld hätten, würden wir so leben wie jetzt, denn ich glaube, je mehr man sich materiell einschränkt, um so kräftiger kann man sich geistig entwickeln. Nicht, daß wir asketisch leben sollen — das wäre auch ein Fehler, sondern daß wir bestimmen, was der Mittelpunkt unseres Lebens sein soll. Für mich sind es Bücher und Familie, für andere können es andere Werte sein. Wichtig ist, daß wir uns nicht von falschen Stereotypen verführen lassen.“

Wir brauchen einen neuen Beruf — den des Lebensstrategen. Vielleicht könnte ein Philosoph diese Aufgabe übernehmen, aber die meisten Philosophen sind spezialisiert und bewähren sich eher in der Erfindung als in der Anwendung von Ideen im täglichen Leben. Ihr Hang zur Abstraktion hindert sie, das Konkrete zu meistern. Sie verteidigen zu viel und verstehen zu wenig. Es gibt ein Zen-Sprichwort: „Es gibt zwei Krankheiten der menschlichen Vernunft. Eine ist, zu sehr für etwas zu sein, die andere, zu sehr gegen etwas zu sein!"

Auch der konventionelle Psychologe kann diese Funktion des Lebensstrategen kaum übernehmen. Entweder konzentriert er sich auf die Forschung und hat oft eine zu starre Konzeption von seinem Gebiet, oder er betreibt Therapie — dann wird er so stark beschäftigt sein, daß er kaum Zeit findet, um in der Lebensstrategie aktiv zu werden. Für viele Psychologen ist Erklärung viel wichtiger als aktive Hilfe. Sie sind meistens Theoretiker — eine Beschäftigung, die keinesfalls unterbewertet werden darf; aber viel nötiger wird tätige Humanität gebraucht.

Der Lebensstratege hat eine sokratische Funktion. Er provoziert den einzelnen, damit er anders lebt, ständig sein Wertsystem überprüft, weniger vergeudet, sich weiterentwickelt. Er ist wie der Tutor an einer englischen Universität, der immer aufs neue Ratschläge gibt, wie das intellektuelle Leben erweitert werden könnte. Er ist zugleich Katalysator für das Gute und Schöne. Er erinnert uns, daß wir über ein Potential an Wissen, Kreativität und Menschlichkeit verfügen, das wir nicht ausgenutzt haben, und er macht es möglich, daß wir zu immer neuen Gipfel-Erlebnissen, *peak experiences* (Maslow), kommen.

Er ist in seiner Abgeklärtheit wie ein Zen-Meister, der den Dualismus zwischen Subjekt und Objekt überwunden und gelernt hat, das Leben qualitativ zu vereinfachen. Er ist stoisch in seiner Genügsamkeit, weil er weiß, daß die Steigerung der Bedürfnisse der falsche Weg ist und ein Hindernis darstellt. Wie schon Epiktet es erklärte: „Der in der Bildung Reifere tadelt und lobt nicht, er klagt und beschuldigt nicht, er redet nicht von sich, als gelte oder wisse er etwas. Begegnet er Hindernissen, dann gibt er sich selbst die Schuld, wird er gelobt, so lächelt er darüber."

Der Lebensstratege hat viel gelernt in den Sozial- und Naturwissenschaften, aber er überbewertet das formale Wissen nicht, weil er weiß, daß alles seine Grenzen hat und die Menschheit von Arroganz und Übermut bedroht ist. Er versucht, eine Harmonie zwischen Hand, Geist und Herz herzustellen. In der Jugend ist er reif, im Alter besitzt er noch immer die Vitalität der Jugend.

Sicher ist das ein idealisiertes Porträt. Der Lebensstratege braucht keine Symbolfigur der Perfektion zu sein. Doch die These gilt, daß wir nur das wirklich lehren können, was wir vorleben. Bis jetzt ist das leider nur selten der Fall gewesen. Selbst ein so genialer Tiefenpsychologe wie Freud war oft durch negative Gefühle bestimmt, besonders dann, als seine Jünger, wie Adler und Jung, ihre eigenen Wege gingen. Der Lebensstratege wird dagegen nicht zur Konformität erziehen, sondern Unabhängigkeit fördern. Denn sonst imitieren wir nur, entwickeln falsche Abhängigkeiten und laufen Gefahr, die Vergangenheit zu idealisieren und unsere eigenen Möglichkeiten zu unterschätzen.

Immer besser begreifen wir auch die Begrenztheit jeder Methode. Entscheidend ist die Lebensphilosophie und Ausstrahlung des Therapeuten, seine tatsächliche Wirkung auf den Patienten. Es ist wie in der Religion; der formale Glaube ist relativ unwichtig gegenüber der Anwendung des Glaubens, seiner Verwirklichung. Das Wort allein bleibt oberflächlich; erst das Tun überzeugt, es verlangt Einsatz und Hingabe.

Eine große Schwäche der bestehenden Therapieformen liegt in der Nachbehandlung. Der Klient kehrt gewöhnlich in dieselbe Umgebung zurück, die für seine Schwierigkeiten verantwortlich war. Auch die Atmosphäre dieser Umgebung kann pathologisch sein. Der Klient fühlt sich gewöhnlich einsam. Doch wäre der Therapeut überfordert, wenn er sich jedem Klienten auch nach der Behandlung persönlich widmen würde. Er müßte dann Tag und Nacht arbeiten, und sein Telefon würde dauernd läuten.

Doch wissen wir, wie akut gewisse Zustände sein können, besonders bei Depressiven. So hörte ich in Los Angeles von einer Schauspielerin, die in psychiatrischer Behandlung war. Sie machte Fortschritte, und es schien, daß sie bald wieder gesund sein würde. Aber besonders an Wochenenden fühlte sie sich melancholisch. An einem Samstag rief sie den Psychiater in seiner Privatwohnung an; sie sei verzweifelt und brauche sofort seine Hilfe. Er schlug vor, sie solle Beruhigungstabletten nehmen. Sie wiederholte, daß sie sich sehr elend fühle und ob er nicht einen Hausbesuch machen könne. Er erklärte, daß er das nicht tun wolle, denn es würde sie noch abhängiger von seiner Hilfe machen und zu „einer infantilistischen Regression" führen. Sie fing an zu weinen und bat nochmals, er solle kommen. Er nahm an, daß sie ihre Schwierigkeiten übertrieb und die Rolle der Verzweifelten nur spielte, und schlug vor, sie solle bis Montag warten; er werde sie dann als Patientin behandeln.

Am Montag kam sie nicht in seine Ordination. Er rief an, niemand antwortete. Er wurde unruhig und fuhr zu ihrem Appartement. Er läutete, aber die Tür wurde nicht geöffnet. Er ging zur Hausmeisterin, und zusammen öffneten sie die Tür zu der Wohnung, die der Schauspielerin gehörte. Der Arzt fand sie tot im Bett, auf ihrem Nachttisch eine leere Schachtel Schlaftabletten. Ein Zettel lag auf dem Nachttisch: „Warum sind Sie nicht gekommen?"

Ein Lebensstratege könnte viel tun, um solche Tragödien zu vermeiden, denn er wäre immer erreichbar und öfter in direktem Kontakt mit den Patienten. Er könnte entweder eigene Therapiegruppen leiten, Einzeltherapie betreiben, als „Co-Trainer" arbeiten oder sich auf die Nachbehandlung konzentrieren. Er könnte sich auch auf die sogenannten Normalen konzentrieren; überall läßt sich der Lebensstil verbessern und die Kommunikationsfähigkeit erweitern.

Bei vielen Neurosen ist Einsamkeit das zentrale Problem — eine Einsamkeit, die, wie erwähnt, mit zunehmendem Alter noch stärker und von vielen nicht bewältigt wird. Sie braucht nicht zum Selbstmord zu führen; viele reduzieren ihre Erwartungen und passen sich der Isolation an. Hier kann der Lebensstratege Kontakte vermitteln, neue Möglichkeiten der Entfaltung vorschlagen und entwikkeln.

Einige werden vielleicht einwenden, ein Berufsberater könne diese Tätigkeit doch auch ausüben; aber meistens sind deren Interessen und Ausbildung zu begrenzt. Viele Menschen, die nicht arbeiten, brauchen Hilfe, besonders die älteren. Sie brauchen eine konkrete Analyse ihrer Situation und die Überprüfung ihrer Wertvorstellungen. Der Lebensstratege muß vielseitig sein. Deshalb ist es notwendig, daß er über eine gediegene und umfassende Ausbildung verfügt, nicht nur in Theorie, sondern auch in der Praxis, und er muß *humanitären* Elan besitzen.

Auch in dieser Hinsicht ist sein Wirken anders als das von konventionellen Therapeuten, die nicht immer viel von humanitären Verpflichtungen halten. Expansionstherapie betrachtet Humanität nicht als Sache purer Vernünftigkeit. Im Gegenteil, nur wenn das ethische Bewußtsein gestärkt wird, kann das Leben jene neue Qualität erhalten, die depressiven Symptomen vorbeugt.

Wir brauchen den feinfühligen Menschen und eine Psychologie, die uns weiterbringt. „Platonische" Existenzen vernachlässigen den Körper, was immer wieder zur Regression führt und Neurosen produziert. Wenn wir andererseits den Menschen ausschließlich physiologisch sehen, nur als konditioniertes Wesen, dann stellen wir seine Kreativität hintan. Und ist es nicht unangemessen, geniale Dichter wie Tolstoi und Dostojewski vornehmlich unter Aspekten der Sexualität zu beurteilen? Das Schöpferische bleibt geheimnisvoll, es läßt sich nicht erklären. Viel wichtiger ist, es im Leben zu verwirklichen.

Ob jung oder alt, gebildet oder ungebildet: wir benötigen eine kreative Lebensphilosophie. Um das zu erreichen, können wir uns nicht auf den Zufall verlassen, sonst wird unsere Existenz zum Ausdruck einer „stillen Verzweiflung" (Thoreau). Wir brauchen die Hilfe des Lebensstrategen, damit wir die falschen Leitbilder unserer Umgebung überwinden und die Traditionen, die uns beeinflussen, kritisch überprüfen können.

Warum erfahren die meisten von uns so wenig Höhepunkte in ihrem Leben, warum nur immer neue Trivialitäten? Thomas Wolfe, der berühmte amerikanische Schriftsteller, beschreibt in einer seiner Kurzgeschichten eine Amerikanerin, die ihren Urlaub in den Alpen verbringt. Sie sieht die Schönheit der Berge nicht, erlebt die Stille der Natur nicht, beobachtet nicht, reflektiert nicht – sie interessiert sich nur für Tratsch, und in Wirklichkeit hat sie niemals die Grenzen ihrer Heimatstadt hinter sich gelassen.

Es gibt Momente im Leben, die alles ändern. Als zum Beispiel Dostojewski das Haus des Kritikers Bjelinski verließ, der so begeistert von *Arme Leute* war, hatte er das Gefühl, in eine radikal neue Phase seines Lebens einzutreten — eine Phase der Großartigkeit und Erfüllung. Dieses Gefühl ist wie die plötzliche Erleuchtung im Zen — *satori* —, die es möglich macht, das Leben als ein Ganzes zu erfassen, in totaler Identifikation mit allen Teilen der Natur.

Ist das nicht Schwärmerei? Ist dergleichen nicht unmöglich in einer materialistischen Kultur? Sind wir nicht begrenzt durch unsere biologischen Anlagen? Die Antwort lautet: Wir haben uns zu niedrig eingeschätzt. Wir haben zu wenig das Kreative betont, wir sind zu sehr Analytiker statt Lebenskünstler gewesen. Wir haben unsere Kontaktmöglichkeiten zu wenig entfaltet.

Eine Übung der Expansionstherapie verlangt die Beschreibung, wie wir einen Tag verbracht haben, was wir getan, gedacht, gefühlt, was wir als negativ und was als positiv empfunden haben. Der Lebensstratege kann uns helfen, die Qualität unserer Erfahrungen zu steigern, so daß wir weniger vergeuden, mehr erleben und enger mit der Umwelt verbunden werden. Er kann uns beibringen, wie wir uns zuerst weniger nach außen wenden, dafür stärker nach innen — eine Methode, die schon von den Denkern der *Upanischaden* empfohlen worden ist; womit keinesfalls die ausschließliche Introspektion gemeint ist, im Gegenteil, es soll durch reifere Selbsterkenntnis die Außenwelt kreativer erlebt und ein besseres Gleichgewicht zwischen dem Selbst und der Umwelt hergestellt werden.

Wenn wir so unseren täglichen Lebensstil analysieren, werden wir feststellen, wie wenig wir unsere Fähigkeiten ausnützen, daß wir oft alles andere als hellwach sind, daß wir vergeuden, weil wir erwarten, daß sich unser Leben radikal ändert. Wir sind wie jene Laura in dem großartigen

Stück von Tennessee Williams, *Glasmenagerie*; Laura wartet auch auf eine neue Welt, die doch ohne die radikale Umstellung ihrer eigenen Werte nie kommen wird.

Uns wird heute durch das Umweltproblem immer stärker bewußt, wieviel wir von den Rohstoffen der Natur vergeudet und wie wir mit katastrophalen Resultaten wider die Natur gekämpft haben. Weniger wird uns bewußt, daß wir unser eigenes Potential vernachlässigen, indem wir Tag um Tag vergeuden, als ob unsere Lebensspanne unbegrenzt sei. Wie wenig haben wir unsere menschliche Umwelt erforscht! Wie wenig sind wir auf unsere Mitmenschen eingegangen! Wie wenig haben wir uns für sie eingesetzt! Wie wenig haben wir unseren Horizont erweitert! Wie wenig sind wir qualitativ gewachsen! Wie wenig hat sich unser ethisches Bewußtsein entwickelt! „Wenn Du die Absicht hast, Dich zu erneuern, tu es jeden Tag", schlägt Konfuzius vor. Diese ständige Erneuerung ist unsere Aufgabe, und um darin effektiv zu sein, brauchen wir einen Lebensstrategen, der unser Verhalten kritisch beobachtet und verhindert, daß wir selbstzufrieden werden, der uns immer aufs neue auf Möglichkeiten der Erfüllung hinweist. Genau wie ein Athlet für einen Wettbewerb trainiert oder wie ein Musiker übt, müssen wir uns trainieren, alte Gewohnheiten aufzugeben, anders zu denken, zu sprechen, zu empfinden, zu lesen und zu schreiben.

Man könnte einwenden, das sei Aufgabe der Schule. Aber wir müssen eingestehen, daß uns die Schule oft nur wenige Fundamente gelegt hat. Wenn das anders gewesen wäre, müßte die Qualität der Zeitungen, des Fernsehens viel höher sein, würde mehr und intensiver gelesen, würde Kunst nicht als Fußnote betrachtet werden. Die Frage stellt sich allerdings auch: Wie kann dieses Interesse von Lehrern mit sterilen Lehrplänen in überfüllten Klassen entwickelt werden?

Es besteht kein Zweifel, daß große Denker wie Sokrates sehr kritisch über konventionelle Erziehung dachten, daß sie als erste zur Skepsis ermutigten, besonders gegenüber den allgemein akzeptierten Werten. Diese Skepsis war nicht Selbstzweck, sondern Fundament der Erneuerung.

Der Forderung nach einem Leben als Dialog steht heute das Leben als Monolog gegenüber. Dialog erfordert Offenheit, intensives Zuhören, verlangt, die Meinung des anderen ernst zu nehmen und keine starren Standpunkte zu vertreten. Doch wo lernen wir das, solange sich eine konventionelle Erziehung in sterilen Vorlesungen und passivem Zuhören erschöpft und wir keine Zeit aufbringen, uns ernsthaft mit Ideen auseinanderzusetzen?

Es ist wahrscheinlich, daß im alten Athen Neurosen seltener waren als heute. Ein Grund dafür ist sicher, daß der Philosoph indirekt auch Therapeut war. Sokrates zum Beispiel verlangte die Harmonie zwischen Denken und Tun; für ihn bedeutete Wissen Tugend. Überhaupt war die Dialogfähigkeit der Athener erstaunlich. Sie wurden von provozierenden Denkern, von politischen Debatten, von Dramatikern angeregt und erlebten eine Kunst, die sich noch nicht im Museum verbarg. Der Austausch von Gedanken war Mittelpunkt ihres Lebens.

Sicher dürfen wir diese Zustände nicht idealisieren, denn Frauen und Sklaven zum Beispiel durften diesen Lebensstil kaum teilen. Doch die Qualität der athenischen Kultur sollte eine Herausforderung für uns sein, die eigenen Möglichkeiten zu überprüfen und uns weniger mit Oberflächlichkeit und Routine zu begnügen, in jeder Hinsicht aktiver zu werden und expansiver zu erleben.

Man könnte einwenden, daß die Athener es leichter hatten. War ihr Leben nicht unkomplizierter? Haben sie nicht viel weniger Streß erlebt? Die Antwort ist, daß nur zu oft Streß durch falsche Vorstellungen, Werte und Strategien verursacht wird. Wir denken heute, je mehr wir besäßen, um so zufriedener müßten wir sein. Statt wirklich expansiv zu leben, werden wir von Dingen beherrscht, die wir nicht brauchen und die nur unnötigen Ballast darstellen. Wir sind wie eine Frau, die Streß durchmacht und versucht, ihn durch Essen zu überwinden, dadurch von der Eßgier befallen wird, so daß schließlich alle ihre Gedanken nur noch ums Essen kreisen.

Die Athener erinnern uns, wie wichtig Mäßigung ist. Und Thoreau rät: „Verbringen wir doch den Tag in vollem Bewußtsein, so wie die Natur ihn uns zeigt. Warum sollen wir uns beengen und mit dem Strom geschäftiger Weltlichkeit schwimmen?" Der Lebensstratege kann uns bewußt machen, daß wir, wenn wir den Pfad dieser „geschäftigen Weltlichkeit" wählen, psychisch krank werden — ein Zustand, der uns immer unglücklicher und unzufriedener werden läßt und schließlich in die Leere führt. Kurz, ein existentieller Streß wird unsere Existenz beherrschen, den wir nicht mehr bewältigen können.

Können wir lernen, „unrealistisch" zu sein? Der Unrealistische, recht verstanden, ist wie ein Pestalozzi, der sich der Erziehung armer Kinder widmete, die damals als unbelehrbar galten und vollständig vernachlässigt wurden, der alles mit ihnen teilte und an die heilenden Kräfte der Liebe glaubte, für den Erziehung nicht vom Faktischen, sondern von Herzensgüte bestimmt war. Oft hungerte er mit den Kindern, so stark war sein Engagement für die schwächeren Mitglieder der Gesellschaft. — Es ist Berta von Suttner gewesen, die schon 1889 in ihrem Buch *Die Waffen nieder* einen Weltkrieg von katastrophalem Ausmaß voraussah und das Wettrüsten als eine dauernde Gefahr für die Menschheit beurteilte. Sie forderte, daß diejenigen, die für Frieden eintreten, sich genauso dafür einsetzen wie jene, die Haß und Konflikt verbreiten. Deshalb gründete sie 1891 die „Österreichische Gesellschaft der Friedensfreunde". Ihre Bemühungen um den Frieden wurden oft verspottet. Warum mußte sich eine Frau in internationale Fragen einmischen? War ihre Meinung nicht total unrealistisch? Doch nach zwei Weltkriegen können wir sie besser verstehen und begreifen, daß sie alles andere als unrealistisch war.

„Unrealistisch" war auch Vincent van Gogh, der als Prediger für Bergleute wie die Ärmsten lebte und auf einem Strohsack schlief, der alles hergab, um die Not zu lindern, der als Maler nie auf Gewinn aus war und nie dem populären Geschmack schmeichelte, sondern seinen einsamen Weg ging trotz unglaublicher Opfer und Entbehrungen. Er selbst beschrieb sich als „ein Unfähiger, ein Sonderling, ein unangenehmer Mensch, jemand, der keine Stellung in der Gesellschaft hat oder jemals haben wird . . ."

„Unrealistisch" war auch Tolstoi, der den Luxus seiner aristokratischen Umgebung ablehnte, um dem einfachen Menschen näher zu sein, um ihm aktiven Beistand leisten und ihm ein anderes Bewußtsein geben zu können. Oder Gandhi, der, statt als Anwalt zu praktizieren, unter den Ärmsten lebte und selbst ins Gefängnis ging, wenn es galt, seine Ideen und Ideale zu verwirklichen.

Was haben diese Menschen gemeinsam? Freiwillig haben sie einen eigenen Weg gewählt. Sie haben ihre Umwelt schockiert durch Aufrichtigkeit und durch ihren rückhaltlosen Einsatz für unpopuläre Ideen. Aber es gibt auch den existentiellen Kampf zwischen Erwartung und Erfüllung. Vincent van Gogh schreibt: „Es geht darum, sich den Weg durch eine unsichtbare Eisenwand zu bahnen, die sich zwischen dem, was man fühlt, und dem, was man kann, zu erheben scheint." Schöpferische Expansion verläuft selten geradlinig und verlangt immer neue Opfer.

Van Gogh zum Beispiel lebte in erdrückender Armut und hatte das Gefühl, nicht verstanden zu werden, weder von der Familie noch von seinen Freunden. Manchmal wollte er seine Kunst sogar an den Nagel hängen. Warum Geld für Pinsel und Farben ausgeben? Warum sich so anstrengen, wenn die Reaktion des Publikums und der Kritiker doch negativ ist? Doch in seinem Inneren wußte er, daß das Malen sein Lebenssinn war. Er mußte diesen kreativen Weg gehen, wenn die Entbehrungen auch noch so groß waren.

Erst wenn Menschen wie van Gogh gestorben sind, werden sie verstanden und gefeiert. Dann werden ihnen die Ehren und Auszeichnungen nachgereicht, die sie in ihrem Leben nicht bekommen haben. Wir sollten lernen, den lebenden Künstler — gleich auf welchem Gebiet — höher zu schätzen und mehr zu unterstützen; wichtiger: wir selbst müssen schöpferischer werden und unser Mitgefühl und unsere Wahrnehmungsfähigkeit verstärken, um Neurosen vorzubeugen.

Man schätzt, daß heute mindestens zwanzig Prozent der Bevölkerung psychologische und psychiatrische Hilfe braucht. Neurosen nehmen zu — wo sind die Therapeuten? Selbst wenn es viel mehr gäbe, böten sie nur eine begrenzte Hilfe. Denn viele psychische Krankheiten sind bedingt durch die soziale Umgebung und falsche Wertvorstellungen. Wir können Neurosen oft nicht direkt bekämpfen. Wir können nur die lebensbejahenden Kräfte in uns und in der sozialen Umgebung stärken. Konkret bedeutet das eine Intensivierung der Immunität gegenüber der Konsumgesellschaft, den Beschluß, nicht von Äußerlichkeiten verführt zu werden. Die Devise lautet: humane Expansion. Nicht Macht ist unser Ziel, sondern Vertiefung; nicht Dominanz, sondern Interaktion; nicht quantitatives Erlebnis, sondern qualitative Beziehungen, die zu einer Erweiterung unseres Engagements führen.

Expansionstherapie bedeutet Reorganisation des Lebens. Weg von Routine, Passivität, Konformität! Statt dessen eine permanente Erweiterung, die mit der Einübung der Sinne beginnt und in einem kreativen Lebensstil gipfelt.

Fast wichtiger als jede Form der Therapie kann ein Buch sein, oder daß man die Nöte des anderen wirklich erkennt und hilft, oder das rege Interesse an Wissenschaft und Kunst. In Los Angeles kannte ich eine Frau, die schwer depressiv war und viele Therapien versucht hatte. Durch Zufall fing sie zu malen an. Ihre Melancholien ließen nach, sie hatte ein neues Ziel und eine eigene Form der Verwirklichung gefunden und dadurch einen neuen Lebenssinn.

Wir müssen ehrlich sein: Bis jetzt sind wir nur Anfänger in der Lebenskunst. Expansionstherapie ist der Versuch, diese Kunst durch Provokation zu vermitteln.

„Alles wirkliche Leben ist Begegnung", sagt Martin Buber. Wie können wir diese Kunst besser beherrschen? Wie können wir dadurch expansiver leben?

Wir müssen, wie gesagt, ethisch bewußt leben, Trivialität vermeiden. Negative Emotionen wie Neid und Mißgunst sind Hindernisse, die wir überwinden müssen.

Wir müssen mehr Selbstwertgefühl entwickeln. Warum wissen wir oft viel mehr über unsere Schwächen als über unsere Stärken? Warum intensivieren wir nicht das Konstruktive in uns? Warum neigen so viele von uns zum Perfektionismus, was doch leicht zur Neurose führen kann? Wenn wir uns selbst mehr akzeptieren, werden wir auch den anderen mehr schätzen und großzügiger sein.

Eine Herausforderung an uns alle ist, intensiver zu lernen. Das bedeutet weit mehr als Prüfungen zu bestehen und noch mehr kognitive Fähigkeiten zu entwickeln. Lernen bedeutet, sich öffnen, damit jeder Tag ein neues Abenteuer wird und jede Begegnung eine Erfahrung.

Lethargie ist der große Feind. Warum sind die meisten von uns so passiv und indifferent? Vielleicht sind wir verwöhnt worden und leben in der Hölle unserer Egozentrik? Lernen wir, aktiver zu denken und zu handeln, und beginnen wir heute damit.

Versuchen wir, mehr Stille zu finden und andauernden Streß zu meiden. Die Stille kann uns neue Perspektiven vermitteln und in Krisen Orientierung und Halt.

Versuchen wir, uns mehr zu freuen. Ein einfaches Ereignis kann daran erinnern, wie lebenswert das Leben ist und daß wir in einer Gemeinschaft leben. Tagore schreibt: „Das Leben offenbart sich uns in der Welt der Freude. Freude ist im ewig wachsenden Spiel ihrer Farben, in der Musik ihrer Stimmen, im Tanz ihrer Bewegungen."

Wir müssen lernen, progressiv zu denken und zu handeln. Ohne diese Haltung wird die Gesellschaft keinen wahren Fortschritt erleben. Zur Wahl stehen:

— *Einengung*. Gemeint ist ein Leben, das sich nicht entfaltet und nur zu oft in Depression mündet.

— *Pseudo-Expansion*. Sie bedeutet Unterdrückung des anderen und führt in der Gesellschaft zum rücksichtslosen technischen Fortschritt und zur menschlichen Unterentwicklung.

— *Echte Expansion*. Denken, Handeln, Einsicht, Engagement und Menschlichkeit entfalten sich und bilden das Fundament für eine liebevollere und kreativere Gesellschaft.

Um dieses Gesellschaftskonzept in die Realität umzusetzen, brauchen wir ständige Aufklärung über die Fehler und Versäumnisse unserer Vergangenheit, damit wir unsere Konflikte besser zu lösen lernen und weniger manipuliert werden können. Das heißt aber nicht, daß wir in der Vergangenheit stecken bleiben und unfähig sind, jeden Tag neu zu erleben. Wir können nicht warten, bis eine ideale Zeit kommt — für uns oder unsere ganze Gesellschaft. Das atomare Zeitalter ist weit von jeglicher Utopie entfernt. Immer wieder müssen wir uns auch die Frage nach den Prioritäten stellen. Was ist wirklich Mittelpunkt unseres Lebens — für den einzelnen, für die Gesellschaft? Sind die Prioritäten falsch gesetzt, brauchen wir dringend ein Umdenken wie der Wanderer, der auf einen Sumpf zuläuft und umkommen wird, wenn er nicht umkehrt.

Aus dieser Sicht warnt Albert Schweitzer die Menschheit in seiner Rede, die er 1952 hielt, als er den Friedensnobelpreis bekam: „Was uns aber eigentlich zu Bewußtsein kommen sollte und schon lange vorher hätte kommen sollen, ist dies, daß wir als Übermenschen Unmenschen geworden sind."

Was nützt technischer Fortschritt, wenn wir gefühllos sind? Was nützt die Wissensexplosion, wenn wir unsere eigenen Krisen nicht bewältigen können? Was nützt es uns, daß wir immer neue Sterne entdecken und dort auch landen, wenn unser Leben immer trostloser wird? Was nützt die Raumfahrt, wenn unser existentieller Lebensraum so begrenzt ist? Was nützt die Expansion der Wissenschaft, wenn wir die Not von Millionen nicht sehen und nicht lindern?

Alles hängt von dem Fundament unserer Lebensgestaltung ab. Wir alle müssen zwischen Einengung und echter Expansion wählen, in gewisser Hinsicht zwischen Tod und Leben. Es ist eine Wahl, die heute getroffen werden muß. Morgen kann es zu spät sein.

Literaturauswahl

Abrahamowicz, A., *Amaris*, 1973.

Achterberg, E., *Albert Schweitzer — Ein Leben in der Zeitenwende*, 1968.

Allers, R., *Das Werden der sittlichen Person*, 1929.

Bloch, E., *Freiheit und Ordnung*, 1946.

Buber, M., *Ich und Du*, 1974.

Bühler, C., *Wenn das Leben gelingen soll*, 1969.

Deibl, M., *Motivation als Führungsaufgabe*, 1991.

Diamond, J., *Der Körper lügt nicht*, 1990.

Erikson, E.H., *Identität und Lebenszyklus*, 1966.

Erikson, E.H., *Jugend und Krise*, 1970.

Faure, E., *Wie wir leben lernen*, 1974.

Fromm, E., *Anatomie der menschlichen Destruktivität*, 1974.

Fromm, E., *Psychoanalyse und Ethik*, 1954.

Gordon, T., *Familienkonferenz*, 1972.

Gottschalk, W., *Schülerkrisen*, 1977.

Haffter, C., *Kinder aus geschiedenen Ehen*, 1948.

Hammarskjöld, D., *Zeichen am Weg*, 1967.

Hofer, G., *Erlebnis Mitwelt*, 1990.

Jay, A., *Management und Machiavelli. Von der Kunst oben zu bleiben*, 1985.

Jung, C.G., *Der Geist der Psychologie*, 1948.

Kings, H., Neues Lernen, 1972.

Lauster, P., *Lassen Sie sich nichts gefallen*, 1978.

Mann, T., *Die Buddenbrooks. Verfall einer Familie*, 1901.

Marcel, G., *Sein und Haben*, 1954.

Maslow, A.M., *Motivation and Personality*, 1954.

Mayer, F., *Aufforderung zur Menschlichkeit*, 1975.

Mayer, F., *Schöpferisch erleben, 1992*.

Mayer, F., *Vorurteil — Geißel der Menschheit*, 1975.

Mitscherlich, A., *Auf dem Weg zur vaterlosen Gesellschaft*, 1968.

Pestalozzi, H.A., *Auf die Bäume, ihr Affen*, 1989.

Portisch, H., *Hört die Signale*, 1991.

Richter, H.E., *Die Gruppe*, 1972.

Ringel, E., *Fürchte den anderen wie Dich selbst*, 1990.

Ringel, E., *Selbstschädigung durch Neurose*, 1973.

Rosenmayr, L. (Hg.), *Die menschlichen Lebensalter*, 1978.
Russell, B., *Education and the Good Life*, 1926.
Schmidbauer, W., *Seele als Patient*, 1971.
Schweitzer, A., *Aus meinem Leben und Denken*, 1959.
Selye, H., *Streß, Bewältigung und Lebensgewinn*, 1974.
Speichert, H., *Schulangst*, 1977.
Spitz, R.A., *Nein und Ja*, 1959.
Spitz, R.A., *Vom Säugling zum Kleinkind*, 1969.
Steffahn, H., *Schweitzer*, 1979.
Stevens, J.O., *Die Kunst der Wahrnehmung*, 1975.
Strotzka, H., *Gesundheit für Millionen*, 1975.
Thomas, K., *Menschen vor dem Abgrund*, 1970.
Toffler, A., *Der Zukunftsschock*, 1970.
Toynbee, A., *Menschheit und Mutter Erde*, 1979.
Ulich, R., *The Human Career*, 1957.
Willi, J., *Die Zweierbeziehung*, 1990.
Winter, R., *Gottes eigenes Land?*, 1991.
Zapotoczky, H.G., *Fragen antworten auf Ängste*, 1992.
Zucha, R. (Hg.), *Pädagogische Psychologie*, 1979.
Zucha, R., *Sozialpsychologie des Unterrichts*, 1981.
Zwingmann, C., *Zur Psychologie der Lebenskrisen*, 1962.